HEIDELBERGER FORSCHUNGEN

Herausgegeben von
Herwig Görgemanns
Jens Halfwassen
Wilhelm Kühlmann
Hans-Joachim Zimmermann

Band 36

Dichten und Denken

Perspektiven zur Ästhetik

Herausgegeben
von
TOBIAS DANGEL
CEM KÖMÜRCÜ
STEPHAN ZIMMERMANN

Universitätsverlag
WINTER
Heidelberg

Bibliografische Information der Deutschen Nationalbibliothek
Die Deutsche Nationalbibliothek verzeichnet diese Publikation
in der Deutschen Nationalbibliografie;
detaillierte bibliografische Daten sind im Internet
über *http://dnb.d-nb.de* abrufbar.

Gedruckt mit freundlicher Unterstützung vom
Philosophischen Seminar der Universität Heidelberg,
dem Ernst-Bloch-Zentrum der Stadt Ludwigshafen am Rhein und dem
CENTRO DE FILOSOFIA DA UNIVERSIDADE DE LISBOA

ISBN 978-3-8253-5813-6

© 2011 Universitätsverlag Winter GmbH Heidelberg
Imprimé en Allemagne · Printed in Germany
Druck: Memminger MedienCentrum, 87700 Memmingen

Gedruckt auf umweltfreundlichem, chlorfrei gebleichtem
und alterungsbeständigem Papier

Den Verlag erreichen Sie im Internet unter:
www.winter-verlag-hd.de

INHALT

Geleitwort

Unter dem Titel *Dichten und Denken* greift der vorliegende Sammelband ein Thema auf, das die Philosophie seit ihren frühesten Anfängen in der griechischen Antike begleitet und seitdem nicht mehr losgelassen hat. War es doch niemand anderes als Platon, der die weltgeschichtlich erste und zugleich wirkungsmächtigste Ausbildung einer systematischen Metaphysik mit einer fundamentalen Kritik an der Kunst zu verbinden wußte – einer Kritik, an der sich die Meinungen nach wie vor scheiden, inwieweit sie zutrifft oder aber an der Sache vorbeigeht.

Immerhin, die Frage, die das Verhältnis von Philosophie und Kunst so prekär erschein läßt, ist klar. Wo die Philosophie für sich in Anspruch nimmt, ein Begreifen des Absoluten als der einen, alles umfassenden Wahrheit zu sein, muß sie um ihrer Selbstbehauptung willen der Kunst ein volles Verständnis des Absoluten und einen erfüllten Wahrheitsbezug absprechen. Kunst bewegt sich entweder überhaupt außerhalb der Sphäre der Wahrheit, oder sie ist, gemessen am Absoluten, in deren Besitz die Metaphysik sich wähnt, inferior. Die hierin angelegte Degradierung der Kunst hat die Metaphysik trotz aller Aufwertungsversuche einer ästhetischen ἀλήθεια, die sich schon in der *Poetik* des Aristoteles angedeutet findet, nie ganz überwunden. Entsprechend war die schöne Kunst letztlich noch für Hegel, der in ihr eine Gestalt des absoluten Geistes erblickte, immer nur das sinnliche Scheinen der Idee.

Obgleich sich die Philosophie in ihrem Verhältnis zur Kunst über weite Strecken hinweg sicher glaubte, hat sie sich von den großen Kunstwerken immer wieder aufs neue ansprechen und herausfordern lassen. Und wie auch nicht? Denn es ist, als würde die Kunst ihre Inhalte auf eine Weise darbieten, so daß kein Denken an diese Inhalte ganz heranzureichen und kein Begreifen diese Inhalte ganz einzulösen vermag. Angesichts einer solchen Erfahrung der Unzulänglichkeit begrifflichen Denkens hat die Philosophie im 19. und erst recht im 20. Jahrhundert ihr Verhältnis zur Kunst nachgerade auf den Kopf gestellt. Sie hat nun umgekehrt in der Kunst ein Wahrheitsgeschehen vermutet, das den Wahrheitsbezug der Metaphysik nicht nur übersteigen, sondern auch allererst fundieren soll. Während sich für Heidegger die ursprüngliche Wahrheit in der Kunst dergestalt ereignet, daß sie eine Welt eröffnet, auf die wir uns sodann begrifflich beziehen können, erklärt Adorno den Schein der

Kunst – gerade weil er nicht vorgibt, Wahrheit zu sein – zum Signum der
Wahrheit der Kunst in der Moderne.

Im März 2008 fand eine internationale Tagung mit amerikanischen,
portugiesischen und deutschen Gästen statt, die unter dem Titel „Dichten
und Denken. Perspektiven zur Ästhetik" den gemeinsamen Dialog zur
Geschichte und Aktualität dieser besonderen Beziehung zwischen Philosophie und Kunst gesucht hat. Finanziert wurde die Tagung durch das
Centro de Filosofia da Universidade de Lisboa (Portugal), dem Ernst-
Bloch-Zentrum in Ludwigshafen und dem Philosophischen Seminar der
Ruprecht-Karls-Universität zu Heidelberg. An dieser Stelle möchten wir
Prof. Dr. Carlos J. Correia herzlich für sein Engagement danken, der unsere deutsch-portugiesische Zusammenarbeit in Sachen Ästhetik fortzu-
setzen ermöglicht hat, die 2006 begann und seitdem immer weiter vertieft worden ist. Ferner gilt unser ganz besonderer Dank Dr. Klaus Ku-
feld, dem Leiter des Ernst-Bloch-Zentrums, der die Tagung nicht nur fi-
nanziell unterstützt, sondern darüber hinaus auch die Räumlichkeiten zur
Verfügung gestellt hat. Der vorliegende Tagungsband, der alle Vorträge
noch einmal zusammenbringt und einem breiteren Publikum vorstellt,
schuldet sein Erscheinen der Unterstützung des Heidelberger Philosophischen Seminars sowie des Centro de Filosofia; beiden Einrichtungen sei
herzlich dafür gedankt. Dr. Andreas Barth, dem Geschäftsführer des
Universitätsverlags Winter, danken wir für sein Interesse an dem Projekt
und die jederzeit angenehme Kooperation.

Heidelberg, im Juli 2011   Tobias Dangel
                                                  Cem Kömürcü
                                          Stephan Zimmermann

Gösta Gantner (Frankfurt)

Der Vorschein des Utopischen im Kunstwerk. Wunschlandschaften bei Ernst Bloch[*]

Der Gattungsbruch, welcher mit Auschwitz einhergeht, markiert einen Neuanfang in der Philosophie. Das gilt insbesondere für Ansätze innerhalb der praktischen Philosophie, welche der eigenen Zeit einen maßgeblichen Einfluß auf das Denken einräumen. Direkt formuliert: Solange Philosophie mit dem Anspruch auftritt, ihre Zeit in Gedanken zu erfassen, wird sie zumindest in ihrem Ringen um zentrale Fragestellungen hinsichtlich Gesellschaft, Politik, Moral und Recht die Katastrophe ‚bedenken‘ müssen. Dies gilt beispielsweise für eine Philosophie der Menschenrechte nach 1945. Gegenwärtige Interpretationen folgen dem leitenden Gedanken in der „Präambel" der *Allgemeinen Erklärung der Menschenrechte*, wonach die „Nichtanerkennung und Verachtung der Menschenrechte zu Akten der Barbarei geführt haben, die das Gewissen der Menschheit mit Empörung erfüllen."[1] Ebenso wie eine Politik der Menschenrechte muß eine philosophische Erörterung auf die Barbarei rekurrieren, um eine zeitgemäße Begründung der Menschenwürde und der Anerkennung unveräußerlicher Rechte entwickeln zu können.[2]

Derartige Ansätze einer *Philosophie nach Auschwitz* im Bereich des Politischen und Moralischen mögen recht naheliegend sein – hier überschneiden sich der philosophische und der historische Gegenstandsbereich.[3] Doch ist es keineswegs ausgemacht, daß der Gattungsbruch allein innerhalb der politischen Theorie und Moralphilosophie thematisch werden könne oder müsse. Folgt man Theodor W. Adorno, dann hat die Erfahrung der politisch-moralischen Katastrophe auch einschneidende Konsequenzen auf Metaphysik und Ästhetik gezeitigt. Der Sturz der traditionellen Metaphysik wurde systematisch und historisch zugleich be-

---

[*] Für Anregungen bedanke ich mich bei Viola Scheer und Sebastian Soppa.

[1] Resolution 217 A (III) der Generalversammlung vom 10. Dezember 1948.

[2] Vgl. Menke, Christoph/Pollmann, Arnd: *Philosophie der Menschenrechte zur Einführung*, Hamburg 2007, S. 17.

[3] Vgl. Zimmermann, Rolf: *Philosophie nach Auschwitz. Eine Neubestimmung von Moral in Politik und Gesellschaft*, Reinbek 2005.

gründet.[4] Eine ähnliche Begründungsstrategie zeigt sich in Adornos Überlegungen zu einer zeitgemäßen Ästhetischen Theorie. Sie könne nicht mehr dem schönen Schein huldigen, der im Kunstwerk Vollendung und Harmonie vorgaukele. Adorno gibt hierfür zwei Gründe an. *Erstens* sei Kunst, die auf Harmonie abziele, insuffizient, da der Harmoniebegriff selbst schon sein eigenes Gegenteil – nämlich die Dissonanz – enthalte und durch ihn gesprengt wird: „Dissonanz ist die Wahrheit über Harmonie"[5]. *Zweitens* erwächst die Notwendigkeit einer negativen Ästhetik aus der eigenen Zeit. Sie sieht sich mit der Diagnose Adornos konfrontiert, daß alle Kultur nach dem Gattungsbruch als Müll erscheine: „Daß es geschehen konnte inmitten aller Tradition der Philosophie, der Kunst und der aufklärenden Wissenschaften, sagt mehr als nur, daß diese [...] es nicht vermochte, die Menschen zu ergreifen und zu verändern."[6] In solchen Zeiten wird Kunst verwerflich, wenn sie weiterhin vom schönen Schein erfüllt und von bloßer Harmoniesucht ergriffen ist. Ein vom schönen Schein vernebeltes Kunstideal verstößt gegen die zeitgemäße Prämisse, wonach der künstlerischen Betätigung das Leiden der menschlichen Kreatur gleichsam eingebrannt ist: „Das perennierende Leiden hat soviel Recht auf Ausdruck wie der Gemarterte zu brüllen."[7] Kunst, wie sie für Adorno noch Bestand haben kann, ist insofern negativ, als sie es vermag, dem Leiden innerhalb der verwalteten Welt in Form von Disharmonien, Brüchen oder gar Schweigen gerecht zu werden. Kunst, die diesem Ideal auf Ausdruck von Leid entspricht, trägt zur Negation der These vom Müll aller Kultur bei. In ihr entfaltet sich ein kritischer Wider-

---

[4] Es wäre wenig hilfreich, ausschließlich das erkenntnistheoretische Moment, die Logik des Zerfalls, oder nur das geschichtsphilosophische Moment, die Strukturgleichheit von Totalität und totalitärer Herrschaft, als Begründungsstrategie für den Sturz der Metaphysik aufzuführen. Beide sind eben jeweils nur ein Moment des Sturzes, die sich zwar isoliert darstellen lassen, aber – gemäß der Argumentation Adornos – erst als Vermittelte den Sturz herbeiführen. Weil Adorno beide Momente nicht auseinanderhält, ist es auch kaum verwunderlich, daß er selbst auf den Doppelcharakter des Sturzes nur an einer einzigen Stelle, nämlich in der zwölften Meditation zur Metaphysik hinweist, wo er die Folgen des Zerfalls der tradierten Metaphysik andeutet: „Aufklärung läßt vom metaphysischen Wahrheitsgehalt so gut wie nichts übrig, nach einer neueren musikalischen Vortragsbezeichnung presquerien. Das Zurückweichende wird immer kleiner, [...] immer unscheinbarer; das ist der *erkenntniskritische* wie der *geschichtsphilosophische* Grund dafür, daß Metaphysik in die Mikrologie einwandert. [Herv. d. Verf.]" Adorno, Theodor W.: *Negative Dialektik*, in: Ders.: *Gesammelte Schriften*, Bd. 6, Frankfurt a. M. 1997, S. 399.
[5] Adorno, Theodor W.: *Ästhetische Theorie*, in: Ders.: *Gesammelte Schriften*, Bd. 7, Frankfurt a. M. 1997, S. 168.
[6] Adorno, Theodor W.: *Negative Dialektik*, a.a.O., S. 359.
[7] Ebd., S. 355.

standsgeist gegen die Ursachen des Leids. Aber viel mehr als Widerstand zu leisten, bleibt nicht für Kunst innerhalb einer Epoche, in welcher der Traum von der fortschreitenden Emanzipation des menschlichen Geschlechts in den Gaskammern und Folterkellern nahezu erloschen ist. Anders verhält es sich mit Ernst Bloch. Er räumt der Kunst auch nach 1945 ein weitaus ‚positiveres‘ Vermögen ein. Positiv ist diese Fähigkeit, insofern sie setzend ist. Im Gegensatz zu Adorno gesteht Bloch dem Kunstwerk zu, den Traum vom Reich der Freiheit anzuvisieren: Kunst sei in der Lage, dieses Reich ansatzhaft zu skizzieren; in ihr zeichnen sich Wunschlandschaften ab, in denen der Traum von einer befreiten Menschheit seinen Ort hat. Die Skizzierung von Wunschlandschaften gehört also weiterhin zur Sache des Künstlers. Kunst ist – ungetrübt durch die Katastrophe – wesentlich ‚optimistisch‘. Gälte es, Ernst Bloch zu verwerfen, dann wäre diese Ignoranz des Gattungsbruchs in systematischer Hinsicht der Ansatzpunkt: Die Blochsche Philosophie im allgemeinen und seine Thematisierung der Kunst im besonderen läßt sich als unzeitgemäß kritisieren, weil sie aus der Barbarei keine systematischen Konsequenzen gezogen hat.[8]

Eine Kritik der Kritik an dieser vermeintlichen Ignoranz hingegen kann bei Blochs zentraler Kategorie der *Hoffnung* ansetzen: Für Bloch ist ein absolutes Scheitern der Hoffnung kaum möglich. Auch die Barbarei bringt es nicht fertig, die (Tag-)Träume des Menschen vollständig auszulöschen. Deutlich wird dies an der Interpretation der Pandora-Sage in *Das Prinzip Hoffnung*. Bloch stellt zwei Versionen der Sage vor. Die Fassung von Hesiod rechnet die Hoffnung zu den Übeln, die Zeus den Menschen zu schenken gedachte. Doch als einziges Übel blieb sie in der Büchse zurück; nach der ersten Fassung der Sage kam die Hoffnung also nicht in die Welt. Dazu konträr berichtet die zweite Fassung aus hellenistischen Zeiten, daß die Hoffnung als einziges Gut nicht verpuffte, sondern mit allen Übeln zu den Menschen gelangte. Allein diese Fassung der Pandora-Sage hält Bloch für wahr: „Gut blieb sonach die Hoffnung, immerhin diese [...]. Sie unterhält den Mut zu den fehlenden Gütern, die Standhaftigkeit und Nichtresignation vor den ausbleibenden, und wo sie verschwindet, geht der in der Welt anhängige Prozeß verloren." Und Bloch resümiert: „Hoffnung ist das den Menschen gebliebene, das kei-

---

[8] Blochs *Das Prinzip Hoffnung* wurde in den Jahren 1938 bis 1947 geschrieben, also inmitten der Katastrophe. Weil aber auch in den späteren Schriften der Gattungsbruch systematisch unberücksichtigt bleibt, nutzt dieser Hinweis nicht, um die besagte Ignoranz zu ‚entschuldigen‘.

neswegs vernichtete Gut."[9] Sei die Hoffnung zu manchen Zeiten auch
noch so gering und rar: Sie kann nicht vollständig versiegen.

I Das Prinzip Hoffnung in Kunst und Philosophie

Solange die Vernichtung des Menschengeschlechts ausbleibt, sind auch
die Werke der Gattungsmitglieder von ihren Hoffnungen und Wünschen
geprägt. Dabei wird deutlich, daß *künstlerische Produkte* vorzügliche
Projektionsflächen von Wünschen und Hoffnungen sind. Auch nach
Auschwitz wird der Kunst das Vermögen zugesprochen, dieser Hoffnung
in Gestalt von vorscheinenden Wunschlandschaften Ausdruck zu verleihen. Dies ist der Grund, warum im Gegensatz zu Adorno für Bloch keineswegs alle Kulturprodukte als Müll erscheinen mußten. Sehen die kulturellen Artefakte auch noch so schmutzig aus, zumeist schimmert in ihnen noch ein Funken Hoffnung auf eine bessere Welt.

Philosophie, die ihr Augenmerk auf den Begriff der Hoffnung richtet
– sie gar zum Prinzip erhebt – hat auch die Kunst zu ihrem Gegenstand.
Diese *docta spes* beansprucht, die Dimension der Zukunft zu integrieren,
indem sie sich im „Pathos des Veränderns"[10] als gegenwartstranszendie-
rendes oder utopisches Denken zu verstehen gibt. Demgemäß heißt es im
„Vorwort" zu *Das Prinzip Hoffnung*: „Besonders ausgedehnt ist in diesem Buch der Versuch gemacht, an die Hoffnung, als eine Weltstelle, die
bewohnt ist wie das beste Kulturland und unerforscht wie die Antarktis,
Philosophie zu bringen."[11] Worauf es der *docta spes* ankommt, ist *Umleuchtung*, wie Bloch formuliert.[12] Nicht mehr steht allein die Wirklichkeit im Zentrum, wie sie Hegel im Bild der Eule der Minerva faßte. Die
Kategorie der Möglichkeit bereichert das philosophische Forschen; das
Noch-Nicht-Sein im Reich des Seienden gerät in den Blick.

Daß diese Umleuchtung in der Kunst angelegt ist, versucht Bloch zu
zeigen. Der antizipatorische Charakter von Kunst wird dadurch zum
Vorbild für Überlegungen, welche die Philosophie als *docta spes*, als be-
griffene Hoffnung zu entfalten trachten. Folglich bedarf es des Begrei-
fens von Kunst, um an ihr das Prinzip Hoffnung zu verdeutlichen. In gewisser Weise manifestiert sich in der Reflexion auf die utopischen Ge-
halte im Kunstwerk ein Vorverständnis, das für die Entfaltung des Prin-

---

[9] Bloch, Ernst: *Das Prinzip Hoffnung*, Frankfurt a. M. 1985, S. 389.
[10] Ebd., S. 7.
[11] Ebd., S. 5.
[12] Ebd., S. 275.

zips Hoffnung unerläßlich ist: Der Vorschein im Kunstwerk ergibt sich als Vorschein auf eine Philosophie der Hoffnung.

II Volkstümliche Kunst als Leitvorstellung

Was an Bloch exotisch wirkt, ist sein Interesse an kulturellen Ausdrucksweisen, die kaum in den Blick geraten, wenn man üblicherweise zu verdeutlichen versucht, was ein Kunstwerk sei. Kunst begegnet uns nicht nur im Museum, in Konzerthäusern oder renommierten Theatern. Fernab dieser privilegierten Orte des künstlerischen Ausdrucks findet Bloch den Vorschein einer besseren Welt, diesem wesentlichen Merkmal von Kunst. Bloch widmet sich gezielt dem Märchen, der Kolportage und dem Abenteuerroman, um an diesen volkstümlichen Formen seine Kunstvorstellung zu entfalten.[13] Es sind gerade solche Exemplare von unterhaltsamer Kunst, in denen sich das Sehnen, Wünschen und Träumen von einer besseren Welt – wenn auch naiv – kristallisiert. Insbesondere in der volkstümlichen Kunst werde der Wunsch nach Aufhebung von Ausbeutung und Unterdrückung sowie die Erringung eines Reichs der Freiheit gewahr. Authentisch wirken diese künstlerischen Produkte, weil sie nicht oder nur in geringem Maße durch die Ideologien der herrschenden Klassen verunreinigt seien. Volkskunst erweise sich als weniger stark ideologisch verseucht, da sie aus dem Volk stammt und nicht für das Volk konzipiert worden ist.[14]

Eine südhessische Posse in Darmstädter Mundart namens *Datterich* ist ein Beispiel dafür, daß Blochs Kunstbegriff nicht nur diejenige künstlerische Betätigung im Visier hat, die man lange Zeit als ‚ernst‘ oder ‚anspruchsvoll‘ bezeichnet hätte. In der volkstümlichen Komödie von Ernst Niebergall, die 1862 uraufgeführt wurde, wird der Protagonist als schnorrender Säufer inmitten einer kleinbürgerlichen Szenerie vorgestellt. Datterich leiht und erschleicht sich Geld, um seiner Liebe zum Wein ausgiebig frönen zu können. Dieser gewitzte Sonderling wird nun zu einem *homo liber* stilisiert. Er sei die „kleine Sonne“[15] innerhalb des kleinstädtischen und biedermeierlichen Treibens. Blochs geballte Verachtung gilt zeit seines Lebens dem Biedermeier, dieser resignativen Epoche in Deutschland und Österreich (sowie Skandinavien) nach dem

---

[13] Vgl. Ebd., S. 409 ff. sowie Bloch, Ernst: *Erbschaft dieser Zeit*, Frankfurt a. M. 1985, S. 168 ff.

[14] Bloch, Ernst: *Das Prinzip Hoffnung*, a.a.O., S. 12.

[15] Bloch, Ernst: *Bittere Heimatkunst*, in: Ders.: *Literarische Aufsätze*, Frankfurt a. M. 1985, S. 170.

Scheitern Napoleons. Diese Phase der Restauration wird deswegen massiv befeindet, weil in ihr die Wirklichkeit ohne ihre realen Möglichkeiten, ohne utopische Elemente erscheint. Nach Bloch gelingt es der Komödie, dieses „bittere Zeitbild"[16] zu zeichnen und ihm als Kontrast den freiheitsliebenden Datterich entgegenzustellen. Bloch sieht in ihm den Helden, der eigentlich keiner mehr ist – der kleine Lichtblick, der noch bleibt, wenn die Verhältnisse nicht mehr Freiraum zulassen, als schnorrend und saufend sich dem tüchtigen und belanglosen Treiben der Spießbürger entgegenzustellen. – Niebergalls Posse vermag dasjenige auszudrücken, was für die Blochsche Kunsttheorie zentral ist: Auch Mief, Belanglosigkeit und Resignation führen nicht zur Erstickung jeglicher Sehnsucht und jeglichen Hoffens auf deren Überwindung. In der Gestalt des Datterich wird ein basaler Impuls dessen gewahr, was sich in allen kulturellen Produkten, die den Namen ‚Kunst' verdienen, als *Differenz zwischen Sein und Möglichsein* ergibt.

III Dialektik des Kunstwerks

Diese Differenz zwischen Wirklichkeit und Möglichkeit resultiert aus dem menschlichen Wünschen, Sehnen und Hoffen. Doch die Differenz zwischen dem, was ist, und dem, was kommen könnte, wäre nicht hinlänglich verstanden, wenn sie nur auf den Affekt des Hoffens zurückgeführt werden würde. Sie ist ebenfalls fundiert in der Offenheit der Welt selbst. Hoffnung, die letzthin in konkreter Utopie ihren höchsten Reifegrad findet, fußt auf der Unabgeschlossenheit, dem Fragmentarischen der Welt: „Konkrete Utopie als Objektbestimmtheit setzt konkretes Fragment als Objektbestimmtheit voraus."[17]

Wird die Welt als Real-Fragment, als Unfertiges begriffen, dann liegt hierin eine Gemeinsamkeit mit der Kunst. Denn jedes gelungene Kunstwerk hat einen *fragmentarischen Charakter*. Bloch erweitert damit die geläufige Vorstellung, wahre Kunst bestünde allein in ihrer *Vollendung*. Zwar mögen große Kunstwerke als in sich stimmig und deswegen als abgeschlossen wirken. Aber diese Abgeschlossenheit kann lediglich als ein Moment des Kunstwerks gelten. In ihm werde eine „Immanenz ohne sprengenden Sprung"[18] bewirkt. Auf der anderen Seite erweisen sich Kunstwerke als gelungen, wenn ihnen ein fragmentarischer Charakter eigentümlich ist. Er erlaube es, die Offenheit und Gestaltbarkeit der Welt

---

[16] Ebd., S. 171.
[17] Bloch, Ernst: *Das Prinzip Hoffnung*, a.a.O., S. 255.
[18] Ebd., S. 251.

(im Kunstwerk gespiegelt) zu erfahren. In der Kunst offenbart sich als „entscheidend Wahres"[19] ein Hohlraum, der den schönen, auf Vollendung zielenden Schein aufbricht.

Demnach verhalten sich alle gelungenen Kunstwerke ähnlich widerständig gegen Vollendung wie Goethes *Faust* gegen trügerischen und vermeintlich zufriedenstellenden Genuß. Das Faulbett der glatten Illusion, das Kunstwerke dem Betrachter als Ruhestätte anbieten könnten, wird gesprengt durch die ästhetisch-utopische Kraft, wie sie maßgeblich aus der Rastlosigkeit des Fragmentarischen resultiert. Das Kunstwerk erweist sich demnach als *dialektisches Gefüge*, das einerseits den Schein des Vollendeten und andererseits den Schein des Unabgeschlossenen so konfiguriert, daß jedes Moment sein Gegenteil in sich trägt: Das Moment der Immanenz offenbart sich als ungenügend und fragmentarisch, während das Moment der Transzendenz in seiner utopischen Stoßrichtung auf Abgeschlossenheit zielt. Anders ausgedrückt: Die Vorstellung von Vollendung, welche der schöne Schein erzeugt, ist vonnöten, um überhaupt das Utopische seiner Struktur nach verstehen zu können. Zugleich hat Utopie das Fragmentarische zur Voraussetzung, weil sie ansonsten ohne Bedeutung bleiben müßte – wäre die Vollendung bereits erreicht, dann gäbe es keinen Anlaß zum Überschreiten mehr. Die Dialektik von Immanenz und Transzendenz ist konstitutiv für gelungene Kunstwerke. Sie zeigt sich im Spannungsverhältnis von illusionärer Harmonie und rastloser Unabgeschlossenheit. Dieser Widerspruch wird aufgehoben im utopischen Gehalt des Kunstwerks. An musikalischen Werken mag diese Dialektik recht anschaulich werden: Die Einheit aus harmonischen Klanggebilden und dissonanten Versatzstücken, wie sie etwa in den letzten Streichquartetten von Beethoven vernommen werden kann, läßt sich mit Bloch so interpretieren, daß die auf Vollendung zielende Utopie als Resultat dieser Momente zum Vorschein gelangt.

In gewisser Weise findet sich also im Kunstwerk die Möglichkeits-Wirklichkeits-Struktur der Welt: Sie ist einerseits wirklich und demnach ein fertiges Gebilde, andererseits erweist sie sich als unfertig, weil in ihr eine Vielzahl an realen Möglichkeiten schlummern. Dieser Unabgeschlossenheit, wie sie beispielsweise in den Möglichkeiten des Sozialen bewußt wird, entspricht das Fragmentarische des Kunstwerks. Aus dieser Negation von bloßer Harmonie entwächst der Vorschein auf gelingende Identität, also letztlich auf dasjenige Geheimnis, das Bloch mit dem Namen „Heimat"[20] versah.

---

[19] Ebd., S. 252.
[20] Ebd., S. 1628.

IV Der Vorschein des Utopischen im Kunstwerk und die begriffene Utopie einer *docta spes*

Es wurde bereits angedeutet, daß der *Vorschein* als wesentliche Bestimmung eines Kunstwerkes zu gelten hat. Um ein gutes Kunstwerk handelt es sich, wenn sein Vorschein konkret ist. Er ist es in dem Maße, als ihm der fragmentarische, unfertige Charakter der Welt als Material oder Inspirationsquelle dient. Derartige Kunst ist folglich niemals autonom oder weltabgewandt, da sich in ihrem Vorschein das Fragmentarische der Welt sedimentiert hat. Doch was meint überhaupt Vorschein? Wer Kunst über den Begriff des Scheins definiert, stellt unweigerlich die *Wahrheitsfrage*. Dabei gilt es, sich zu entscheiden, ob das Kunstwerk mit einem Wahrheitsanspruch auftritt oder eben nicht. Die Frage lautet dann: Ist der schöne Schein reines Blendwerk oder muß er als Erscheinung eines wahrhaften Wesens begriffen werden? Bereits Hegel hatte hervorgehoben, daß sich der künstlerische Schein keineswegs als bloße Täuschung verstehen lasse, sondern so beschaffen sei, daß in ihm eine „höhere, geistgeborene Wirklichkeit"[21] hervorbreche. Letztere sei dem Wirklichkeitsverständnis, wie es in der unmittelbaren Erkenntnis empirischer Gegenstände enthalten ist, überlegen, da sie das „Anundfürsichseiende"[22] impliziere. Hierin gleichen sich Philosophie und Kunst, beide fokussieren dieses Substantielle der Natur und des Geistes. Der bloße Schein, der bei der Erfassung empirischer Gegenstände sich ergeben kann, ist verstellend, der künstlerische Schein ist erhellend. Hegel resümiert: „Weit entfernt also, bloßer Schein zu sein, ist den Erscheinungen der Kunst der gewöhnlichen Wirklichkeit gegenüber die höhere Realität und das wahrhaftigere Dasein zuzuschreiben."[23] Der Schein im Kunstwerk deutet auf ein Geistiges hin, welches fernab der bloß abbildbaren Einzelgegenstände sich befindet. Er ist zwar als Sinnliches zu begreifen, aber zugleich transzendiert er das Sinnliche: Der ästhetische Schein wird als sinnliches Erscheinen der Idee bestimmt. Für ihn gilt, was Hegel in der berühmten Formel faßte: „Doch der *Schein* selbst ist dem *Wesen* wesentlich, die Wahrheit wäre nicht, wenn sie nicht schiene und erschiene"[24]. Das Wirkliche und Wahre, wie es letztlich nur in der philosophischen Betrachtung hinreichend zu begreifen ist, kommt in der Kunst zur Erscheinung – und zwar dadurch, daß der künstlerische Schein ein Be-

---

[21] Hegel, Georg W. F.: *Vorlesungen über Ästhetik*, Bd. I, Frankfurt a. M. 1970, S. 22.
[22] Ebd.
[23] Ebd.
[24] Ebd., S. 21.

wußtsein überflügelt, das die Wahrheit allein in der unmittelbaren, sinnlichen Welt zu finden beansprucht.

Offensichtlich steht auch Bloch auf der Seite derjenigen, die der Kunst die Darstellung von Wahrem, nämlich *ästhetisch Wahrem* zutrauen. Doch was heißt ästhetische Wahrheit? Sie muß unterschieden werden von der Wahrheit im Sinne der Gegenstandserkenntnis. In Blochs Darlegungen deutet sich an, daß er der Kunst eine ähnliche Stellung einräumt wie Hegel. Denn ihre Aussagekraft, ihr spezifischer Wahrheitsgehalt sei „wesenhafter als im unmittelbar-sinnlichen oder unmittelbar-historischen"[25] Erfassen der Welt. Im Gegensatz zu empirischer Welterkenntnis gelingt es dem guten Kunstwerk, ästhetischen Schein zu erzeugen, der in seiner Konsequenz und Eindringlichkeit zu einer grundlegenden Erfassung von Gegenständen oder Sachverhalten führen kann: Ästhetischer Schein schärft und verdichtet das Dargestellte in einer Intensität, wie sie dem Rezipienten innerhalb der erlebten oder historisch erfaßten Wirklichkeit kaum zuteil wird. Kunst vermag, sich weitaus näher an das Substantielle anzunähern als empirische bzw. historische Erkenntnis.

Doch Bloch geht – zumindest seinem eigenen Verständnis nach – über Hegel insofern hinaus, als er ästhetisch wahren Schein als *Vorschein* begreift. Anders ausgedrückt: Das Wahre an Kunstwerken ist gerichtet auf das *Noch-Nicht-Sein* im Horizont der weltlichen Gegebenheiten. Bloch sieht also im ästhetischen Schein den wahrheitsfähigen Bestandteil von Kunstwerken, wenn er „eine in Bildern eingehüllte, nur in Bildern bezeichenbare Bedeutung von Weitergetriebenem"[26] ausdrückt. Nur wenn Realmögliches, das über das Bestehende hinaustreibt, sich im Schein des Kunstwerks zeigt, wird jener zum Vorschein. Hierin, so Bloch, besteht die ästhetische Wahrheit oder Falschheit. Auch wenn die strukturellen Parallelen zwischen dem Hegelschen und dem Blochschen Ansatz auf der Hand liegen, gibt es also einen beachtlichen Unterschied: Der ästhetische Schein bei Bloch ist hauptsächlich Vorscheinen des Noch-Nicht-Seins. Er treibt hinaus über die vermeintliche Abgeschlossenheit, wie Bloch sie letztlich im absoluten Geist bei Hegel verwirklicht sieht. Keine Theorie des verwirklichten, bei sich selbst seienden Geistes steht folglich im Hintergrund der ästhetischen Theorie Blochs. Vielmehr liegt Blochs Theorie des Kunstwerks eine Ontologie zugrunde, die das Seiende und den Gesamtzusammenhang selbst als bewegt und unfertig bestimmt. Das Sein wird als Möglichkeits-Wirklichkeits-Struktur erkannt und dadurch wesentlich als Noch-Nicht-Sein bestimmt. Bloch charakterisiert diese Ontologie, welche die Kategorie der Möglichkeit gegen

---

[25] Bloch, Ernst: *Das Prinzip Hoffnung*, a.a.O., S. 247.
[26] Ebd.

die Hypostasierung der Notwendigkeit zu verteidigen beansprucht, als eine Lehre mit „nach vornhin offene[n] Seins-Bedeutungen"[27].
Bloch entdeckt also im ästhetischen Schein das Noch-Nicht-Sein. Durch dieses Überschreiten des Bestehenden wird der Schein zum Vorschein. Die den Vorschein leitende Frage lautet dann: „Wie könnte die Welt vollendet werden, ohne daß diese Welt, wie im christlich-religiösen Vor-Schein, gesprengt wird und apokalyptisch verschwindet?"[28] Einem guten Kunstwerk wird zugestanden, an der Beantwortung dieser Frage sich relevant beteiligen zu können. Doch Kunst gibt darauf keine direkten, in Propositionen gegossene Antworten; im Vorschein eröffnet sie einen Horizont, in dem die Sehnsüchte, Träume und Wünsche einer vollendeten Welt ihren Platz haben. Sie müssen aber in der philosophischen Reflexion sublimiert werden. Vonnöten ist eine derartige Reflexion, wenn Philosophie sich auf das Prinzip Hoffnung verpflichtet und damit dem Traum von einer besseren Welt das Recht einräumt, begrifflich durchdrungen zu werden.

Nun läßt sich auch genauer angeben, wie die Umleuchtung einer *docta spes* vonstatten geht. Die Umleuchtung wird als Fokussierung des „vor-scheinenden Horizontlichtes"[29] umschrieben. Dieser Vorschein einer besseren Welt wird unterschiedlich thematisch, beispielsweise findet ihn Bloch in menschlichen Idealen innerhalb moralphilosophischer Überlegungen vor. In Kunstwerken wiederum tritt der Vorschein bevorzugt in Symbolen zutage. Doch nicht jegliches Symbol ist hier einschlägig: Einzig diejenigen Symbole werden relevant, welche ein „unentfremdetes Identischsein von Existenz und Essenz in der Natur"[30] ausdrücken. Diese Identität in der Natur erinnert ihrer Struktur nach an das Telos vieler Sozialutopien. Doch im Vergleich zu den Sozialutopien manifestiert sich in den Symbolwelten des Kunstwerks der Vorschein stärker verhüllt: Das Symbolische deutet das real Mögliche lediglich an. Gegenüber praktischen oder gesellschaftlichen Idealen ist der dem Kunstwerk spezifische Vorschein allerdings in der Lage, sich bisher nur latenten und unbewußten Möglichkeiten gewahr zu werden. Auch wenn sie vielerorts in der Kunst nur undeutlich zum Ausdruck gelangen, werden sie hierdurch präsent. Diese vage vorgestellten Wunschlandschaften lassen sich aber dann in philosophischen Reflexionen begrifflich erfassen, oder wie

---

[27] Bloch, Ernst: *Tübinger Einleitung in die Philosophie*, Frankfurt a. M. 1985, S. 216.
[28] Bloch, Ernst: *Das Prinzip Hoffnung*, a.a.O., S. 248.
[29] Ebd., S. 275.
[30] Ebd.

Bloch es ausdrückt: „Philosophie nimmt diese Gegend mit der Strenge des Begriffs und dem Ernst der Zusammenhänge auf."[31] Kunst erweist sich somit als Inspirationsquelle für eine Philosophie der Hoffnung, einer Ontologie des Noch-Nicht-Seins und der konkreten Utopie. Im Kunstwerk kann die Unabgeschlossenheit der Welt aufgrund der Weltlichkeit der Kunst erscheinen. Aufgabe einer *docta spes* ist es, diese Impulse aus dem Reich der Kunst so in das einheimische Reich des Denkens zu transformieren, daß dabei die symbolischen und fragmentarischen Kunstwelten begrifflich erfaßt und verallgemeinert werden. Von der Kunst, so zeigt Bloch, besteht ein direkter Weg zur philosophischen Reflexion, sofern Kunst dem ästhetischen Vorschein und Philosophie der Kategorie der Möglichkeit ihr jeweiliges Recht einräumen.

V Vorschein als Wunschlandschaft

Abschließend kann nun vielleicht deutlicher das Erkenntnisinteresse einer *docta spes* an der Kunst umrissen werden. Es besteht darin, im Vorschein diejenigen *Wunschlandschaften* zu heben, die einer philosophischen Reflexion gleichsam als Material dienen, um eine konkrete Utopie zu entfalten.

Dabei zeigt sich, daß nicht jede künstlerische Betätigung für eine *docta spes* relevant ist. Blochs Kritik gilt der bürgerlichen Kunst, in der sich das Werk kaum noch als „Wunschbewegung"[32] zu erkennen gebe. Kunst wird zur bürgerlichen, wenn sie dem Ideal folge, „daß der Wille [...] schlafen geht und diese ‚überall am Ziel ist'"[33]. Die bürgerliche Epoche bringe also Kunstwerke hervor, die nicht der Hoffnung zum Ausdruck verhelfen, sondern auf die Erzeugung von bloßem Wohlgefallen beim Rezipienten abziele. Bürgerliche Kunst betäubt das Verlangen nach Veränderung, und in ihr erlischt der „prozeßhaft offene Reichtum der Wirklichkeit"[34]. Bürgerliche Kunst tritt als biedermeierliches Bewußtsein auf. Demgegenüber kann Kunst als gelungen erachtet werden, wenn in ihr die Wunschlandschaften erscheinen, in denen die Hoffnung verortet ist. Das Sehnen, Wünschen und Träumen von einer ihrer Ketten entrissenen Menschheit gewinnt in diesen Werken an Gestalt, an Farbe und an Tiefe.

Der Vorschein einer befreiten Menschheit drückt sich im Kunstwerk als ein unentfremdetes Verhältnis zwischen Natur und menschlicher Zi-

[31] Ebd., S. 277.
[32] Ebd., S. 945.
[33] Ebd.
[34] Ebd., S. 946.

vilisation aus. Bloch verdeutlicht dies am Aufkommen der perspektivischen Malerei der Neuzeit. Damit einher gehe die Einbeziehung der Landschaft als bedeutsames Moment der Gesamtkomposition. Nicht mehr ist die natürliche Umgebung, in der sich die meist menschlichen Figuren auffinden lassen, bloßer Zierat, sondern die Landschaft wird zum integralen Bestandteil des Bildes. Menschen werden so in ihre natürliche Umgebung eingebettet, daß die Möglichkeit einer gelungenen Identität von Mensch und Natur im Kunstwerk zum Vorschein gelangt. Diese durch die Einführung der Perspektive und die wachsende Wertschätzung der Natur sich bildende Landschaft wird also zur Wunschlandschaft, wenn in ihr die Möglichkeit der *Versöhnung zwischen Mensch und Natur* angelegt ist.[35]

In den auf Versöhnung zielenden Wunschlandschaften werden zwei Funktionen erfüllt, die auch eine *docta spes* auszeichnen. Gelungene Kunstwerke sind *subversiv*, da ihr fragmentarischer Charakter den falschen Schein der Vollendung im Bestehenden sprengt. Sie sind *transzendierend*, da sich dem Rezipienten in einer Wunschlandschaft noch nicht verwirklichte Möglichkeiten eröffnen, die zu maßgeblichen Veränderungen innerhalb der weltlichen Zusammenhänge führen können. In den gewünschten Landschaften wird demnach ein Ort bewußt, der nicht ist, aber wirklich werden könnte. Solche noch nicht existenten Orte haben „die realiter fundierte Hoffnung, worin der Mensch dem Menschen Mensch und die Welt den Menschen Heimat werden kann"[36], zum Inhalt. Zukünftige Heimat, auf die gelungene Kunst gerichtet ist, läßt sich wohl niemals konkret ausmalen. Heimat ist insofern nur in vielfältigen, teils auch sich gegenseitig widersprechenden Wunschlandschaften zu erahnen, als die realen Möglichkeiten stets von den bestehenden Verhältnissen abhängen und sich mit ihnen verändern. Somit ist auch Philosophie nicht in der Lage, die Heimat allumfassend zu bestimmen. Heimat bleibt stets ein Geheimnis.

Doch sowohl Kunst als auch Philosophie sind in der Lage, sich dem Geheimnis der Heimat anzunähern. Denn beiden ist eine Transzendenz in der Immanenz, ein Überschreiten der bloßen Wirklichkeit eigentümlich. Wenn diese Bewegung erlischt, vollzieht sich die Affirmation ans Bestehende. Dieser Stillstand in der Kunst und im begrifflichen Denken muß als eine der größten Gefahren für die Menschheit aufgefaßt werden, denn aus ihr resultieren versteinerte Sozialstrukturen – auch der Rückfall in die Barbarei wird dadurch wahrscheinlicher. In derartig betäubten Bewußtseinsgestalten droht die Hoffnung, oftmals das einzige Gut unter all

---

[35] Ebd., S. 935 ff.
[36] Ebd., S. 390.

den weltlichen Übeln, zu erlöschen. Würde sie erlöschen, dann wäre der Untergang des menschlichen Geschlechts besiegelt.

Literatur

Adorno, Theodor W.: *Ästhetische Theorie*, in: Ders.: *Gesammelte Schriften*, Bd. 7, Frankfurt a. M. 1997, S. 7-533.

Adorno, Theodor W.: *Negative Dialektik*, in: Ders.: *Gesammelte Schriften*, Bd. 6, Frankfurt a. M. 1997, S. 7-412.

Bloch, Ernst: *Bittere Heimatkunst*, in: Ders.: *Literarische Aufsätze*, Frankfurt a. M. 1985, S.169-171.

Bloch, Ernst: *Das Prinzip Hoffnung*, Frankfurt a. M. 1985.

Bloch, Ernst: *Erbschaft dieser Zeit*, Frankfurt a. M. 1985.

Bloch, Ernst: *Tübinger Einleitung in die Philosophie*, Frankfurt a. M. 1985.

Hegel, Georg W. F.: *Vorlesungen über Ästhetik*, Bd. I, Frankfurt a. M. 1970.

Menke, Christoph/Pollmann, Arnd: *Philosophie der Menschenrechte zur Einführung*, Hamburg 2007.

Zimmermann, Rolf: *Philosophie nach Auschwitz. Eine Neubestimmung von Moral in Politik und Gesellschaft*, Reinbek 2005.

Maria T. Teixeira (Lisbon)

Creativity and Thought in the Philosophies of Henri Bergson and Alfred North Whitehead

Henri Bergson (1859-1941) and Alfred North Whitehead (1861-1947) have both been described as process philosophers. Their emphasis on novelty and temporality certainly makes them stand out as the great philosophers of becoming in contemporary philosophy. Creativity emerges as the decisive cornerstone in both philosophies. In this essay I shall argue that creativity cannot be taken apart from time and that it is closely related to the process of thinking; art is a kind of creative thinking.

Creativity is a general concept that is especially relevant to the analysis of aesthetics. The notion of creativity pervades all Bergson's works; for example, in *Mind-Energy* Bergson gives us a minute description of what he designates as our intellectual effort ("l'effort intellectuel"), which is the way creativity evolves throughout the process of intellectual creation. Creativity is essential to Bergson's idea of time, i. e. to his idea of duration ("la durée"). Duration carries novelty within itself as it engulfs and creates reality. It is reality itself, a novel, creating reality. Duration necessitates creativity, for duration is not static, homogenous time. As it comes into existence it brings about novelty; duration would not manage to come into existence without creativity.

Whitehead's creativity underlies all reality. Creativity is everywhere and is everything. It has no existence in itself, apart from its instances. Creativity manifests itself through its realizations. Actual entities come into being as they exercise a self-creative process. When an actual entity comes into being it individualises itself. Creativity is the underlying activity that allows for determinacy, although creativity itself is not determinate. In Whitehead's philosophy creativity together with the "many" and the "one" constitute the category of the ultimate. Creativity is the primary source of novelty. Actual entities that come into existence are always novel and temporal. They are time "itself taking its time" in order to achieve individualization and determination. Thus in Whitehead's philosophy creativity underlies all reality and is responsible for the novelty of process. It takes form in every actual entity, but in itself has no form or actuality. Also it cannot be dissociated from process and time. Creativity is extensive to every actuality and so human activity is also imbued with it. In *Modes of Thought,* Whitehead explores human activity as related to the presuppositions of language and understanding, finally concluding that novelty is essential to philosophy and that "philosophy is akin to poetry"[1].

I Epochal time and creativity

The Bergsonian and the Whiteheadian theories of time are both epochal. One can say that an epoch is any amount of time that is a unified and indivisible duration. An epoch does not coincide with the mathematical instant. Epochs are not of equal duration. They are occurrences of becoming with temporal extension and no temporal divisibility. Epochal time is of the utmost importance to creativity. The *discovery* of epochal time restores time to life and to philosophy. It shows how creativity happens. Thinking and art creation are creative processes. Thus they are also temporal processes. Duration is in the very origin of creativity. If we are to understand thinking and art creation, we must grasp the ultimate meaning of creativity, which is duration.

Many of Bergson's commentators hold that Bergsonian time is non-epochal due to Bergson's emphasis on continuity. In *Time and Free Will* Bergson does emphasise the continuity of psychological time. He also says that homogeneous time, the time we can measure with our clocks, reflects the spatial characteristics of the external world.

> In consciousness we find states which succeed, without being distinguished from one another; and in space simultaneities which, without succeeding, are distinguished from one another, in the sense that one has ceased to exist when the other appears. Outside us, mutual externality without succession; within us, succession without mutual externality.[2]

In reading Bergson we must not confuse the continuity of duration with mathematical continuity, which is the equivalent of "space simultaneities". The continuity of duration is indivisible whereas mathematical continuity is infinitely divisible. Time is a continuous multiplicity. The states of consciousness are not external to one another; they form a continuous, heterogeneous multiplicity in which states of consciousness suc-

---

[1] Whitehead, Alfred N.: *Modes of Thought*, New York 1938, p. 174.
[2] Bergson, Henri: *Time and Free Will. An Essay on the Immediate Data of Consciousness*, London 1950, p. 227.

ceed and melt into one another. Time is thus a continuous flow of inter-penetrating states of consciousness.

This description of time seems to deny any sort of epochal time, for time is depicted as continuous and qualitative. However, time's continuity is also heterogeneous. Milic Capek characterizes Bergsonian time as having "pulsational character" and growing "by concrete drops of novelty"[3].

The heterogeneity of duration means that there are internal differences within time. States of consciousness are all different from one another; as they come into existence they carry with them a whole past that is indestructible. Consciousness integrates memory. In *Matter and Memory*, Bergson relates duration to extension and finds different rhythms of duration.[4] There is no sharp distinction between duration and extensiveness. Memory meets extensiveness, for every being has its own way of enduring. The rhythm of duration depends on the extension of memory. Memory is much more extensive in higher beings. Quoting Espinoza's expression, Bergson says that as we come closer to matter, we approach *mens momentanea*. For memory in material entities is almost completely negligible.

The past engulfs the new states of consciousness and preserves them, so that new states of consciousness always integrate their whole antecedent past. The indestructible richness of duration flows and grows uninterruptedly. But it does so as the novel states of consciousness appear, by novel drops of existence. Bergsonian continuity is a creative, inexhaustible synthesis that includes all qualitative differences. Duration has no instants; instead, it has thickness, i. e. time endures. Such thickness of duration with its pulsations is the fundamental element of Bergsonian epochal time. Novelty is an essential, inherent characteristic of duration, which we cannot consider apart from duration itself.

> Thus the living being essentially has duration; it has duration precisely be-cause it is continuously elaborating what is new and because there is no ela-boration without searching, no searching without groping. Time is the very hesitation, or it is nothing. [...] Why, then, the unrolling? Why does reality

---

[3] Capek, Milic: *The Mind-Brain Relation*, in: Papanicolaou, Andrew C./Gunter, Pete A. Y. (Eds.): *Bergson and Modern Thought. Towards a Unified Science*, Chur 1987, p. 139.
[4] Bergson says afterwards that there is only one universal time. However, universal time does not preclude different rhythms of duration for different beings. Cf. Bergson, Henri: *Durée et simultanéité*, Paris 1998.

unfurl? Why is it not spread out? What good is time? [...] It must therefore, be elaboration. Would it not then be a vehicle of creation and of choice?[5]

The hesitation of time reveals this multiplicity of possibilities; the present duration is the continuous elaboration of what is new. In inventing what is new and in considering all its possibilities, time comes into existence. Thus novelty means that there must be a difference between the successive phases of duration. Such a difference accounts for creativity and also for the thickness of duration, i. e. for the present time.

As we said before, time is heterogeneous. Phases succeed one another, notwithstanding the fact that continuity and heterogeneity are complementary aspects of duration. This succession holds qualitative differrences between the succeeding phases. Diversity is the essential, distinguishing character of the Bergsonian multiplicities. Every being has its own duration with its own rhythm, and every being's present time has its own thickness due to the being's own rhythm. "The duration lived by our consciousness is a duration with its own determined rhythm".[6] A duration with its own determined rhythm must surely be epochal. It will grow "by concrete drops of novelty". Such drops of novelty are distinguishable from one another, for they carry the activity of the past and in so doing add novelty on to it. Bergson says that

> by examining change more closely, we should see that it pursues its course without interruption, and that what we call a *state* is the appearance which a change assumes in the eyes of a being who himself changes according to an identical or analogous rhythm. A state is, then, an appearance that springs from the co-existence of two changes under certain peculiar conditions.[7]

The epochal nature of time becomes clear when we examine change. Change is the uninterrupted flow of reality, although one can identify states within it. Such states are the rhythms of change of every being. They are identifiable because every being changes according to a certain rhythm. Succession does include phases even though it is indivisible; its rhythmical nature ascribes an epochal nature to time.

> On the other hand, assured of the indivisibility of change, we shall apprehend succession quite otherwise than as juxtaposition of a 'before' and an 'after' without on that account reducing it in any way to simultaneity. We shall

---

[5] Bergson, Henri: *The Creative Mind. An Introduction to Metaphysics*, New York 2007, p. 75.

[6] Bergson, Henri: *Matter and Memory*, London 1950, p. 272.

[7] Conférence du 20. Octobre 1911 "On the Nature of the Soul" in Bergson, Henri: *Mélanges*, Paris 1972, p. 947 f. The London conferences were delivered in English.

obtain a pure feeling (*sentiment*) of succession, that which one experiences when one has eliminated from the perception of succession every spatial image.[8]

Bergsonian time, then, eliminates geometrical, spatial representations of time, without reducing it to an amorphous continuity always identical to itself. Creativity emerges from duration, being duration itself creative. In fact, duration pursues its course carrying all the indestructible past with it and adding "unpredictable novelty" on to it. The diversity of its phases of succession introduces novelty into the flow of reality, so that every phase differs from its previous one; there are no two identical phases in Bergsonian succession. Thus the continuity of the temporal process is nevertheless differentiated into the diversity of succession. However, this diversity of succession is not that of a series of distinct elements; phases are distinguishable, but they are not separate and clear-cut. Distinguishable phases of time are precisely what any epochal theory of time assumes. The introduction of novelty into the course of reality means that Bergsonian time can be nothing else but epochal time.

Whiteheadian time is also epochal. Its epochal nature is more easily recognised by commentators than Bergsonian time's epochal nature. However, Whitehead's epochal theory of time is not as discontinuous as some commentators take it to be.[9] Actual entities, the final elements of Whiteheadian cosmological metaphysics, come into being like "drops of experience, complex and interdependent"[10]. Actual entities originate from other antecedent actual entities, so that "two descriptions" are required for an actual entity: (a) one which is analytical of its potentiality for "objectification" in the becoming of other actual entities, and (b) another which is analytical of the process which constitutes its own becoming.

The term 'objectification' refers to the particular mode in which the potentiality of one actual entity is realized in another actual entity.[11] The becoming of an actual entity forms its own being; "how an actual entity becomes constitutes what that actual entity is;"[12] it comes into being as it becomes. Actual entities become and perish; and as they perish, they objectify themselves in other actual entities. An actual entity is a new actuality unifying many antecedent actual occasions. It emerges from pre-

---

[8] Ibid., p. 948.
[9] Cf. Chappell, Vere C.: *Time and Zeno's Arrow*, in: Gunter, Pete A. Y. (Ed.): *Bergson and the Evolution of Physics*, Knoxville 1969, p. 253.
[10] Whitehead, Alfred N.: *Process and Reality*, New York 1985, p. 18 [28].
[11] Cf. Ibid., p. 23 [34].
[12] Ibid.

vious entities, but it is a novel entity. Creativity is responsible for this novelty. In Whiteheadian terms

> the ultimate metaphysical principle is the advance from disjunction to conjunction, creating a novel entity other than the entities given in disjunction. The novel entity is at once the togetherness of the 'many' which it finds, and also it is one among the disjunctive 'many' which it leaves; it is a novel entity, disjunctively among the many entities which it synthesizes. The many become one, and are increased by one.[13]

Creativity manifests itself through the novel occasions it originates, but it has no existence apart from them. The "creative advance" consists in the "many" synthesizing into a novel "one". For "there is no meaning to 'creativity' apart from its 'creatures'"[14].

Novelty is inexplicable in terms of the analytical elements composing an actual entity. The many antecedent entities do not *per se* give rise to a novel entity. Creativity introduces novelty amongst the "many", so that they can unify into "one" and become a new entity that adds to the previous entities. An actual entity becomes as one. As it becomes it individualises and then perishes. Whitehead writes that "actual entities perish, but do not change; they are what they are"[15]. This means that because every actual entity becomes as a whole, its becoming is not divisible into parts. Also, there is not a "before" and an "after" in the process of becoming. Actual occasions have a duration of their own that is whole and indivisible. They create time as they become. Each duration is epochal. "Time is sheer succession of epochal durations."[16] An epoch is an actuality with certain duration. In Whiteheadian phraseology this actuality or epoch is an individual or an atom. Atoms, in this sense, are discrete unities of time, which become, and in so doing individualise. Whiteheadian atoms are not the equivalent of the atoms of Democritus and have no correspondence with the mathematical instant, represented as a point of a line.

> As used here the words 'individual' and 'atom' have the same meaning, that they apply to composite things with an absolute reality which their components lack. These words properly apply to an actual entity in its immediacy of self-attainment when it stands out as for itself alone, with its own affective self-enjoyment. The term 'monad' also expresses this essential unity at the decisive moment, which stands between its birth and its perishing. The crea-

---

[13] Ibid., p. 21 [32].
[14] Ibid., p. 225 [344].
[15] Ibid., p. 35 [52].
[16] Whitehead, Alfred N.: *Science and the Modern World*, New York 1967, p. 125.

tivity of the world is the throbbing emotion of the past hurling itself into a new transcendent fact. It is the flying dart, of which Lucretius speaks, hurled beyond the bounds of the world.[17]

Epochal time is composed of extended unities of duration but it does not deny continuity. As they become, actual entities form a continuously extensive world. The actual world is continuous in its becoming. But the process of becoming of an actual entity cannot be continuous. For becoming is epochal and epochs become as wholes; they have no extensive parts.

> There is a becoming of continuity, but no continuity of becoming. The actual occasions are the creatures which become, and they constitute a continuously extensive world. In other words, extensiveness becomes, but 'becoming' is not itself extensive.[18]

The wholeness of epochs is a correlate of creativity. Creativity is the essential element in epochal time, for it permits that actual occasions come into being as epochs. The unities that constitute the world have duration and always emerge as novel creatures. They are novel creatures because, as they arouse from their past, they create time and come into existence. Novelty is introduced into reality because time has duration.

II Thought, Time and Creativity

Human activity is temporal. It is also creative. Thus it is not surprising that Bergson and Whitehead consider thought to be a creative activity.

Bergson examines intellectual effort; he follows the development of creativity as human thought comes into existence. He also unveils the process of intellectual effort and synthesises a methodology applicable to every form of creativity.

When we consider ethics, religion and art in Bergson's philosophy, we have to take duration as creation. Thus duration is always renovating itself.

> Intuition, bound up to a duration which is growth, perceives in it an uninterrupted continuity of unforeseeable novelty; it sees, it knows that the mind

---

[17] Whitehead, Alfred N.: *Adventures of Ideas*, New York 1967, p. 177.
[18] Whitehead, Alfred N.: *Process and Reality*, loc. cit., p. 35 [53].

draws from itself more than it has, that spiritually consists in just that, and that reality, impregnated with spirit, is creation.[19]

Our minds can produce more than they "contain"; by means of an intellectual effort we can create something new, which did not pre-exist in our minds. Duration is the driving force involved in this effort that moves towards novelty.

Thought is not always carried out with ease because creative work mainly requires an effort. Intellectual effort results in a creative process. It unravels as a creative movement. In examining intellectual work Bergson starts with memory, which he holds to be the simplest instance of its kind. In recollection there is always a mixture of mechanical recall and intelligent mental rebuilding. Also there is normally a movement of the mind crossing different planes of consciousness. However, instantaneous recall develops in one and the same plane of consciousness. The mind moves from one element of memory to another but is always kept on one and the same level of consciousness. As they succeed one another mechanically, memories come near to sensation. In instantaneous recall there is no interpretation of memories because interpretation requires that the mind move from one plane of consciousness to another. Duration, so to speak, does not fully make its appearance in instantaneous memory. We could say that instantaneous memories are not long enough for creativity to turn up; that is why the mind sticks to one and the same level of consciousness.

On the other hand, other types of recollection that are not instantneous favour the comings and goings of the mind from one plane of consciousness to another. In this kind of memory there is an effort involved and more time is needed for recollecting. This kind of memory develops according to a dynamic scheme. A multiplicity of images is condensed into one simple idea that holds them in a higher plane of consciousness than the initial one. Then there is a descent to lower planes of consciousness as the mind approaches sensation and the idea develops again into images. The

> idea does not contain the images themselves so much as the indication of what we must do to reconstruct them. It is not an extract of the images, got by impoverishing each of them; if it were, I should not understand why the scheme enables us, as it does in so many cases, to recover the images integrally.[20]

---

[19] Bergson, Henri: *The Creative Mind*, loc. cit., p. 22.
[20] Bergson, Henri: *Mind-Energy. Lectures and Essays*, Westport (Connecticut) 1975, p. 196.

The scheme is not an excerpt or a concise description of an idea. It is a whole that

> contains, in the estate of reciprocal implication, what the images will evolve into parts external to one another. [...] This reciprocal implication, and consequent internal complication, is so necessary, it is so much the essence of the schematic idea, that if it be just a simple image you are trying to evoke, the scheme may not be nearly so simple.[21]

Thus the dynamic scheme indicates mainly a certain direction of effort, for the images are not definite, clear-cut images. We get simply an indication of what to do to build them up again mentally. The elements of the schematic idea interpenetrate like the states of consciousness, which succeed one another, do. The outcome of the effort of recall is a clear, definite idea. The dynamic scheme evolves in the same fashion as that of the states of consciousness that succeed one another. The diversity of its phases of succession introduces novelty into the flow of consciousness, so that there can be no two identical phases. However, the continuity of this temporal process, which is also a process of intellectual effort, is nevertheless differentiated into a diversity of planes of consciousness. The diversity of planes of consciousness, like the diversity of interpenetrating states of consciousness, is not that of a series of distinct planes; planes of consciousness are distinguishable, but they are not ready-made. The movement of the mind comes and goes between these planes, but the dynamic scheme introduces creativity in the flux of consciousness. States of mind can now draw novelty from their process of unravelling. The mystery of creation is unveiled by duration, which, through its own unfolding, is capable of thrusting novelty onto the world. Memories keep themselves whole and unaltered, but the recalling movement of the mind is unrepeatable. Each time we carry out the effort of recall, novelty comes about in the very effort of recollection.

The intellectual effort proceeds in much the same way as the effort of recall. Intellectual effort is a comprehensive effort of interpretation; "the mind is continually coming and going between perceptions, on the one hand, and their *meaning*, on the other"[22]. It goes from the abstract to the concrete. The meaning comes first, not the concrete sentence we are listening to, or the particular idea we are trying to understand. Perceptions do not precede memory. Bergson holds that it is memory that guides us to our perceptions, for perceptions by themselves cannot evoke the me-

---

[21] Ibid., p. 199.
[22] Ibid., p. 202.

mory that resembles them. There is a slight first contact with images that sets abstract thinking on the right direction, so that it can develop concrete, full ideas. Once again the mind goes through different planes of consciousness, descending from the abstract to the concrete. It is a common mistake to think that the mind goes from the concrete to the abstract; if it were so, the mind would be lost. In order to understand the meaning of a sentence we have to construct a first meaning that sets the mind on its sinuous way, descending from higher planes of consciousness, so that it can perceive the actual sentence that is given to perception. The first bare, vague image suggests how the dynamic scheme should evolve, but it is the first rough meaning that triggers the development of the scheme itself. In the end, there may be nothing left of the first meaning, when the full perception is produced. Thought does not emerge from nothing, and neither does perception. Our experiencing has always some background. Vladimir Jankélévitch in his magnificent essay on Bergson's philosophy says that the mind always precedes the mind.[23] In fact, there is no emergence of thought if we do not start with thinking; primary thinking is vague and indefinite but there is no clearness of the image without prior indefiniteness. Clear images originate in vagueness. The scheme gives way to concrete images.

Bergson examines the highest forms of intellectual effort, namely the effort of invention. Highest forms of intellectual effort are undoubtedly creative. Duration is an essential factor in this kind of intellectual effort. Its relevance is connected with the rhythm of duration, which characterizes each and every being. The process of creation is temporal. The needed effort for a certain creative work will express itself in temporal terms. Creative work takes time and is itself the way through which time happens. Every being endures in a particular way, so that it reflects its own creativity.

The effort of invention unfolds itself much in the same manner the typical intellectual effort does. The vague primary meaning gives place to an effect, conceived by us in our minds as already obtained; we then try and find out all the elements we need, to fill up the gap between the effect drawn in our minds and the actual result we are trying to achieve. But this first effect is also conceived in vagueness. The attempt to fill up the gap consists in the dynamic scheme that ultimately gives rise to the invention.

The same process applies to creative artistic work. The musician and the poet also conceive a first idea, which they take as the goal they want to achieve. Their goal is taken as a whole that develops into different

---

[23] Jankélévitch, Vladimir: *Henri Bergson*, Paris 1989, p. 200 and 208.

parts. The dynamic scheme gives rise to the images, even though most of the time in artistic work nothing remains of the original scheme. The scheme is also modified, as it develops, by the images that it is trying to produce, which will fill it up. There is effort in this movement that goes from the scheme to the image. Creativity lies in the whole movement; it lies especially in the attempts of the images to modify the scheme as the whole dynamism develops. The scheme itself may be elastic with no clear outline, so that it can adapt to different images trying to fill in the scheme.

Like all sorts of intellectual work, creative artistic work takes time. It requires an effort in addition to ordinary work. Whenever there is effort, work takes longer because the mind is busy converting the scheme into the images. This kind of effort consists of a special diversity of states of consciousness that move from the scheme towards the image, carrying out trial experiments in order to develop the scheme into images. Different trial experiments follow one another; it may take minutes or even hours, sometimes it takes a lifetime. The different states of consciousness that follow one another are trial efforts that unfold in uninterrupted succeeding phases, coming and going one after another until one of them finally fits into the scheme. It may happen that none of these trial efforts succeeds. In such a case the scheme will modify itself, and in the end there may be nothing left of the original scheme. There is hesitation all along this process of elaboration. Thus there is essentially duration in intellectual effort, be it artistic work or the sheer effort of recall; intellectual work endures precisely because there is this continuous hesitating elaboration of novelty. "Time is the very hesitation, or it is nothing."[24] Intellectual effort is duration. Like everything that comes into being, it is a passage from vagueness into definiteness, from virtuality into realization. This intermediate phase between haziness and accomplishment endures in its very hesitation; hesitation is the essence of novelty itself.

We could say that what characterizes creative work is the sinuous movement of the mind that points the way to definiteness. A true work of art will find out and depict this movement. True artists are not interested in depicting abstractions, nor are they interested in the detailed portrait of their models. They look for the fundamental movement that hides behind each individual.[25]

Art creators ultimately manage to bring into existence a new atmosphere induced by the presence of what was in the first place an unacceptable work of art. The new work of art makes way for a new artistic

---

[24] Bergson, Henri: *The Creative Mind*, loc. cit., p. 75.
[25] Cf. Ibid., p. 196; Bergson, Henri: *La pensée et le mouvant*, Paris 1998, p. 265.

atmosphere and so becomes retroactively a new masterpiece. The presence and the endurance of the work of art in a given society are able to create its own successfulness and its own acknowledgement as a new conception of art.

The outcome of creative work can sometimes be used as a metaphor for the process of intellectual creativity. Melody is a privileged metaphor in Bergson's philosophy. It tells us about our interior life, about change, about movement, about duration, about life itself. A melody is an indivisible whole with a character of its own and a singular duration. It is self-sufficient, for it embodies reality itself.

> Let us listen to a melody, allowing ourselves to be lulled by it: do we not have the clear perception of a movement which is not attached to a mobile, of a change without anything changing? This change is enough, it is the thing itself. And even if it takes time, it is still indivisible; if the melody stopped sooner it would no longer be the same sonorous whole, it would be another, equally indivisible.[26]

Whatever comes into existence, whatever endures, does so like a melody, for it is the unfolding of novelty itself.

In Whiteheadian philosophy, experience is not the outcome of a synthesis of clear and distinct perceptions. It starts from vagueness, not from definite data. "The truth is that our sense perceptions are extraordinarily vague and confused modes of experience."[27] We relate to a vague totality. Definiteness and clarity come later. Details are "interpretive and not originnative. What is original is the vague totality"[28]. Clarity results from abstraction, which is a subsequent process.

In Whitehead's philosophy abstraction is not the same as generalization. Whiteheadian generalization takes process into account, whereas abstraction is only concerned with timeless relationships. Abstraction may obscure generalization, for concentration on certain aspects of things may jeopardise a global comprehensive perspective and impair the complete meaning.

When Whitehead deals with dynamic thought, he is mainly interested in the experience of generalization, which he considers to be a vast, comprehensive effort that aims at the apprehension of the totality of reality. Generalization is not abstraction from the concrete. It is comprehensiveness in its vastness embracing diversity.

---

[26] Ibid., p. 123.
[27] Whitehead, Alfred N.: *Modes of Thought*, loc. cit., p. 153.
[28] Ibid., p. 109.

The true method of discovery is like the flight of an aeroplane. It starts from the ground of particular observation; it makes a flight in the thin air of imaginative generalization; and it again lands for renewed observation rendered acute by rational interpretation. [...] Such thought supplies the differences which the direct observation lacks. It can even play with inconsistency; and can thus throw light on the consistent, and persistent, elements in experience by comparison with what in imagination is inconsistent with them.[29]

The true method of discovery may also be called creative thought. For it starts from a preliminary observation and is then considerably enriched by imaginative generalization, so that the new observation will be a novel thought. It will include all the diversity that cannot be found in ordinary observation and that is normally ignored in abstraction. We can find in Whitehead's philosophy what we might call a true effort of generalization, i. e. an all-embracing attempt to understand reality in its immensity.

Although no primary principle is unknowable, our understanding is limited because we are finite.[30] Our understanding is always partial even though

whatever exists, is capable of knowledge in respect to the finitude of its connections with the rest of things. In other words, we can know anything in some of its perspectives. But the totality of perspectives involves an infinitude beyond finite knowledge.[31]

The aim of the effort of generalization is precisely an increase in the comprehensiveness of perspectives. It is a dynamics that starts from usual observation in order to generalize; it then goes from the general to the concrete in order to enlarge generalization and in so doing preserve and enhance the diversity of the concrete. By including this diversity in generalization without abstracting its differences, we attain larger and more comprehensive perspectives. But these perspectives give us an understanding that is ever incomplete. No state of mind comes definitely to an end. Our process of thinking is never complete, for it is a temporal process and time is by its very nature incomplete.[32] Whitehead writes in *Modes of Thought* that understanding is "a process of penetration, in-

---

[29] Whitehead, Alfred N.: *Process and Reality*, loc. cit., p. 5 [7].

[30] Cf. Ibid., p. 4 [6]; Whitehead, Alfred N.: *Modes of Thought*, loc. cit., p. 42.

[31] Whitehead, Alfred N.: *Modes of Thought*, loc. cit., p. 42.

[32] Cf. Whitehead, Alfred N.: *Time*, in: Idem: *The Interpretation of Science Selected Essays*, Indianapolis 1961, p. 242.

complete and partial"[33]. Penetration as well as broad comprehension is essential to understanding.

On the other hand, there is no true understanding unless there is a reference to process.[34] The introduction of novelty, made possible by the very existence of the incompleteness of time, supplies the enlargement necessitated by generalization.

However, there is understanding of ideal abstract notions that bears no reference to passage. Classical mathematical understanding illustrates how time is abstracted from in current science, how mathematics are devoid of motion and change. However, Whitehead holds that mathematical entities are not static and that they play their roles in various mathematical processes.[35] He also holds that mathematical analysis is built on self-evidence and that "self-evidence is understanding"[36]. Notwithstanding the fact that there is "a clarity of insight" that stands out when we deal with simple, mathematical operations, there is no comprehensive mathematical understanding because in human thought there is no broad self-evidence of mathematics. Clarity of insight is limited in human beings. Proofs and inference are secondary procedures that presuppose some kind of self-evidence. They can help extend it but the premises of logic always start from self-evidence. Therefore understanding rests on self-evidence,[37] although full comprehensiveness is denied to human beings. "We can never fully understand. But we can increase our penetration. [...] For the finite individual there is penetration to novelty in its own experience."[38] Understanding is a fully temporal process that depends on the introduction of novelty for its increase in comprehensiveness.

The effort of generalization justifies thought, even though we can never fully understand. Generalization is an imaginative scheme that renews primary observation. It enlarges understanding for it takes diversity into account. It can also account for inconsistency. Inconsistency means contradiction; logical incongruity is known to undermine any logical constructs. Consistency increases with abstraction. Penetration goes the opposite way; concrete apprehension leads us towards inconsistency. Whiteheadian generalization is enriched as diversity is taken into account.

[33] Ibid., p. 243.
[34] Whitehead, Alfred N.: *Modes of Thought*, loc. cit., p. 46.
[35] Ibid., p. 93.
[36] Ibid., p. 47.
[37] Ibid., p. 48 ff.
[38] Ibid., p. 51.

As we enlarge self-evidence the abstraction shrinks, and our understanding penetrates towards the concrete fact. Thus, sooner or later, growth in knowledge leads to the evidence of antagonism involved in difference.[39]

Process, however, dissolves all inconsistencies. Process can appease different, even contrary states of affairs. Whitehead says, this "is the sort of perplexity that Plato alluded to, when he makes one of his characters say, 'Not-being is a sort of being'"[40]. Indeed, consistency precludes the existence of contradictions, but process reintroduces harmony between being and non-being. "Process is the immanence of the infinite in the finite; whereby all bounds are burst, and all inconsistencies dissolved."[41] It carries with it all possibilities, even though we cannot embrace all of them in our condition of finite beings. The nature of things has no preclusions, translatable into logical propositions. Therefore inconsistency relates to the finitude of things, not to enduring process. Thought proceeds mainly when novelty is introduced into conceptual activity. What was previously abstracted from and taken to be irrelevant originates a new perspective. Novel experience requires the introduction of novel elements and a novel integration of new constituents. Inconsistency does not apply to novelty, for novelty emerges from the very details previously taken as irrelevant, which have become novelty itself.

Understanding is not only concerned with logic. Whitehead says, the "aesthetic experience is another mode of the enjoyment of self-evidence"[42]. Logic is highly abstractive, whereas aesthetics keeps close to the concrete. Logic is more concerned with the details and proceeds from "abstracted details" to "abstract unity". This kind of abstraction is not to be confused with generalization, for generalization is the enlargement of perspectives that become ever more diverse. In aesthetics "the whole precedes the details"[43]. Therefore aesthetics is wider than logic and comes much closer to Whiteheadian generalization.

Novelty comes with the imaginative scheme; generalization includes mainly the whole so that it can take diversity into account. As understanding is based on self-evidence, it also outruns any form of symbolism like language or logic. It does so because it goes beyond inference and abstraction taking novelty into account. Thus there is also novelty in aesthetical self-evidence. If we consider Whitehead's neologisms, we find them to be of the utmost importance, for they express the enhance-

---

[39] Ibid., p. 60.
[40] Ibid., p. 53.
[41] Ibid., p. 54.
[42] Ibid.
[43] Ibid., p. 61.

ment of understanding. Aesthetics like philosophy tends to be comprehensive understanding. They are not based on inference; they both rely on self-evidence. In *Modes of Thought*, Whitehead writes twice, "Philosophy is akin to poetry"[44]. The poet captures the fresh liveliness of life that lies behind the sharpness of words. It includes "irrelevant" and forgotten concreteness that originates novelty. In doing so, poetry like philosophy increases generalization and introduces "novel, verbal characterizations"[45]. Philosophy like poetry is a process of disclosure. Creative, rational thought such as philosophy comes close to aesthetics due to its great effort of comprehensiveness. True understanding is process that allows for real novelty.

III Final remarks

Duration, novelty, creativity, intellectual and aesthetic creation are interrelated notions in the philosophies of Bergson and Whitehead. Time is epochal; it comes into existence by drops of experience that differ from one another, and so constitute the diversity of reality. Every entity is temporal, and is itself the creator of time. Novelty is introduced into reality because reality is duration. Successive states or entities are wholes that emerge from previous ones but differ amongst themselves. Although they emerge as individualizations, there is a continuity of being that is usually described as process. The aesthetical process compares to the intellectual process. None of them is based on logic or inference; they introduce creative duration. Aesthetics enhances understanding because it is mainly concerned with individualization, not with abstraction. Individuals rise from duration as wholes. The apprehension of individuality leads the way to Whiteheadian generalization. Creation, be it intellectual, aesthetical or even moral, is immersed in duration. It is creativity becoming novelty itself.

Literature

Bergson, Henri: *Essai sur les données immédiates de la conscience,* Paris 1997.
Bergson, Henri: *Time and Free Will. An Essay on the Immediate Data of Consciousness,* transl. by Frank L. Pogson, London 1950.

---

[44] Whitehead, Alfred N.: *Modes of Thought,* loc. cit., p. 49 f. and 174.
[45] Ibid., p. 174.

Bergson, Henri: *Matière et mémoire*, Paris 1997.

Bergson, Henri: *Matter and Memory*, transl. by Nancy M. Paul and W. Scott Palmer, London 1950.

Bergson, Henri: *La pensée et le mouvant*, Paris 1998.

Bergson, Henri: *The Creative Mind. An Introduction to Metaphysics*, New York 2007.

Bergson, Henri: *L'énergie spirituelle*, Paris 1999.

Bergson, Henri: *Mind-Energy. Lectures and Essays*, transl. by H. Wildon Carr, Westport (Connecticut) 1975.

Bergson, Henri: *Les deux sources de la morale et de la religion*, Paris 1997.

Bergson, Henri: *The Two Sources of Morality and Religion*, transl. by R. Ashley Audra and Cloudesley Brereton, Notre Dame 1977.

Bergson, Henri: *Mélanges*, Paris 1972.

Bergson, Henri: *Oeuvres*, Paris 2001.

Bergson, Henri: *Durée et simultanéité*, Paris 1998.

Whitehead, Alfred N.: *Process and Reality*, ed. by D. Ray Griffin and Donald W. Sherburne, New York 1985.

Whitehead, Alfred N.: *Adventures of Ideas*, New York 1967.

Whitehead, Alfred N.: *Modes of Thought*, New York 1938.

Whitehead, Alfred N.: *Time*, in: Idem: *The Interpretation of Science. Selected Essays*, Indianapolis 1961.

Whitehead, Alfred N.: *Science and the Modern World*, New York 1967.

Jankélévitch, Vladimir: *Henri Bergson*, Paris 1989.

Capek, Milic: *The Mind-Brain Relation*, in: Papanicolaou, Andrew C./Gunter, Pete A. Y. (Eds.): *Bergson and Modern Thought. Towards a Unified Science*, Chur 1987, pp. 129-148.

Capek, Milic: *Bergson and Modern Physics. A Re-interpretation and Re-evaluation*, Dordrecht 1971.

Sipfle, David A.: *On the Intelligibility of the Epochal Theory of Time*, in: *The Monist* 53 (1969), pp. 505-518.

Chappell, Vere C.: *Time and Zeno's Arrow*, in: Gunter, Pete A. Y. (Ed.): *Bergson and the Evolution of Physics*, Knoxville 1969, pp. 253-274.

Cem Kömürcü (Heidelberg)

Schellings Antiphilosophie

> Was für eine Philosophie man wähle,
> hängt davon ab, was man für ein
> Mensch ist: denn ein philosophisches
> System ist nicht ein toter Hausrat, den
> man ablegen könnte, wie es uns be-
> liebte, sondern es ist beseelt durch die
> Seele des Menschen, der es hat.
>
> Fichte, *Versuch einer neuen*
> *Darstellung der Wissenschaftslehre*

Wir befinden uns Schelling zufolge immer schon in Sinnverhältnissen, die mit Gregory Bateson als „a difference that makes a difference"[1] beschrieben werden können. Demzufolge können Sinnverhältnisse nur fortbestehen, wenn sich eine Differenz von Welt und dem, was der Welt vorangeht, von Ordnung und Störung, formiert. In der *Freiheitsschrift* bringt Schelling einen solchen internen, immanenten Dualismus wie folgt zum Ausdruck:

> Die Naturphilosophie unserer Zeit hat zuerst in der Wissenschaft die Unterscheidung aufgestellt zwischen dem Wesen, sofern es existiert, und dem Wesen, sofern es bloß Grund von Existenz ist. [...] Es ist hier kein Erstes und kein Letztes, weil alles sich gegenseitig voraussetzt, keins das andere und doch nicht ohne das andere ist. [Die Welt] hat in sich einen inneren Grund [ihrer] Existenz, der insofern [ihr] als Existierende vorangeht: aber ebenso ist [die Welt] wieder das Prius des Grundes, indem der Grund, auch als solcher, nicht sein könnte, wenn [die Welt] nicht actu existiert.[2]

Die Einheit von Ordnung und Störung, von Grund (das Reale) und Existierendem (das Ideale) hält die Sinnverhältnisse, d. h. die Welt als Welt

---

[1] Bateson, Gregory: *Ökologie des Geistes. Anthropologische, psychologische, biologische und epistemische Perspektiven*, Frankfurt a. M. 1981, S. 582.
[2] SW VII, S. 358 f.

am Leben. So kann jede Ordnung nur bestehen, ja überhaupt zu Stande kommen, wenn es einen Faktor X gibt, der die Ordnung stört. Jede Störung lebt andererseits von der Ordnung, die die Störung behebt. Erst die Störung erlaubt überhaupt das Verstehen einer Ordnung. Dieser Faktor X, der nach Adorno das *Nicht-Identische*, die *Nichtidentität* ist und zur metaphysischen Erfahrung führt,[3] was andere Autoren als „ausgeschlossenes Drittes" oder als „Parasit" beschreiben,[4] begreift Schelling als denjenigen *Rest*, der nicht aufgeht, der nicht mit dem Verstand aufzulösen ist.[5] Jedes Bewußtwerden, das vom niedrigsten Grade aus beginnt, kann nach Schelling niemals vollständig zur Klarheit gebracht werden. Es bleibt immer ein dunkler, *finsterer Rest* übrig und dieser *Rest* hinterläßt im wahrsten Sinne des Wortes *Spuren*. Diese *Spur* wird ein Rest, der nicht verlöscht, der sich nicht ausstreicht, selbst wenn er durch ein Anderes verdrängt wird. Gerade so widerfährt einem die *Spur* in der Welt, weil eine vollkommene Durchsichtigkeit der Welt als Welt in der Welt nicht gelingt. Die *Spur* zeigt sich, man verfolgt sie, aber sie verweist immer schon auf eine andere *Spur* und so *ad infinitum*. Auf diese Weise

---

[3] Vgl. Adorno, Theodor W.: *Negative Dialektik. Jargon der Eigentlichkeit*, in: *Gesammelte Schriften in zwanzig Bänden*, Bd. 6, Frankfurt a. M. 2003. Siehe hier insbesondere das zweite Kapitel des zweiten Teils *Sein und Existenz*, in dem sich Adorno der Copula und dem Identitätsprinzip widmet: „Ratio schlägt in Irrationalität um, sobald sie, in ihrem notwendigen Fortgang, verkennt, daß das Verschwinden ihres sei's noch so verdünnten Substrats ihr eigenes Produkt, Werk ihrer Abstraktion ist. Wenn das Denken bewußtlos seinem Bewegungsgesetz folgt, wendet es sich wider seinen Sinn, das vom Gedanken Gedachte, das der Flucht der subjektiven Intentionen Einhalt gebietet. Das Diktat seiner Autarkie verdammt Denken zur Leere; diese wird am Ende, subjektiv, zur Dummheit und Primitivität. Regression des Bewußtseins ist Produkt von dessen Mangel an Selbstbesinnung. Sie vermag das Identitätsprinzip noch zu durchschauen, nicht aber kann ohne Identifikation gedacht werden, jede Bestimmung ist Identifikation. Aber eben sie nähert sich auch dem, was der Gegenstand selber ist als Nichtidentisches: indem sie es prägt, will sie von ihm sich prägen lassen. Insgeheim ist Nichtidentität das Telos der Identifikation, das an ihr zu Rettende; der Fehler des traditionellen Denkens, daß es die Identität für sein Ziel hält. Die Kraft, die den Schein von Identität sprengt, ist die des Denkens selber: die Anwendung seines ‚Das ist' erschüttert seine unabdingbare Form. Dialektisch ist Erkenntnis des Nichtidentischen auch darin, daß gerade sie, mehr und anders als das Identitätsdenken, identifiziert. [...] Die Wendung zum Nichtidentischen bewährt sich in ihrer Durchführung; bliebe sie Deklaration, so nähme sie sich zurück. In den traditionellen Philosophien war, auch wo sie, nach Schellings Parole, konstruierten, die Konstruktion, die nichts duldete, was nicht von ihnen vorverdaut war." (S. 152 ff.)
[4] Vgl. Atlan, Henri: *Entre le cristal et la fumée. Essai sur l'organisation du vivant*, Paris 1979; Serres, Michel: *Der Parasit*, Frankfurt a. M. 1981; Dupuy, Jean-Pierre: *Ordres et Désordres. Enquête sur un nouveau paradigme*, Paris 1982.
[5] Vgl. SW VII, S. 360.

deutet die *Spur* des uneinholbaren Restes auf ein Nichtartikulierbares, das der Möglichkeit von Artikulation zuvorkommt. Das, was sich nicht mehr aussprechen läßt, ist das, was sich zwischen dem Grund und dem Existierenden, zwischen der Störung und der Ordnung befindet; es ist das, was sich in der Differenz zwischen dem Einen und dem Anderen befindet.

Es fällt auf, daß Schelling, um es hier mit einem Wort Lacans zum Ausdruck zu bringen, eine Philosophie betreibt, die auch als *Antiphilosophie* verstanden werden kann. Schelling ist ein Verächter der Philosophie: *Philosophie soll Philosophie bleiben, niemals Sophia werden.* Nach Alain Badiou „erkennt man die Antiphilosophie an drei miteinander verbundenen Operationen"[6]. Die erste Operation besteht in der Verabschiedung der Kategorie der Wahrheit, dem Nachgehen der inneren Möglichkeit und Tatsächlichkeit des Sinnlosigkeitsverdachtes, d. h. der Anspruch der Philosophie, sich selbst als Theorie zu setzen, wird aufgegeben. Die zweite beruht auf der Grundannahme, daß die Philosophie ein Akt (Tätigkeit) ist, und „die Fabeleien um die ‚Wahrheit'"[7] bilden den Deckmantel, unter dem sie agiert. Dem Antiphilosophen zufolge läßt sich die Philosophie nicht mehr „auf ihre diskursive Erscheinung, auf ihre Sätze, auf ihr täuschendes Äußeres"[8] reduzieren. Die dritte und letzte operative Struktur der Antiphilosophie zeigt sich insbesondere darin, daß sie gegen den philosophischen Akt als solchen einen weiteren Akt hervorbringt, der sich als ein Akt des Aktes, als eine Philosophie der Philosophie gibt. Diese drei Operationen sind auch im Werk Schellings erkennbar.

Schelling zufolge scheint jede philosophische Theorie, jeder Anspruch auf Theorie überhaupt, sinnlos, nicht weil Theorien ein Gebilde von Annäherungen und Irrwegen wären, sondern weil der Gegenstand selbst der Theorie, die Welt, sinnlos scheint: „warum ist Sinn überhaupt, warum ist nicht Unsinn statt Sinn?"[9], oder anders gefragt: „Die ganze Welt liegt gleichsam in der Vernunft gefangen, aber die Frage ist: wie ist sie in dieses Netz gekommen […]?"[10] Typisch für die Antiphilosophie ist demnach, daß sie nicht darauf aus ist, singuläre Themen und Thesen aus der Philosophie zu diskutieren, sondern vielmehr grundlegendere

---

[6] Badiou, Alain: *Wittgensteins Antiphilosophie*, Zürich/Berlin 2008, S. 8.
[7] Ebd.
[8] Ebd.
[9] Schelling, Friedrich W. J.: *Grundlegung der positiven Philosophie. Münchener Vorlesungen Wintersemester 1832/33 und Sommersemester 1833*, Torino 1972, S. 222.
[10] Ebd.

und ursprünglichere Fragen stellt, die nicht dem *falsch-wahr-Raster* un-
terliegen. Schellings Antiphilosophie stellt keine philosophischen Fragen
im eigentlichen Sinne, sie fragt eher nach dem Fragen selbst. Dabei erscheint das Fragen an sich nicht nur sinn- und grundlos, es ist zugleich
auch das radikal Böse:

> So ist denn der Anfang der Sünde, daß der Mensch aus dem eigentlichen Sein
> in das Nicht-Sein, aus der Wahrheit in die Lüge, aus dem Licht in die Fin-
> sternis übertritt, um selbst schaffender Grund zu werden, und mit der Macht
> des Centri, das er in sich hat, über alle Dinge zu herrschen.[11]

In diesem Zusammenhang bietet für Schelling die Krankheit das tref-
fendste Bild für den eigenen Sachgehalt des Bösen. Die Krankheit wird
nicht mehr als ein Mangel an Gesundheit verstanden, sondern als ein
Aus-den-Fugen-Geraten der natürlichen Ordnung, als ein Auseinander-
brechen des harmonischen Gesamtorganismus. Die Philosophie selbst ist
ein krankes und daher böses Unternehmen, in das sich auch Schellings
Antiphilosophie verstrickt. Denn Schellings philosophisch-antiphiloso-
phisches Unternehmen versucht, wie jede andere Philosophie auch, im
Rahmen einer Theorie und einer verbalen Ausdrucksweise seine eigene
Absurdität zu zeigen. Jedoch greift die philosophische Antiphilosophie
im Gegensatz zur philosophischen Philosophie keineswegs einzelne philosophische Gedanken an, noch verwirft sie diese. Die Antiphilosophie
hält das Denken und den Gedanken *an und für sich* für fragwürdig.

Die Philosophie, so würde hier sicherlich jeder zustimmen, fragt nach
den letzten Dingen, nach dem Grund, den Voraussetzungen von allem
Sein und Leben. Philosophie ist diejenige Tätigkeit, die sich um das
kümmert, was im Leben des Menschen elementar scheint: seine lebensweltlichen Probleme, der Sinn des Lebens, das Dasein in der Welt. Zwar
ist sie rein nach ihrer theoretischen Tätigkeit darauf aus, diese lebensweltlichen Probleme zu thematisieren und sie somit auch zu lösen, doch
dabei gerät die Philosophie in ein strategisches, argumentatives Verfah-
ren, das nicht einmal im Ansatz die Existenz als Existenz, d. h. den Sinn
des Lebens zu erfassen vermag. Daher ist die Philosophie nach Schelling
auch „die an allem Leben anklebende Traurigkeit [...], der Schleier der
Schwermut [...], die tiefe unzerstörliche Melancholie des Lebens"[12]. Die
Philosophie als Akt schafft es nicht, sich den wesentlichen lebensweltlichen Fragen zu widmen. Folglich bedarf es eines weiteren Akts, eines

---

[11] SW VII, S. 391.
[12] Ebd., S. 400.

antiphilosophischen Akts, der den *Akt des Akts* vollzieht. Dieser ist nach
Schelling die *Liebe*: „Die Liebe aber ist das Höchste."[13]
Die Liebe widmet sich im Gegensatz zum philosophischen Akt gerade nicht den Lebensproblemen, da sie diese prinzipiell für unlösbar hält,
indem sie *zeigt*, daß das Dasein von Grund auf sinnlos ist. Die Sinnlosig-
keit des Daseins läßt sich nur *zeigen*, weil die Liebe selbst nicht zu den
existierenden, propositionalen Strukturen der Welt gehört. Die Liebe ist
das *Unaussprechliche*: „Sie ist das, was da war, ehe denn der Grund und
ehe das Existierende (als getrennte) waren, aber noch nicht als *Liebe*,
sondern – wie sollen wir es bezeichnen?"[14] Die Liebe steht daher auch in
keinem Verhältnis zur Welt, da sie „ein eignes von allem Gegensatz [der
Welt] geschiedenes Wesen, das nichts anderes ist als eben das Nichtsein
derselben, und das darum auch kein Prädikat hat als das der Prädikat-
losigkeit"[15]. Sie ist so gerade die reine Indifferenz, deren Element sich
stets der propositionalen Aktivität der Welt entzieht. Die Indifferenz ist
das, was die Möglichkeit einer semantischen Differenz freigibt ohne jedoch selbst zur Differenz zu gehören bzw. prädiziert zu werden. Sie ist
der Grund, auf den A und B zurückfallen: die Indifferenz ist der Grund
als Nicht-Grund für die Differenz, sie ist der Grund, der das Subjekt (A)
mit seinem Prädikat (B) vereinigt: *das Böse ist so immer schon das Gute*.
Die Indifferenz ist die Copula eines Identitätsurteils, die selbst keine Eigenschaften bzw. Prädikate hat, unbestimmt ist, d. h. alle möglichen prädikativen Bestimmungen erst verneint. *Wo aber eine Verneinung ist, ist
auch immer schon eine Bejahung, ein Wollen*. Etwas, was auch immer es
sei, zeigt sich in einem Urteil *als* Verneinendes und *als* Bejahendes, als
Subjekt und als Prädikat, so daß das Band eines Urteils allen Teilen eines
Urteils zu Grunde liegt, dem Subjekt, dem Prädikat und deren Einheit, d.
h. der Identität (Gegensatz), der Nicht-Identität (Widerspruch) und deren
Einheit. Jedes Identitätsurteil beruht auf der Gegensätzlichkeit von Subjekt und Prädikat, von Verneinendem und Bejahendem (Wollendem), die
in der Copula, im ,ist', vereint wird. Jede Gegensätzlichkeit bricht aus
der Copula heraus, jedes Sein hat seinen Grund in einem Urwollen, das
allem Sein und Wollen als ein unzugängliches vorangeht. Dabei ist die
Liebe das Moment der Zerstörung der Gegensätzlichkeit und somit der
Philosophie, denn sie strebt danach, die dialektische Spannung zwischen
dem Realen und Idealen, die auseinandergetretenen Differenten zu einer
Indifferenz zu vereinigen: die Liebe erzeugt und vernichtet die Welt. Der
antiphilosophische Akt der Liebe verhält sich auf diese Weise als Meta-

[13] Ebd., S. 406.
[14] Ebd.
[15] Ebd., S. 407.

philosophie, der den philosophischen Akt an sich zerstört, indem er jede mögliche Theorie über die Welt, d. h. Metaphysik zum Unsagbaren erklärt. Daher läßt sich Schellings antiphilosophischer Akt mit einem anderen Antiphilosophen, nämlich Wittgenstein, auch folgendermaßen beschreiben:

> Es gibt allerdings Unaussprechliches. Dies zeigt sich, es ist das Mystische. […] Die richtige Methode der Philosophie wäre eigentlich die: Nichts zu sagen, als was sich sagen läßt, also Sätze der Naturwissenschaft – also etwas, was mit Philosophie nichts zu tun hat –, und dann immer, wenn ein anderer etwas Metaphysisches sagen wollte, ihm nachzuweisen, daß er gewissen Zeichen in seinen Sätzen keine Bedeutung gegeben hat. Diese Methode wäre für den anderen unbefriedigend – er hätte nicht das Gefühl, daß wir ihn Philosophie lehrten – aber sie wäre die einzig streng richtige. (TLP 6.53)

Man wird mit Interesse zur Kenntnis nehmen, daß Hegel, obwohl er strenggenommen kein antiphilosophischer Denker ist, zu Beginn der *Phänomenologie des Geistes*, im Kapitel „Die sinnliche Gewißheit oder das Diese und das Meinen" dasselbe Mysterium des Unsagbaren vor Augen hat, das Schelling mit der *Indifferenz*, dem *Ungrund* und der *Liebe*, und Wittgenstein mit dem *Unaussprechlichen*, dem *Mystischen*, das sich nur *zeigen* läßt, *meinen*. Hegels Versuch, das Unsagbare der sinnlichen Gewißheit – die wahrhafteste Erkenntnis, weil sie ihren Gegenstand so läßt, wie er ist, und noch nichts von ihm weggenommen hat – in Sprache aufzulösen, scheitert, weil das Allgemeine die Wahrheit der sinnlichen Gewißheit ist:

> Als ein Allgemeines sprechen wir auch das Sinnliche aus; was wir sagen, ist: Dieses, d. h. das allgemeine Diese, oder: es ist; d. h. das Sein überhaupt. Wir stellen uns dabei freilich nicht das allgemeine Diese oder das Sein überhaupt vor, aber wir sprechen das Allgemeine aus; oder wir sprechen schlechthin nicht, wie wir es in der sinnlichen Gewißheit meinen. Die Sprache aber ist, wie wir sehen, das Wahrhaftere; in ihr widerlegen wir selbst unsere Meinung; und da das Allgemeine das Wahre der sinnlichen Gewißheit ist und die Sprache nur dieses Wahre ausdrückt, so ist es gar nicht möglich, daß wir ein sinnliches Sein, das wir meinen, je sagen können.[16]

Sobald die sinnliche Gewißheit den Versuch unternimmt zu sagen, was sie meint, muß sie notwendigerweise die Erfahrung machen, daß sie im eigentlichen Sinne eine Bewegung der Negation und der Vermittlung ist. Denn was die sinnliche Gewißheit meint, ist für die Sprache unsagbar, da

---

[16] Hegel, Georg W. F.: *Phänomenologie des Geistes*, in: *Werke*, Bd. 3, Frankfurt a. M. 1970, S. 85.

der Inhalt des Meinens und der Meinung ein Negatives und Allgemeines ist:

> Auf die Frage: *was ist das Jetzt?* Antworten wir also zum Beispiel: *das Jetzt ist die Nacht.* Um die Wahrheit dieser sinnlichen Gewißheit zu prüfen, ist ein einfacher Versuch hinreichend. Wir schreiben diese Wahrheit auf; eine Wahrheit kann durch Aufschreiben nicht verlieren; ebensowenig dadurch, daß wir sie aufbewahren. Sehen wir jetzt, diesen Mittag, die aufgeschriebene Wahrheit wieder an, so werden wir sagen müssen, daß sie schal geworden ist.[17]

Die Sprache ist hier der Hüter des Unsagbaren, indem sie mit jedem einzelnen Wort die Unsagbarkeit der Meinung sagt, die Negativität des Meinens aufzeigt. So ist das, was „das sinnliche Diese" meint, der „Sprache, die dem Bewußtsein, dem an sich Allgemeinen angehört" immer schon „unerreichbar"[18]. Diese Unerreichbarkeit der Meinung, die Nichtidentität von Meinung und Sprache, drückt sich prinzipiell in dem „nie aufgehenden Rest" aus, in dem „was sich mit der größten Anstrengung nicht in Verstand auflösen läßt"[19]. Die Idee des Rests ist jedem antiphilosophischen Akt immanent, weil sie zeigt, daß wir die Wirklichkeit nie in Begriffe fassen können.[20] Bei allem Existierenden stoßen wir daher immer schon auf etwas Undurchdringliches, *auf den Grund.* Schellings Antiphilosophie konstruiert gerade die hochkomplexen Netzwerke der Strukturen der Welt, um ihre Undurchdringlichkeit und Unvollständigkeit aufzuspüren und den nie aufgehenden Rest für das Erfassen durch den antiphilosophischen Akt freizugeben. Ähnlich verhält es sich bei Wittgenstein. So besteht zwischen der Wirklichkeit (Welt) und dem Satz eine Verbindung spiegelbildlicher Art. Die Verbindung ist so gerade im Bild enthalten: „Die gesamte Wirklichkeit ist die Welt. […] Wir machen uns Bilder der Tatsachen. […] Das Bild ist ein Modell der Wirklichkeit." (TLP 2.063, 2.1, 2.12) Zwar sind die Bilder immer sprachlich – „Der Satz ist ein Bild der Wirklichkeit" (TLP 4.01) –, aber was ist mit demjenigen Element, das nicht auf dem Bild der Wirklichkeit ist, von ihm nicht dargestellt wird? Dieses Element ist gerade wie die Liebe in Schellings Antiphilosophie das *Höchste.* Das Höchste oder das Wahre des Seins befindet sich daher nicht mehr in der spiegelbildlichen Relation, in der sich die *Ontologie der Wirklichkeit und der Sprache* aufbaut, da es selbst die Funktion des Spiegels ausübt: die *Abbildung.* Aus dieser Be-

---

[17] Ebd., S. 84.
[18] Ebd., S. 91 f.
[19] SW VII, S. 360.
[20] Vgl. Baudrillard, Jean: *Simulacres et simulation*, Paris 1981, S. 205: „*Quand on enlève tout, il ne reste rien. C'est faux.*"

ziehung zwischen dem Bild und dem Abgebildeten fällt der Rest als
Nichtabgebildetes heraus. Das Zeigen des unsagbaren Restes ist die gelungene *self-performance* des antiphilosophischen Aktes. Darin zeigt
sich insbesondere die Verabschiedung der Philosophie durch die Antiphilosophie: „Wovon man nicht sprechen kann, darüber muß man
schweigen." (TLP 7)
    Eigentlich sollte der Philosoph an diesem Punkte schweigen, doch er
spricht weiter. Aus diesem Grund kann es, mit Hegels Worten, nun auch
„erlaubt sein, die Rücksicht auf das Praktische zu antizipieren"[21]. Die
Antizipation des Praktischen, ja die radikale Verteidigung des Unaussprechlichen sieht Hegel in der Erfahrung des Mysteriums gegeben:

> In dieser Rücksicht kann denjenigen, welche jene Wahrheit und Gewißheit
> der Realität der sinnlichen Gegenstände behaupten, gesagt werden, daß sie in
> die unterste Schule der Weisheit, nämlich in die alten Eleusinischen Myste-
> rien der Ceres und des Bacchus zurückzuweisen sind und das Geheimnis des
> Essens des Brotes und des Trinkens des Weines erst zu lernen haben; denn
> der in diese Geheimnisse Eingeweihte gelangt nicht nur zum Zweifel an dem
> Sein der sinnlichen Dinge, sondern zur *Verzweiflung* an ihm und vollbringt in
> ichnen teils selbst ihre Nichtigkeit, teils sieht er sie vollbringen. [Herv. d.
> Verf.][22]

Hegels äußerst ungewöhnliche These vom *Primat der praktischen Vernunft*, der sich darin geltend macht, daß Handlungsorientierungen immer
schon theoretischen Orientierungen vorausgehen, bereitet hier wohl den
größten antiphilosophischen Akt überhaupt vor, nämlich den Kierke-
gaards: „Die Sache ist die. Man soll erkennen, daß es in letztem Betracht
keine Theorie gibt."[23] So gibt es für Kierkegaard in letzter Instanz keine
Philosophie mehr, sondern – in Anlehnung an Fichtes Primat des Praktischen – nur noch die grundlegend ethisch-praktische Entscheidung, welche Art Leben man führen will. Auf diese Weise macht Kierkegaard dem
Philosophen den Vorschlag, die Philosophie aufzugeben, sich gegen die

---

[21] Hegel, Georg W. F.: *Phänomenologie des Geistes*, a.a.O.. S. 91.
[22] Ebd. Vgl. ferner zum Begriff des Eleusinischen Mysteriums Hegels einziges Gedicht *Eleusis*, das er im August 1796 seinem Freund Hölderlin widmete. Hegels Gedicht hat wie jedes Mysterium Unsagbares zum Gegenstand: „Ha! sprängen jetzt die
Pforten deines Heiligtums von selbst / O Ceres, die du in Eleusis thronest! / Begeis-
trung trunken fühlt' ich jetzt / Die Schauer deiner Nähe, Verstände deine Offenba-
rungen, / Ich deutete der Bilder hohen Sinn, vernähme / Die Hymnen bei der Götter
Mahlen, / Die hohen Sprüche ihres Rats. –" Hegel, Georg W. F.: *Eleusis. An Hölderlin (August 1796)*, in: *Werke*, Theorie-Werkausgabe, Bd. 1, Frankfurt a. M. 1971, S.
231.
[23] Kierkegaard, Søren: *Die Tagebücher*, Bd. 4, Düsseldorf/Köln 1970, S. 60.

Theorie zu entscheiden, um wieder ein Teil der Welt zu werden und somit Glückseligkeit auf Erden zu erreichen. Die Krankheit der Philosophie ist daher ihre eigene Theorie, die Theorie an sich. Wer bei der Theorie bleibt, hat sich für die *Verzweiflung*, die Krankheit, entschieden. Die Verzweiflung ist aber nicht eine Krankheit, die zum Tod führt. Vielmehr ist sie, wie Kierkegaard schreibt, die „Qual [...] nicht sterben zu können"[24]. Wer krank ist zum Tode, kann gerade nicht sterben: Philosophie ist, um es hier antisokratisch zu formulieren, die Unfähigkeit zu sterben, jedoch „nicht so, als wäre noch Hoffnung auf Leben, nein, die Hoffnungslosigkeit ist, daß selbst die letzte Hoffnung, der Tod, nicht besteht"[25]. Nur in diesem hoffnungslosen Sinne kann die Verzweiflung als Krankheit zum Tode verstanden werden, nämlich als Krankheit „ewig zu sterben, zu sterben und doch nicht zu sterben, den Tod zu sterben"[26]. Doch die Verzweiflung ist wie Schelling in der *Freiheitsschrift* ausführt, die notwendige „Schärfe des Lebens"[27], ohne die der Ausgang der Krankheit tatsächlich der Tod wäre. Die Philosophie selbst ist die Schärfe des Lebens, denn sie ist eine Sucht nach dem, was man nicht hat, wonach man sich sehnt. Der Gegenstand der Sucht ist die Liebe, die aber prinzipiell nicht zu realisieren ist. Daher ist die Liebe der Philosophie nur eine erkaufte, auch wenn sie es selbst nicht zugibt.

Den Kontakt zu den Zonen des Jenseitigen, des Unsagbaren, aus der heraus unsere philosophische Liebesstruktur und Todessehnsucht nun ihre Energie bezieht, ja der die notwendige *Schärfe des Lebens* ausmacht, realisiert im Gegensatz zur Philosophie – und dies ist ein entschieden antiphilosophischer Zug – in vorzüglicher Weise die Dichtung. Das Verhältnis zwischen dem todessüchtigen, liebenden Philosophen und der Philosophie – der zentrale Gegenstand des Begehrens – erhält einzig und allein in der Dichtung Gestalt. Das Unendliche soll gesagt werden, aber nur das Endliche kann im eigentlichen Sinne ausgesprochen werden. Wenn die Grenzen des Sagbaren jedoch überschritten werden sollen, dann muß „das Gesagte als das nicht eigentlich Gemeinte fühlbar"[28] gemacht werden. An dieser Stelle wendet sich die Philosophie an die Dichtung, weil der philosophische Diskurs immer schon zum Scheitern verurteilt ist. Die Dichtung hingegen läßt das fühlen,[29] was die Philosophie zu

[24] Kierkegaard, Søren: *Die Krankheit zum Tode*, München 2005, S. 37.
[25] Ebd.
[26] Ebd.
[27] SW VII, S. 400.
[28] Frank, Manfred: *Auswege aus dem Deutschen Idealismus*, Frankfurt a. M. 2007, S. 147.
[29] In diesem Zusammenhang heißt es bei Novalis: „Die Filosofie ist ursprünglich ein Gefühl. Die Anschauungen dieses Gefühls begreifen die filosofischen Wissenschaf-

sagen versucht. Die Notwendigkeit, das Unendliche sprachlich zum Ausdruck zu bringen, ist der Philosophie eigen, vereitelt wird dies allein schon durch die Endlichkeit ihrer Darstellungsmittel. Es ist nun die Dichtung, die der Philosophie die nötigen stilistischen Darstellungsmittel liefert.

Einen Höhepunkt erreicht die Antiphilosophie im 20. Jahrhundert im Werk der Autorin Marguerite Duras, insbesondere in der erotischen Metaphysik der *Maladie de la Mort*. Darin greift Duras einen Gedanken auf – wohl in Anlehnung an Kierkegaard –, der das Verhältnis des todessüchtigen Philosophen zur Philosophie zu beschreiben versucht:

> Vous la réveillez. Vous lui demandez si elle est une prostituée. Elle fait signe que non. Vous lui demandez pourquoi elle a accepté le contrat des nuits payées. Elle répond d'une voix encore endormie, presque inaudible: Parce que dès que vous m'avez parlé j'ai vu que vous étiez atteint par la maladie de la mort. Pendant les premiers jours je n'ai pas su nommer cette maladie. Et puis ensuite j'ai pu le faire. Vous lui demandez de répéter encore les mots. Elle le fait, elle répète les mots: *La maladie de la mort.*[30]

Wir haben es hier mit einem Dialog zwischen dem sehnsüchtigen, wissbegierigen Philosophen und der weisen Philosophie zu tun. Die Szene prägt sich ein: der Philosoph befindet sich in einem Zimmer, in einem Zimmer, das er nicht mehr wiedererkennt. Der Ort ist ihm fremd, er ist leblos und trist, und dennoch ist der Philosoph hier zu Hause: die Welt. In diesem Zimmer liegt eine Frau – die Philosophie – im Bett, sie schläft. Der Philosoph, in seiner Gier, ja fast schon in seiner Verzweiflung, weckt sie und fragt, ob sie käuflich sei. Oder anders gefragt: Kann der Philosoph die Wahrheit kaufen? Und mehr noch: Gibt es überhaupt *die Wahrheit*? Beides scheint die personifizierte Philosophie zu verneinen, d. h. die Wahrheit ist also kein Gegenstand des Wissens. Der Philosoph

---

ten." Novalis: *Schriften. Die Werk Friedrich von Hardenberg*, Band 2, Stuttgart 1960, S. 14 (113, Nr. 15). Vgl. zum Begriff des *Gefühls* in seiner Beziehung zu den Termini *Selbstgefühl* und *Selbstbewußtsein* auch Frank, Manfred: *Selbstgefühl*, Frankfurt a. M. 2002.

[30] Duras, Marguerite: *La Maladie de la Mort*, Paris 1982, S. 23. In einer deutschen Übertragung der *Maladie de la Mort* von Peter Handke heißt: „Sie wecken sie. Sie fragen sie, ob sie eine Prostituierte sei. Sie schüttelt den Kopf. Sie fragen sie, weshalb sie dem Vertrag der bezahlten Nächte zugestimmt habe. Sie antwortet mit schlaftrunkener, fast unhörbarer Stimme: Weil ich, von dem Augenblick an, da Sie mich anredeten, sah, daß Sie befallen waren von der Krankheit Tod. In den ersten Tagen wußte ich diese Krankheit nicht zu benennen. So konnte ich es dann tun. Sie ersuchen sie, die Worte zu wiederholen. Sie wiederholt die Worte: Die Krankheit Tod." Duras, Marguerite: *Die Krankheit Tod*, Frankfurt a. M. 2000, S. 29.

weiß sich nun schuldig und verfällt in eine depressive Lethargie. Er versteht den Lauf der Welt nicht mehr, sein Weltverständnis ist ihm abhanden kommen. Seine Beziehung zur Wahrheit, sein Wahrheitsbegriff, steht auf dem Spiel: „Vous lui demandez pourquoi elle a accepté le contrat des nuits payées."[31] Warum sucht der Philosoph vergeblich nach der Wahrheit? Warum begibt sich der Philosoph Nacht für Nacht in die Finsternis, in die Unergründlichkeit des Denkens? Die Antwort liegt auf der Hand: der wahrheitsstrebende Philosoph ist von einer heimtückischen Krankheit befallen. Diese Krankheit ist eben die bereits erwähnte *Krankheit zum Tode*, wie die Philosophie dem kranken Philosophen zu verstehen gibt: „Elle répond d'une voix encore endormie, presque inaudible: Parce que dès que vous m'avez parlé j'ai vu que vous étiez atteint par la maladie de la mort."[32] Das Tödliche an dieser Krankheit liegt nun darin, daß der, der von dieser Krankheit befallen ist – also der Philosoph – nicht weiß, daß er das Tödliche, das Gift in sich trägt. Ferner besteht die Krankheit darin, daß der Sterbende, derjenige der zum Tode krank ist, ohne irgendeinen Begriff, ohne ein Bewußtsein vom Tod zu haben, das ihn auf den Tod vorbereiten könnte, stirbt:

> Vous lui demandez: En quoi la maladie de la mort est-elle mortelle? Elle répond: En ceci que celui, qui en est atteint ne sait pas qu'il est porteur d'elle, de la mort. Et en ceci aussi qu'il serait mort sans vie au préalable à laquelle mourir, sans connaissance aucune de mourir à aucune vie.[33]

Im Gegensatz zu Boethius' *Trost der Philosophie* gestaltet Duras' antiphilosophisches Werk literarisch keine Therapie des verzweifelten Todgeweihten. Hier spendet die Philosophie keinen Trost mehr. Vielmehr stürzt sie den Philosophen in einen noch tiefere seelische Krise, wenn sie zum ihm spricht:

> Elle vous dit d'une façon à peine intelligible: Vous allez mourir de mort. Votre mort a déjà commencé. Vous pleurez. Elle vous dit: Ne pleurez pas, ce n'est

---

[31] „Sie fragen sie, weshalb sie dem Vertrag der bezahlten Nächte zugestimmt habe." Duras, Marguerite: *Die Krankheit Tod*, a.a.O., S. 29.

[32] „Sie antwortet mit schlaftrunkener, fast unhörbarer Stimme: Weil ich, von dem Augenblick an, da Sie mich anredeten, sah, daß Sie befallen waren von der Krankheit Tod." Ebd.

[33] „Sie fragen sie: Worin liegt das Tödliche an der Krankheit Tod? Sie antwortet: Darin, daß der, der von ihr befallen ist, nicht weiß, daß er ihn in sich trägt, ihn, den Tod. Und auch darin, daß er stirbt, ohne ein durch das Sterben im voraus geweihtes Leben gelebt zu haben, ohne irgendein Bewußtsein vom Tod, in gleichwelchem Leben." Duras, Marguerite: *Die Krankheit Tod*, a.a.O., S. 24. Siehe auch S. 29 und 31.

pas la peine, abandonnez cette habitude de pleurer sur vous-même, ce n'est pas la peine.[34]

Die Antiphilosophie geht, wie Duras in ihrem Werk zeigt, der inneren Möglichkeit des Sinnlosigkeitsverdachtes nach. Das Ergebnis, das der Verdacht mit sich bringt, ist, daß es Sinn ohne diesen Verdacht nicht geben kann. Noch radikaler gesprochen: im Ausgang von Schellings Denken hat sich eine Tradition entwickelt, die zeigen will, daß der Grund von allem Sein und Denken, unsere Existenz, unser Dasein in der Welt, die Welt selbst, vollständig sinnlos ist. *Sinn ist so gerade immer schon Unsinn.* Folglich ist das Nachdenken über die Welt, die Philosophie, das Denken über das Sinnlose, auch sinnlos. Wenn die Philosophie die Krankheit zum Tode ist, dann sollte man sich von ihr distanzieren, bevor es zu spät ist – und sich denjenigen Dingen widmen, die der tödlichen Philosophie ihre Grenzen aufzeigen, nämlich der Dichtung. Vielleicht verhält es sich tatsächlich so, wie Wittgenstein es uns vorgeschlagen hat, daß nämlich Philosophie im eigentlichen Sinne gedichtet werden müßte.

Literatur

Adorno, Theodor W.: *Negative Dialektik. Jargon der Eigentlichkeit*, in: *Gesammelte Schriften in zwanzig Bänden*, hg. von Rolf Tiedeman unter Mitwirkung von Gretel Adorno, Susan Buck-Morss und Klaus Schultz, Bd.6, Frankfurt a. M. 2003.
Atlan, Henri: *Entre le cristal et la fumée. Essai sur l'organisation du vivant*, Paris 1979.
Badiou, Alain: *Wittgensteins Antiphilosophie*, Zürich/Berlin 2008.
Bateson, Gregory: *Ökologie des Geistes. Anthropologische, psychologische, biologische und epistemische Perspektiven*, Frankfurt a. M. 1981.
Baudrillard, Jean: *Simulacres et simulation*, Paris 1981.
Dupuy, Jean-Pierre: *Ordres et Désordres. Enquête sur un nouveau paradigme*, Paris 1982.
Duras, Marguerite: *La Maladie de la Mort*, Paris 1982.
Duras, Marguerite: *Die Krankheit Tod*, dt. von Peter Handke, Frankfurt a. M. 2000.
Frank, Manfred: *Auswege aus dem Deutschen Idealismus*, Frankfurt a. M. 2007.
Frank, Manfred: *Selbstgefühl*, Frankfurt a. M. 2002.
Hegel, Georg W. F.: *Eleusis. An Hölderlin (August 1796)*, in: *Werke*, Theorie-Werkausgabe, hg. von Eva Moldenhauer und Karl M. Michel, Bd. 1, Frankfurt a. M. 1971.

---

[34] „Sie sagt Ihnen, kaum hörbar: Sie werden sterben am Tod. Ihr Tod hat bereits begonnen. Sie weinen. Sie sagt Ihnen: Weinen Sie nicht, das hat keinen Sinn, gewöhnen Sie sich ab, über sich zu weinen, es hat keinen Sinn." Duras, Marguerite: *Die Krankheit Tod*, a.a.O., S. 29. Siehe ebenso S. 59 und 61.

Hegel, Georg W. F.: *Phänomenologie des Geistes*, in: *Werke*, Theorie-Werkausgabe, hg. von Eva Moldenhauer und Karl M. Michel, Bd. 3, Frankfurt a. M. 1970.

Kierkegaard, Søren: *Die Tagebücher*, Bd. 4, Düsseldorf/Köln 1970.

Kierkegaard, Søren: *Die Krankheit zum Tode*, unter Mitwirkung von Niels Thulstrup und der Kopenhagener Kierkegaard-Gesellschaft, hg. von Hermann Diem und Walter Rest, aus dem Dänischen von Walter Rest, Günther Jungbluth und Rosemarie Lögstup, München 2005.

Novalis: *Schriften. Die Werk Friedrich von Hardenberg*, hg. von Paul Kluckhohn und Richard Samuel, Bd. 2, 113, Nr. 15, Stuttgart 1960.

Schelling, Friedrich W. J.: *Sämtliche Werke*, hg. von Karl F. A. Schelling, 14 Bde., Stuttgart 1856-1861.

Schelling, Friedrich W. J.: *Grundlegung der positiven Philosophie. Münchener Vorlesungen Wintersemester 1832/33 und Sommersemester 1833*, hg. von Horst Fuhrmanns, Torino 1972.

Serres, Michel: *Der Parasit*, Frankfurt a. M. 1981.

Wittgenstein, Ludwig: *Werkausgabe*, 8 Bde., Frankfurt a. M. 1995.

Wesley Mattingly (New York)

Handle with Fear:
The Death of Art and the Art of Death

Why should we concern ourselves with the death of art? What could it
mean to say that art is dying? Musings on and prophecies of the end of
art have garnered a poor reputation among the rest of culture as just the
kind of idle navel gazing and ivory tower boondoggling that seems to
have little bearing on practice beyond the philosophy department. It is
the stuff of which academic careers are made but upon which little in the
artworld can be said to depend. But for academics in America, where the
humanities, already beset with their own internal crisis, continue to
suffer crushing 'cutbacks' in allocated resources each year, these issues
prompt a growing urgency to reflect on the imminence of our own demise.

   As the 21st century unfolds on a global scale, we find our thought tailored to a university system tailored in turn to specializations commanding greater value than our own in the cultural marketplace. Just as art's
present status as expert vocation is the result of an attempt to accommodate it to a market of consumers comprising wealthy connoisseurs and
collectors, so too do we find ourselves pigeonholed into a specialization
catered to the next generation of specialists or else padding the resumes
of a moneyed class of professionals, technicians, administrators, and bu-
reaucrats. In this light, meditations on the totalizing social systems that
have come to assimilate the fine arts come more and more to resemble
meditations on those that encroach upon our own. We are consequently
compelled to reflect on the growing cultural irrelevance of our practices,
something in which we ourselves are partly complicit. For instance, under coercion to comply with the protocols of a hermetic professionaliza-
tion such as the acknowledgement of strict hierarchical organization, the
fulfillment of publication quotas, and respect for sclerotic departmenta-
lization, etc., we realize we may be digging our own graves, so to speak
– blunting the force of our most ground-breaking theoretical insights.
Whatever one might think about the relation between academic and artistic practice, it is indisputable that the death of one bears seriously on

the life of the other. There is thus a crucial sense in which this discussion is a reflection on the conditions of its own possibility.

By way of organization, the following is divided into three parts. In the first I briefly lay out some of the theoretical assumptions informing my approach to art (I.). I evaluate in the second a historical constellation of issues surrounding the death of art, propose a new way of interpreting this phenomenon, and examine its impact (II.). Finally, in the third part, I explore the ways in which the artworld has reacted to this emergent state of affairs, and set about sketching a set of countermeasures I think better suited to the urgency of the situation (III.).

At intervals throughout my exposition, there intrudes from oblique angles a chronicle of my attempt to practice the ideas (then *in statu nascendi*) set forth in this discussion and of some of the challenges besetting this attempt. Late one starless and stirless evening in early spring, I picked up a book written by Japanese author Kobo Abe entitled *The Box Man*. Stirred by my studies in aesthetics, as well as this story of a Tokyo man who deliberately forsakes the comforts of his middle-class life in order to pursue a nomadic existence inside a cardboard box, I resolved to conduct what one might call an experiment in applied philosophy. At approximately four o'clock in the afternoon on June 11, 2006, I climbed into my own makeshift armature and took to the streets of downtown Louisville, KY (USA) – a city whose population exceeds one-million. The events of that day have left their indelible marks on every aspect of my protean identity. And I must admit I have yet to exhaust their voluminous potential, which has come to evoke that of Jorge Luis Borges' Book of Sand. In that book, this discussion is but a footnote.

I Identifying Art

Before venturing any further, allow me turn briefly to the notion of art with which I am concerned. It is generally the case that when analytic philosophy engages in art theory, the question 'What is art?' takes center stage. In a recent work entitled *Beyond Aesthetics,* Noël Carroll untangles the myriad ways in which this question has been interpreted in Anglo-American contexts throughout the 20th century.[1] The most prominent interpretations he enumerates include: a) What is a reliable method for identifying art?, b) What is the essence of art?, and c) What is art's real definition? The perennial ambiguity of the question accounts for the diversity of responses it has elicited, from George Dickie's institutional

---

[1] Cf. Carroll, Noël: *Beyond Aesthetics*, Cambridge 2001, p. 78.

theory,[2] to Monroe Beardsley's normative aesthetic definition,[3] to the proliferation of concerns underlying the dialectic of avantgarde art during the course of the quondam century.

It is not my intention here to mediate between these interpretations nor is it to pretend to offer *the* last word on what we 'really' mean by 'art'. Nevertheless, it behooves me to situate what is to follow by articulating its place vis-à-vis the question at hand. For the purposes of this paper, it is assumed that whatever else art is, it may be understood as a vaguely delimited set of historically entrenched socio-cultural practices in which we all participate – however derivatively – *qua* historically entrenched socio-cultural beings. Within this framework, my focus will be on the ways in which art is lived, i. e. the ways in which art has a concrete bearing on the practices that determine who we are and *vice-versa*.

According to this account, there can be no objective artworld entirely apart from which we stand as subjects. We cannot step out of all art to gaze down at it from the rarefied atmosphere of a steep and icy summit because we *are* always already *in-art*. If this way of speaking seems redolent of Heidegger's, it is no accident. Far from pursuing the 'Question of Being' which drove the programmatic existential analytic of *Dasein* in *Being and Time,* I nevertheless share with the *later* Heidegger the conviction that the artwork sets up (*aufstellen*) a world, unifying divergent sets of social practices into holistic meanings[4] which disclose coherent possibilities for action. The word 'world' in this context denotes not the totality of occurrent objects subject to our representation and/or description ("das All des innerweltlichen Seienden, das innerhalb der Welt vorhanden sein kann"), but rather "the ever-nonobjective to which we are subject"[5] during our lifetimes, the diachronic, practical field of possible human concern which has been concretized in cultures throughout history. Under this rubric, the assertion that we *are* always already *in-art* can

---

[2] Cf. Dickie, George: *Art and Value*, Oxford 2002.

[3] Cf. Beardsley, Monroe: *An Aesthetic Definition of Art*, in: Curtler, Hugh (Ed.): *What is Art?*, New York 1983, pp. 15-29.

[4] I follow Martin Heidegger insomuch as 'meaning' here denotes the practical background of involvement [*Bewandtnisganzheit*] in the context of which beings understand (project themselves into possibilities) and in which activities have a point. In this sense, meaning is only derivatively cognitive or theoretical (cf. *Being and Time*, San Francisco 1962, §32).

[5] Heidegger, Martin: *Der Ursprung des Kunstwerks*, Stuttgart 2005, pp. 40-45 (English translation in *The Origin of the Work of Art*, in: Idem: *Poetry, Language, Thought*, New York 2001, pp. 43-46). Cf. *Sein und Zeit*, Tübingen 2006, p. 64 (English translation in *Being and Time*, loc. cit., pp. 89 f.).

be understood as the claim that art has a definitive bearing on the practices which are constitutive of us *qua* world-historical beings.[6]

The belief that we might reply to the 'What is art?' question with an exhaustive and unassailable theoretical definition is based on the muddled myth of the ideologue who steps outside of all histories and cultures, including his own, to secure a timeless, selfless 'God's-eye perspective' or 'view from nowhere' that reveals to him what art 'really' is *in itself* or *in its essence*. By foregrounding a theoretically irreducible and ineradicable background of meaning-making practices[7] whose existence calls into question such invidious notions, I do not mean to exclude analytic treatments of art altogether. I merely wish to emphasize that analytic theory should not be plied beyond its pale, that is to say, beyond the descriptive inferential analysis of the commonsensical artistic intuitions of our time. Just as Hilary Putnam reasoned that quantum mechanical descriptions are unsuited to explain what every toddler knows *in actu*, that a square peg will fit into a square hole but not into a round hole, likewise ill-fitted are wholesale reductions of art to natural kinds, emotive descriptions, or institutional laws.[8] Which is to say that Carroll is altogether justified in his skepticism of the possibility of a "tidy theoretical package" that will someday supply a necessary and sufficient definition of 'art', enabling us to "lock-in"[9] infallibly to its essence or ultimate worth. We need only look to the 20th century to verify that as soon as one of these definitions is introduced into the artworld, there arose an avantgarde movement/s which controverted it indifferently whilst managing to maintain quite comfortably its status as art. It should come as no surprise that a philosophical tradition priding itself on its reductive appropriation of scientific methodology and radical autonomy from the artworld (hermetically sealing artistic truth from the Real, e. g.) should find it considerably difficult to enter into that world. Nor is it any surprise that this tradition has found itself struck impotent upon seeking to place restrictions on art's dialectic *ab extra*; hence my attribution of a largely *descriptive* function to analytic models of art theory.

Were these same capable scholars to redirect their efforts towards clarifying the artistic intuitions of the societies in which they live – as Hegel

---

[6] This may be read as an amplification of Heidegger's notion of *In-der-Welt-Sein* in respect to his construal of art as "the truth of beings setting itself to work [das Sich-ins-Werk Setzen der Wahrheit des Seienden]" (*Der Ursprung des Kunstwerks*, loc. cit., p. 30/*The Origin of the Work of Art*, loc. cit., p. 34). I shall return to this way of tackling the issues in due course.

[7] Cf. Ludwig Wittgenstein's "stage-setting" of the *Philosophical Investigations*.

[8] Cf. Putnam, Hilary: *Mind, Language, Reality*, Cambridge 1975, p. 302.

[9] Carroll, Noël: *Beyond Aesthetics*, loc. cit., p. 78.

put it, to grasp their time in thought – were they purged of the invidious representationalism and reductionism that exaggerate their authority in culture, I see no reason why they wouldn't prove themselves invaluable resources towards beginning to bridge the ever-widening gap between the everyday intuitive understanding of art, and the increasingly esoteric understanding that governs the artworld.

Of course, such a large-scale redeployment of ends would require the analytics to dispense with their affected modesty and unequivocally surrender control of a long-occupied territory from which they effectively withdrew centuries ago. I am referring to the ancient, hallowed dominion of first-philosophy over which the philosopher-kings of Plato's *Republic* were to rule – sovereign arbiters of the knowledge-claims advanced by the manifold domains of inquiry, from chemistry to the culinary arts. This would require the humble renunciation, once and for all, of the belief in a privileged access to the way the world 'really' is. And, contrary to fashion, this would not necessitate that the territory in question be delivered into the hands of another, more capable, monarch (viz. the natural scientist). Rather, it is to be meted out among the disciplines such that in matters of dispute between them, decisions about whether to square their beliefs or part ways would be the responsibility of the involved parties. The upshot of all this for art would be that it is no longer immobilized by the history of externally imposed definitions from Plato's "appearance of an appearance" onward. Instead it would be more readily viewed on a par with philosophy or physics as indispensable to our defining practices.

In sum, I contend that theoretical analyses of art are useful only to the extent that they heed the primacy of praxis. Thus the legitimacy of the 'What is art?' question ultimately depends on the artistic practices of a particular time and place in history. Applying this assumption to the occident, we find that we call 'pre-modern' that art whose definition was assumed to be relatively immutable. We call 'modern' the tradition arising from pre-modern art that became dialectically self-aware, actively reflecting on its extant definitions and creating works that at once negate them and reconcile that negation at a further dialectical remove with the performative introduction of new definitions.[10] Finally, we call 'postmodern' the tradition arising from modern art which abjures definitions *a fond,* and to which the propounding of the 'What is art?' question rings inappropriate. I do not mean to imply that art's relation to definition constitutes the only motor driving these movements. I merely wish to suggest how a particular style of philosophizing might work in the service of

---

[10] Note also that the inception of the manifesto coincides with this movement.

art rather than repeatedly contriving to undermine art's legitimacy in our lives.

II The Death of Art

Materials:
1) empty box of corrugated cardboard (3'x3'x4')
2) roll of duct tape
3) pair of scissors
4) staple gun
   a) sheets of semi-transparent fabric or mesh (material must be transparent from one side, opaque from the other)
   b) vinyl tarp (at least 9'x4')

Construction:
Using scissors cut two holes, one each on opposite sides of box (the length from the center of each hole from the closed top-end of box should equal the length measured from the top of the head to the eye). Cover these holes with the semi-transparent material and attach from inside of box with staple gun; these will enable sight. Affix tarp by stapling it to the perimeter of box at its open bottom; the tarp will conceal the legs. Fold bottom flaps of box inward and staple sides at corners to inside of box; these will serve to hold water and other supplies. Now test fit by placing box over body so that tarp barely touches ground. Trim or lengthen accordingly.

What is meant by 'the death of art'? When Hegel famously proclaims the end of art in his *Vorlesungen über die Ästhetik* it is to not to herald the cessation of artistic production, but to argue that for us philosophers "art counts no longer as the highest mode in which truth fashions an existence for itself"[11]. Which is to say that Absolute Spirit has withdrawn historically from its objective, sensible manifestation in art to advance towards the pure subjectivity of religion.[12] This unfolding, as is well recognized, culminates performatively in Hegelian Science with the speculative movement of Absolute Spirit's self-knowledge.

---

[11] Hegel, Georg W. F.: *Vorlesungen über die Ästhetik*, in: *Theorie Werkausgabe*, vol. 13, Frankfurt a. M. 1970, p. 21. Here and elsewhere I draw (with minor changes) from *Aesthetics. Lectures on Fine Art*, 2. vol., Oxford 1975.

[12] Cf. Hegel, Georg W. F.: Hegel, Georg W. F.: *Aesthetics. Lectures on Fine Art*, loc. cit., p. 142.

Central to this account is the idea that art fulfills its world-historical role as the *sensible* presentation of the Absolute. Were Hegel alive in 1964, it would have been edifying to have kidnapped him and flown him across the Atlantic to deposit him before Andy Warhol's *Brillo Boxes*. How would he have classified these objects which are sensibly indistinguishable from those found on the shelves of the average American supermarket? Are they examples of art? They certainly seem to slip through Hegel's description. Perhaps his rejoinder, after phoning the police, would be that Warhol was practicing philosophy when he created these works. Indeed, one might argue as Nöel Carroll, Arthur Danto, and others that the artistic legitimacy of ready-mades such as Warhol's hinges not on their sensible form, but on being able to incorporate them into an art-historical narrative (not unlike those of the Hegelian variety) which elucidates how the work/s arose as a response to an antecedent problematic already entrenched in artistic practice.[13] However, even the validity of *this* procedure is subject to the contingencies of the arrantly irreducible set of practices we call art. This is borne out by countless postmodern works, the very donnée of which mandates an intractability to and subversion of coherent art-historical narratives.

Waterfront Park rests on the outskirts of the Louisville metropolitan area. There I unload the box from the trunk of the car. At once I am whelmed with a paranoia of being watched. This being an experiment involving a deliberate de-humanization, there must not be an observed continuity between the human form that enters the box and the inscrutability that follows. I glimpse an inconspicuous spot behind a hedge. Within minutes I've enboxed and am ambling awkward down a gravel pathway.

We cannot fault Hegel for allowing so much to rest on art's sensible form, given that in all the epochs preceding, artistic production and art theory both had been determined almost exclusively by the aesthetics of taste. A classicism that assimilated beauty and truth in the representation of what is essential in nature;[14] a proto-empiricist tradition of delicacy that prioritized the so-called 'artificial passions' incited by art through the imitation of that which 'really' moves us in nature;[15] the opposed procedures prescribed by Rationalists (e. g. Baumgarten) and Empiricists

---

[13] Cf. Carroll, Nöel: *Beyond Aesthetics*, loc. cit., p. 85.
[14] A paradigmatic example of which is Nicolas Boileau-Despréaux' 17th century work *The Art of Poetry*, London 1710.
[15] Cf. Ch. 3 of Dubos, Jean-Baptiste: *Critical Reflections on Painting, Poetry, and Music. With an inquiry into the rise and progress of the theatrical entertainments of the ancients*, London 1748.

(e. g. Hume and Burke) to guarantee the objective validity of aesthetic judgment together with Kant's reconciliation of this opposition in "The Analytic of the Beautiful"; and the actual historical progression of visual art through the Neoclassicist and Romantic movements of Hegel's own time; none of this was discernibly indicative of art's impending inversion. But when artists finally did begin to abandon *mimesis* in favor of a new-found self-reflection, internalizing the philosophy of art and entering into what historians refer to as the modern dialectic – a dialectic determined less and less by aesthetics – they neglected to solicit the approval of the tribunal of Pure Reason. And Hegel's promulgation that art had met its end came to be censured as the unfortunate consequence of too much armchair philosophizing and not enough respect for the autonomy of artistic practice.

But in a way, wasn't Hegel's prophecy fulfilled? After all, the practices in which modern artists engaged came to look very different from those of the centuries preceding. If we consider Adorno's remark that: "Regelmäßig wird die Rede vom Ende der Kunst an dialektischen Knotenstellen laut, dort, wo jäh ein neue Gestalt hervortritt, polemisch gegen die vorhergehende"[16], then I think we can quite plausibly distinguish Hegel's insight as a premonitory recognition of this dialectical *Aufhebung*. And it strikes me as uncharitable to write it off as *vollens nollens* fortune-telling or ideological contrivance considering that he predicted precisely the way in which art effected this transition, viz. by the excoriation of its sensible form and the progression to a more sophisticated form of self-consciousness: a dialectical reflection on the conditions of its possibility. Granted, Hegel did not foresee the specific technological innovations (e. g. the invention of photography) which posed to the artworld the decisive, anxiety-inducing *cui bono*. But this does not detract by any means from the formal verisimilitude of his insight, i. e. its anticipation of how forms of artistic production actually progressed from pre-modern to modern paradigms.

Likewise unconvincing is the *ad hominem* charge that Hegel was too far removed from the actual artworld of his age to have anything interesting to say about it, for the unfolding notion of art from the premodern to the modern which contains all its recursive re-definitions has come to resemble in certain key respects the Hegelian corpus itself. Who then, pray tell, would be better qualified than Hegel to pass judgment on it, despite his decision to call it something else?

Unfortunately, the same charitable move cannot be made to account for the transition from modern to postmodern art. Hegel did not project

---

[16] Adorno, Theodor W.: *Ästhetische Theorie*, Frankfurt a. M. 1970, p. 474.

with the same verisimilitude the formal currents of philosophy's demise within the artworld. At some point during the late 20th century – between Christopher Williams' *Angola to Vietnam* and Martin Creed's *The Lights Going On and Off* – art lost the *pro tanto* autonomy that a lingering aesthetics and largely self-regulated dialectic had afforded it. Whereas one cannot properly theorize about modern art without mention of its historicity, the postmodern is characterized by an absence of historical direction. *Pace* Danto, it is not simply the case that the "historical chemistry"[17] of artistic production has yet to be understood and that perhaps in a few decades, when the owl of Minerva spreads its wings, we shall happen upon a dialectical formula unique to it. For it is already apparent that art has forfeited its dialectical determinacy to the static domains surrounding it. The problem that confronts today's art theorist, no less the artist himself, is the paradoxical conjunction of the timeworn philosophical prejudice that nothing happens in art and that *everything* does.

In the story I shall tell, upon emerging from its relatively misoneistic religious and bourgeois provenances, modern art found itself enjoying a dialectical autonomy at the cost of an ever diminished relevance to the rest of culture. To compensate, the artworld contrived to arrogate conceptual-*cum*-normative materials from every corner of legitimate(ed/ing) culture, that it might incorporate them into its own specialized production. But as the late 20th century has given way to our own, we are beginning to realize that the victory art achieved has proven itself a pyrrhic one. The consecrated materials it had mined from the reliquaries of culture brought with them a greater vulnerability to assimilation by the dominant social systems in which they were entrenched. The artworld, which had sought to barter a modicum of its autonomy in exchange for a parasitic role that would lend it cultural currency, is gradually yet helplessly becoming overwhelmed by that role, so much that these alien values have begun to *over*-determine the modes of its production. Barring drastic countermeasures, I contend, it is quite likely that these values will come to constitute art's sole legitimacy in our lives. The sweeping dissolution of artistic practice into those heretofore exogenous to it, culminating in the production of 'artworks' encountered concurrently everywhere yet nowhere *per se*: this phenomenon I refer to as 'the death of art'.

Let us approach this story from another angle so as to get a clearer view of what could be meant by the 'dissolution of artistic practice'. Pierre Bourdieu's socio-economic analysis of the artworld in *The Field*

---

[17] Danto, Arthur C.: *The End of Art*, in: Idem: *The Philosophical Disenfranchisement of Art*, New York 2005, p. 85.

of Cultural Production proves helpful in this regard. According to Bourdieu's topographical model, the artworld comprises a subfield within a more encompassing field of cultural production, which itself occupies a subsidiary position within the field of power, a plexus of social relations governed principally by the possession of economic or political capital. The artistic subfield, which is represented *inter alia* by cannons in literature, music, and the visual arts, Bourdieu terms "the field of restricted production". This field is opposed within the larger cultural field by that of large-scale production, a sector comprised by what is ordinarily referred to as popular culture: e. g. network television, manufactured collectibles, mass-produced junk fiction etc.

The opposition that presents itself between the field of restricted production and the field of large-scale production is couched in terms of capital. Whereas the large-scale production of popular culture is organized basally by economic capital, earning it the often opprobrious epithet "the culture industry" the production of the restricted field is marked by a disavowal of "the bottom line" in favor of symbolic forms of capital: desiderata as diverse as intellectual prestige, individuation, divine salvation, and posterity.[18] This opposition is accounted for in part by that the incongruity of their respective demographics. Bourdieu describes fine art as "production for producers" – a sector in which the artist produces "for a public of equals who are also competitors"[19]. Large-scale cultural production, in contrast, even when it is catered to a specific statistical category (youth, women, soccer fans, coin collectors, etc.), aims at "the highest [common] social denominator" or "the public at large"[20].

Bourdieu maintains that the field of restricted production exists as such only insofar as it operates autonomously. In his words:

> The autonomy of a field of restricted production can be measured by its *power to define its own criteria for the production and evaluation of its products*. This implies translation of all external determinations in conformity with its *own* principles of functioning. [my emphasis][21]

---

[18] Let it be said that I deem objectionable Bourdieu's implicit theoretical prioritization of economic capital by his use of the "symbolic" modifier. However, a satisfactory indictment of this move would likely involve a critique of Bourdieu's system from the ground up – a project far beyond the purview of this paper. Be that as it may, let the reader take note of how Bourdieu's notion of symbolic capital, *qua* derivative, is at cross-purposes with the autonomy he may wish to claim for his own mode of production.

[19] Bourdieu, Pierre: *The Field of Cultural Production*, New York 1993, p. 116.

[20] Ibid., p. 115, 126.

[21] Ibid., p. 115.

To this he adds that:

> the degree of autonomy enjoyed by a field of restricted production is measurable by the degree to which it is capable of functioning as a *specific* market, generating a *specifically* cultural type of scarcity and value irreducible to the economic scarcity and value of the goods in question. [my emphasis][22]

My conception of the artworld's dissolution is tantamount to what Bourdieu would describe as the progressive diminution of its autonomy from other fields. As I argue, because it continues to introject exogenous values indiscriminately, the artworld is gradually ceding its power to "define its own criteria for the production and evaluation of its products". The result is that its production is losing its specificity; artistic work is encountered *everywhere* since it has become indistinguishable from the mass-produced wares and comportment of the public at large. And yet *qua* autonomous it is *nowhere* to be found.

The condition in which a cultural field finds itself once it has forsaken its autonomy is one of unprincipled *over*production. Thus Bourdieu writes:

> The brutality with which a strongly integrated intellectual or artistic community *condemns any unorthodox attempt at distinction* bears witness to the fact that the community can affirm the autonomy of the specifically cultural orders only if it controls the dialectic of cultural distinction, continually liable to degenerate into an *anomic quest for difference at any price*. [my emphasis][23]

Although one will not find mention of it in Bourdieu's text, one finds in this passage the movement from the dialectic of modern art to the melee of postmodernism. His recommended analysis of restricted artistic production as an inverse function of economic production has become something of an anachronism. The cliché of the subversive starving artist has been supplanted by that of the D-list celebrity or silver spoon-fed parvenu who has "marketed himself" shrewdly in keeping with the latest fashions. No longer able to rely on the endogenous criteria which regulated the production of modern art (the vestiges of a pre-modern aesthetics, but predominantly the self-conscious dialectic alluded to above), today's artworld is dominated by the arrantly *unregulated* practices it has coopted from the field of large-scale (over)production. In today's incipient globalizing culture the two fields are coming to share the same world, a

---

[22] Ibid., p. 117.
[23] Ibid.

world in which artistic value has been leveled and assimilated into the complementary principles of innovation for innovation's sake and growth for growth's sake – principles governing not only the field of power, but nearly every aspect of our quotidean existence. Art has gained a lived (ir)relevance. It has been ousted from its consecrated domains – the churches, the museums, and the concert halls – of the cultural elite to pervade a world accessible to everyone. Art permeates the commonplace, but at the price of making itself common.

The box is laden with utter disorientation. Where once a thoughtless flicker of the eye revealed a stereoscopic view of my surroundings, the narrow viewfinders necessitate a rotation about my axis in order to cut incoherent slices from landscape, which I recombine afterward into coherent vistas. The difficulty is that the parts change as I revise my interpretation of the whole, so that I'm left with a handful of remainders – like using scissors to solve a jigsaw puzzle.

A frenzied tilt and recover to my right unveils a few disconnected streams which I take to be the Ohio River, to my left a disjointed array of green and gold that could pass for a Cezanne or a Braque. Finally, a twine of the spine and limbo stride reveal the free-floating ruins of a vast skyline. Disjected architectural fragments – cornices, finials, eaves – flash painted against the blue-grey backdrop of the firmament. Castles in the sky. These erratic hiccups of sight, punctuated at intervals by the muffled staccato of a nearby expressway, call to mind the shards of a shattered mirror as I make my descent into the inner city.

The unrelenting reduction of all value to the economic is a *force majeure* in contemporary global culture. And the resultant commodification of art has certainly contributed to its own dissolution. Take, for example, Australian stock-broker-turned-painter, Anthony White, who describes his works as "financial conceptual art". Among them are paintings of various sums of money in different currencies set against monochromatic backdrops. They are sold for the amounts they represent. Of late he has added to his œuvre a series of franchise agreements for exclusive sales territory on the moon. The contracts designate specific latitudes and longitudes where his work is sanctioned to be traded. In a recent interview, when asked when he was first made aware of his membership in the artworld, White's candid reply is that, "I started feeling like an artist when my work started to sell. Up until then I felt like I was trying to be an artist." Later he adds: "If people stop buying my works then I will stop painting them."[24] This is a case in which a member of the artworld has overtly welcomed the wholesale reduction of artistic value to economic

---

[24] *ArtNews* 105/5 (2006).

value. Consider in contrast someone whose work professes a more autonomous significance.

Richard Prince is an artist whose lifework was recently showcased in
New York City's prestigious Guggenheim Museum. Prince came into re-
nown in late 1970s while employed by *Time Life* magazine when he re-
photographed advertisements of fashion models, popular brands, and lu-
xury goods. These works were often exhibited alongside others (e. g.
those of Cindy Sherman and Sherrie Levine) which were said to inaugu-
rate a movement challenging the status of art as authentic creation. In his
Cowboys series Prince appropriates the images of Marlboro cigarettes
advertisements. The photographs portray the iconic Marlboro Man as he
performs the stylized duties of the 19th century cowboy against the backdrop of the bucolic western-American landscape.

Art critics insist that the false consciousness, perpetuated by these advertisements to project onto an expensive and deleterious addiction all
the heroic vitality of the cinematic cowboy genre, is exposed and neutralized by Prince's recontextualization – that by integrating these images
into the exclusive territory of the museum, dialectical constraints are placed on their underlying principles of (viz. psychological and economic)
(over)production. However, such interpretations fail to pose the question
of whether these objects exist in the museum as they are purported to be.
In other words, they overlook the museum's long-standing irrelevance to
our defining practices and complaisance to totalizing social systems.
Even after it had emerged from the church (the locus art's religious ori-
gins) the museum perdured as the *terra sancta* in which quorums of connoisseurs and collectors convened to participate in 'disinterested' rituals
of aesthetic consumption, a tradition that continues even today to sever
practical connections between the artworld and the workaday world.
Anent the museum's subservience to large-scale cultural production, one
need only *pay* a visit to discern that it caters to an ever burgeoning tourist industry, an industry Guy Debord once described as, "Human circulation considered as something to be consumed – [...] a by-product of
the circulation of commodities" and, "the chance to go and see what has
been made trite"[25]. Some of the countless ways in which museums co-
opt the methods of the culture industry, ultimately trivializing their collections include: the commodification of the viewing area by the charging of admission; the sale of specious art-histories as "audio tours"; the
printing and distribution of pamphlet advertisements which are available
at tourist information centers alongside adverts for theme parks and
dance clubs; and the introduction of that purveyor of postcard collections

---

[25] Debord, Guy: *The Society of the Spectacle*, New York 1994, p. 122.

and gimcracks, the "museum store", whose centralized placement be-
trays the "real" reason why you're there. The indiscriminate objectification and exploitation of artistic practice instanced by these examples is in
part what moved Adorno to write that, "museums are the family sepul-
chers of works of art"[26]. By thus precipitating art's dissolution, the museum forestalls the subversive recontextualization and revitalization that
works like *Cowboys* are (over-hastily) interpreted to effect. If art is to be
resuscitated it will not be in this obscenely hallowed ground.

Where are the testimonials of those who attribute their triumph over
the smoking habit to their engagement with Prince's work? How many
of *these critics* quit smoking or modify their consumption after becoming familiar with the series? Or do Prince's images, within their present
context, merely romanticize and reaffirm these largely economically determined practices? To what extent does the fact that Prince himself is a
soi-disant collector of rare books and 8x10 celebrity snapshots tell
against the received interpretation? These are the sorts of questions that
must be answered if we are to determine whether restricted artistic production enjoys the autonomy Bourdieu ascribes to it. However, in the
absence of empirical evidence, the prevailing inclination to regard such
matters as inconsequential, and the apathetic acceptance of the fact that
neither the artworld nor the rest of society even offers a forum for such
inquiry, likewise confirm that art's lived (ir)relevance is determined not
by the artworld, but by the kind of pandemic false consciousness
Prince's works are reputed to expose.

I hear its voices long before I catch a glimpse of my retinue, a crowd
of pimpled youths. There must be fifteen or twenty of them. Initially this
rill of chortles and whispers simply follows in my wake. For a moment I
rejoice at the possibility that its numbers will swell into the hundreds,
thousands even, until every childish laugh of the city joins in. Stopping
traffic, blocking entrances amid the carousels of confusion which sustain
this rush hour rite. If only to bring the inertia to a grinding halt, to fo-
ment the inefficient, the inexpedient, the indeterminate, until the whole
infernal thing freezes over and all there is left to do is simply look on.

Would that it were so! The unmistakable sibilance of rolling wheels
on smooth pavement. A skateboard flickers into view. A form blocks the
path before me, skateboard in hand. "What are you doing?!" slices
through the cardboard like a blade. All at once the tenor of their voices
shifts from curiosity to indignation. The air thickens with hostility. I continue walking, hastening my pace for fear of being cordoned by bodies.

---

[26] Adorno, Theodor W.: *Valéry Proust Museum*, in: Idem: *Prisms*, Cambridge 1994,
p. 175.

Changing direction to maneuver round my inquisitor, I descry on his face the wry leer of a taunting child. I press forward, leaving in my path a chorus of jeers. After a few paces I cast a rapid glance rearward to find they follow still. In the distance appears a passel of elderlies gathered round a fountain. If only to reach that fountain. The sweat soaks through my clothes, my ears begin to ring. And so I clamber forward. An arc of sight tells me my pursuers have fallen back. Relieved, I find myself amid the clap of water on asphalt, the gentle coo of pigeons, and the peaceableness of old age.

Despite its capacity to codify recent trends in artistic practice, I do not think Bourdieu's socio-economic topography exhaustive. Assuming I am correct in identifying the dominant principles underpinning post-modern art's (over)production (i. e. innovation for innovation's sake and growth for growth's sake) then a multifold critique is called for of which the foregoing comprises just one dimension. The principles of (over)production are not derived exclusively from contemporary economic practices. Their ubiquity is evidenced by relatively recent changes in how and when we use the word 'art' (*poiesis*). The reference class of this term (however one unpacks it) has inflated to nearly universal proportions; and not all of these new contexts of application can be captured in strictly economic terms.

Art's dissolution into another domain, one only partially co-extensive with the economic, has been scrutinized in numerous 20th century critiques of technology. One of the most profound of these is arguably taken up by Heidegger in his later writings (viz. *The Question Concerning Technology*).[27] Sometimes misinterpreted as a sweeping denunciation of modern technology, Heidegger's inquiry dismantles our everyday technological understanding and finds at its unfolding center a dangerous enframing (*Gestell*) of man's revealing (*Entbergen*) which reduces (or orders) all beings to a standing-reserve (*Bestand*), i. e. to available instruments of manipulation in the service of technology.[28] Hence the aptness of the 20th century locution, 'human resources'. Man is enframed by technology to facilitate an optimal ordering and efficiency which, as Heidegger explains, "is always directed from the beginning *toward furtherring something else*, i. e., toward driving on to the *maximum yield* at *minimum expense*. [my emphasis]"[29] This remark sheds light on technology's relation to the economic. "Always directed [...] toward furthering something else" (maximum yield), they are both rooted in the principles

---

[27] Heidegger, Martin: *Basic Writings*, San Francisco 1993, pp. 307-341.
[28] Cf. ibid., p. 324, 338.
[29] Ibid., p. 321.

of (over)production, while economic constraints on (cost)efficiency (minimum expense) can be said to regulate technological production.

In order to comprehend how technological understanding contributes to the death of art, we must grasp the prominent place of art in Heidegger's later thought. When he writes that art is "the truth of beings setting itself to work (das Sich-ins-Werk Setzen der Wahrheit des Seienden)"[30] he is not invoking representationalist or propositional theories of truth. Rather, as he sees it, the more fundamental truth that artworks make possible is unconcealedness (*Unverborgenheit*): the opening up of the world for us in a way that is prior to theoretical access.[31] This opening up may be interpreted as a unification of divergent sets of cultural practices into holistic meanings which disclose coherent possibilities for action.[32] In a particularly dense passage, Heidegger writes that the artwork sets up (*aufstellen*) a world thusly while setting forth (*herstellen*) the earth (by which I take him to mean that there is an element in art which resists the sense-making unification aforesaid). This perpetual conflict (or *Streit*) between the unconcealedness of the world and the concealedness (*Verbergen*) of the earth is the truth that is at work in art.

What happens to the truth of art when the modern technological understanding comes into prominence? As Heidegger maintains, modern technology is an impoverished mode of the very truth that is at work in art. When technology comes to over-determine human understanding, it alienates man from more primordial access to the richer sort of revealing art makes possible. Thus he writes: "Above all, enframing conceals that revealing which, in the sense of *poiesis,* lets what presences come forth into appearance" and furthermore, it "conceals revealing itself and with it that wherein unconcealment, i. e. truth"[33], propriates.

In the epilogue to *The Origin of the Work of Art* Heidegger evaluates Hegel's proclamation of the end of art with which we began. Rather than endorsing Hegel's thesis outright, Heidegger leaves the question open:

Allein die Frage bleibt: Ist die Kunst noch eine wesentliche und eine notwendige Weise, in der die für unser geschichtliches Dasein entscheidende

---

[30] Heidegger, Martin: *Der Ursprung des Kunstwerks*, loc. cit., p. 30/*The Origin of the Work of Art*, loc. cit., p. 34.

[31] Heidegger traces the unconcealedness of beings to the Greek 'aletheia'. Cf. Heidegger, Martin: *Der Ursprung des Kunstwerks*, loc. cit., p. 30/*The Origin of the Work of Art*, loc. cit., p. 35 and *Being and Time,* loc. cit., §44.

[32] Cf. Section I. above.

[33] Heidegger, Martin: *Basic Writings*, loc. cit., pp. 332 f.

Wahrheit geschieht, oder ist Kunst dies nicht mehr? [...] Die Entscheidung über Hegels Spruch ist noch nicht gefallen[34].

Nonetheless, one gets a sense for Heidegger's stance when he addresses the reduction of art to aesthetics espoused by so many theorists of premodern art (Hegel included). After insisting that aesthetics pigeonholes the artwork into a class of experienceable objects, and underscoring the commonly accepted primacy of experience in art appreciation [*Kunstgenuß*] and artistic creation [*Kunstschaffen*], he expresses the reservation that, "perhaps experience is the element in which art dies. The dying occurs so slowly that it takes a few centuries."[35]

In light of the above this seems an accurate diagnosis of art's fatal affliction. The reason that the artworld came to appropriate exogenous values can be traced to the growing irrelevance of aesthetics in the practices we take to define us. In today's world virtually every mode of human representation has been absorbed by new technologies and commerce. Our sight is filtered through a matrix of Kodak moments and video technologies, our hearing through the accelerated cadences and affected dissonances of contemporary business practice. What power might art exercise over these 'perceptions to go', and all the fast-food for thought that pervades the today's hectic, workaday world?

A family approaches my stumbling form, all smiles and guffaws. The box becomes a grateful receptacle for their joy. Suddenly ... THUD ... a violent concussion sends me nearly toppling. "You gonna die!" A boy laughs. I start to turn round ... THUD ... this time, as the box careens, I hear the cardboard tearing under the tremendous force of the blow. "Hey, come on y'all, come hit the box!" More peals of laughter. My piñata stabilizes and, regaining balance, I spin swiftly about my axis, coming face-to-face with the boy. He bolts in fear.

Terrified, I steal across the asphalt and into the palpitating heart of the metropolis. The familiar sounds of rush hour traffic mingle with cachinnating echoes whose source is indeterminate. Walking women in business attire cross to the sidewalk opposite upon detecting my presence. Several men follow suit, but for one who puffs up like a bullfrog as he passes, staring menacingly into the blackness of the viewfinder.

Even when avant-garde art renounced its loyalty to representation it wasn't able to opt altogether out of the old conventions which had legitimated it. That artworks were to be purchasable objects of experience as-

---

[34] Heidegger, Martin: *Der Ursprung des Kunstwerks*, loc. cit., p. 84/*The Origin of the Work of Art*, loc. cit., p. 78.
[35] Ibid., p. 83/p. 77.

signed values on the marketplace; that they were to become established as art *per se* in virtue of their place in museums and in private collections frequented by either the lavishly-accoutered young professional seeking to impress a first date or else the poorly-accoutered tourist crossing off 'must-see' attractions from shopping lists of false-needs; that within these spaces designated specially for art consumption there were to be strict prohibitions on participating in, touching, or conversing fervently with artworks in spite of their desperate entreaties to narrow the divide between artist and audience: these residues of an out-moded aesthetics are at once the guarantors of art's legitimacy to the rest of culture and the nails being driven into its coffin. We thus see that its autonomy was jeopardized even before it ceded its dialectic and opened the doors to the principles of (over)production. Modern art made the leap into self-consciousness, but it abandoned the dialectic before reaching the powerful synechism that would make it a mainstay of our defining practices. Artworks, therefore, were never wrested free from their object-hood. But as long as they remain *objects* over and against which we stand in some measure as passive observers, consumers, technocrats, or theoreticians they will continue to be manipulated by and assimilated into the dominant social systems represented by these roles.

The danger that confronts art is no different from the danger *we* confront as beings already *in-art*. Stripped of its prior relevance to our everyday lives – in the age of Heidegger's Greek temple, for instance[36] – the dissolving artworld endangers our freedom to sculpt ourselves into a world we can call our own. We are becoming ever more susceptible to an alienation from our individuating practices. Yet there is still hope. As Heidegger famously quotes Hölderlin: "Wo aber Gefahr ist, wächst das Rettende auch."[37]

Just as, in *Being and Time,* the anxiety which reveals the constant threat of death awakens man to an anticipatory resoluteness [*vorlaufende Entschlossenheit*], enabling him to pursue an impassioned freedom to project himself into authentic possibilities for action, so too does the danger presented by the dissolution of art into alien practices awaken in man a "vigilance to the free essence he is about to surrender", thereby

---

[36] Heidegger depicts this age as follows: "in Greece, the arts soared to the supreme height of the revealing granted them. They illuminated the presence [Gegenwart] of the gods and the dialogue of divine and human destinings. And art was called simply *technē*. It was a single manifold revealing. […] The arts were not derived from the artistic. Artworks were not enjoyed aesthetically. Art was not a center of cultural activity." Heidegger. Martin: *Basic Writings*, loc. cit., p. 339.

[37] Hölderlin, Friedrich: *Patmos*, in: Idem: *Gedichte*, Stuttgart 2003, p. 88/*Friedrich Hölderlin Poems and Fragments*, Ann Arbor 1996, pp. 462 f.

enabling him to recognize *das Rettende*: the possibility of art's self-governed death.[38]

III The Art of Death

The air has become stale, suffocating. Pausing to scribble notes as an inmate upon the walls of his cell, bracing the heavy burden of it all against an office building, the clangorous procession of ideas gives way to the serenity surrounding. The visage of a woman comes into view. It traverses the intersection to hover within the reach of a whisper. And as it awaits the signal to cross, I realize it is in every respect oblivious to my presence. All at once a mobile amalgamation of arms, briefcases, and pants legs draws near. On their faces too is an expression of utter indifference. They look through the box to the other side of the street and into the flicker of the crossing-light. Lingering there, motionless all the while, I dissolve into the concrete monotony of my surroundings – the flotsam and jetsam of the cityscape. For as long as I stand stationary, the cell remains empty.

I find it difficult to recall these effervescent lapses. And were I to venture to convey them, I believe their truth would lie more in the silent spaces between my words than in the words themselves. What I do recollect – and this with all the clarity of an azure sky of deepest summer – are the mounting shudders of vulnerability and pangs of fear which shook me from that absence to impel me inexorably onward. Onward into the unspeakable horror of recognition.

How, if at all, is the artworld reacting to its impending demise? Has it become, as Heidegger put it, vigilant to the free essence it is about to surrender? In the beginning of this discussion I advanced the claim that the ways in which totalizing social systems endanger art are at once those which endanger the "softer" academic disciplines. Consequently, I suggested that the dissolution of the former domain informs that of the latter. Anent its response to its growing cultural disenfranchisement, John McCumber compares contemporary American philosophy to a dysfunctional family:

Dysfunctional families, however much they differ from one another, tend to engage in two types of behavior. One is that their talk diverges from their reality: they have a lot of family secrets, such as alcoholism or even incest, which may be very obvious but which, like the proverbial

---

[38] Cf. Heidegger, Martin: *Basic Writings*, loc. cit., pp. 337-40 and Heidegger, Martin: *Being and Time*, loc. cit., §§47-62.

elephant in the living room, are never openly acknowledged. Partly to preserve these secrets, such families often tend to isolate themselves from the surrounding community. Two characteristics of American philosophy today push us toward viewing it, in some ways, like such a dysfunctional family. One is the ongoing and *general* absence of reflection on the discipline. The second is philosophy's self-imposed isolation from other fields.[39]

From the collapse of positivism onward, this style of philosophy has sought in vain to gain a legitimating foothold in the natural sciences. Yet philosophers recoil at the suggestion that what they are up to is nothing but second-rate science. Likewise, I reason, has art compromised itself to totalizing fields such as the economy and technology while affecting an ideal of radical autonomy appropriate perhaps only to Kantian aesthetics.

Bearing in mind the story I have told about the death of art, we can readily see how, *mutatis mutandis,* McCumber's analogy holds true for the artworld. In the wake of modern art, artists have found themselves without a world to call their own. As I interpreted it, this homelessness has prompted an unreflective appropriation of exogenous values. And just as the preservation of a dysfunctional family depends on a concealment of their secrets, so too is artistic practice contingent on a dissemblance of its socio-cultural conditions. In a tradition as old as religious art, the cult of the genius (or creation *ex nihilo*) continues to flourish. The myth that artworks have dropped from the heavens and into the hands of a divinely chosen coterie of intermediaries is one which continues to legitimate unregulated artistic production to the rest of culture. However, absent an awareness of its conditions, this (over)productivity conjures that which Nietzsche once ascribed to modern scholars. It is a "heedless industry, their heads smoking day and night, their very craftsmanship: how often the real meaning of all this lies in the desire to keep something hidden from oneself!"[40] Artistic practice is fast disintegrating. But the artworld denies all this, appealing to just such "heedless industry". Is there any way to resuscitate the nearly departed, to postpone the inevitable even?

With my final remarks I shall briefly speak to these possibilities. I do not believe that art can cheat death, nor do I think this advisable. *Per contra,* I argue that art's only recourse is to desperately embrace its de-

---

[39] Cf. McCumber, John: *Time in the Ditch: American Philosophy and the McCarthy Era,* Illinois 2001, p. 8.

[40] Cf. Nietzsche, Friedrich: *On the Genealogy of Morals. A Polemic. By Way of Clarification and Supplement to my Last Book* Beyond Good and Evil, Oxford 1996, III sec. 23.

mise, to accept its dissolution into other fields of culture, *but on its own terms*. For years art has relied on its parasitic relation to external fields to maintain a semblance of legitimacy. In a similar move, the humanities (or *Geisteswissenschaften*) of the academy have latched onto trends in politics, gender wars, or civil liberties movements in a frantic attempt to secure legitimacy in the eyes of the rest of the world. If art is ever to decide its fate, it will need to recognize its social and cultural conditions while reversing the direction of determination that exists between many of them and its own production. To appropriate Adorno: "Alle Versuche, durch gesellschaftliche Funktion der Kunst, zurückzuerstatten, woran sie zweifelt und woran zu zweifeln sie ausdrückt, sind gescheitert."[41]

Indeed, art can no longer play handmaiden to the culture industry. Rather than borrow its values from elsewhere, it is high time that the artist abide by the Coleridgean imperative to create the taste by which he will be judged. But I disagree with Adorno's insistence that art can accomplish this by its very existence.[42] If the quondam century has taught us anything, it is that before advancing such claims we must examine the loci and the modes of art's existence. And once we discover that the artworld is only as large and as powerful as the dominant systems allow, its *prima facie* sedition is undercut.

The reversal in question requires of the artist a deliberate violence.[43] It demands he fight tooth and nail to forge his way into the world, to make a place for himself by means of *dis*placement, deconstructing the *status quo* and reconstructing it in his own likeness. It demands a total recontextualization of his practices – a bold intrusion into foreign domains. It demands he dispense with parasitic values no matter the cost, *exploitting* them *only* to fulfill his work's devastating potential as a constant possibility.[44] In his struggle for recognition the artist is driven to stake his alienated life – the ultimate expression that his identity *qua* artist is disengaged from a world in which art is merely decorative. Throwing caution to the wind, he must excise these malignant tumors from

---

[41] Adorno, Theodor W.: *Ästhetische Theorie*, loc. cit., p . 9.

[42] Cf. ibid., p. 335.

[43] Cf. Heidegger's claim in *Being and Time* that the existential analysis he carries out "constantly has the character of doing violence [Gewaltsamkeit], whether to the claims of the everyday interpretation, or to its complacency and its tranquilized obviousness [beruhigte Selbstverständlichkeit]". Heidegger, Martin: *Sein und Zeit*, loc. cit., p. 311/*Being and Time*, loc. cit., p. 359.

[44] "Death's certainty is that it is possible at any moment." (Ibid., p. 302/p. 325)

the tissue of his corpus. He must strive to become that "passageway that destroys itself in the creative process for the work to emerge"[45].

Thus he forsakes his decorative life, and with this concrete act he demonstrates to others that it is not a life worth living, a canvas worthy of a signature. In a gesture recalling Heidegger's *Ruf des Gewissens* he punctures the tired cliché that life, no matter its artlessness, is (already) art, supplanting it with a call to kill that in each of us which is not.

This is a call for the de-professionalization of the artworld and of members of any field who 'earn a living' at its expense. It means that one study art *qua* artist-in-*be*coming; that as artist one bears his craft unto the deepest crypts of his being; that one individuates oneself therewith rather than exploiting artistry to prove oneself on the market as a 'free' economic subject. For the humanities this means a radical re-structuring in turn such that one study philosophy to become a philosopher, literature to become an author, and theology to become a god.[46] In other words, this call mandates a de-emphasis on criticism, a breaking out of the world of texts and into other forms of life. Scholarship that aims on the contrary at an ever greater specialization – promoting a proliferation of theory for theory's sake, ultimately culminating in a frictionless spinning in a void inaccessible to the rest of culture – must be recognized to undermine by its very existence the lived significance of its subject matter, just as the ceaseless reportage of clement weather in first-world countries serves only to reveal the insignificance of a cloudy day in our climate-controlled lives.

Within a matter of minutes I find the box in motion once again, crossing through the center of a busy intersection. To one side I sense the hot presence of a motorist, and hear the guttural drone of an idling V8. A sliver of vision discloses a police cruiser. From the vicinity resounds a commanding bark, "You there, box!" Reluctant to violate one of the conditions of the experiment, my moratorium on human interaction, I push forward, unresponsive.

Moving for hours now. City blocks merge into illimitable fractals interspersed with daubs of passersby in variegated hues of disquietude. Some eager, some impassive stares. Heads scattered like so many captured chess pieces. Severed from their bodies like the ruins of a forgotten Grecian temple. At times I lose my bearings, inducing a total disorienta-

---

[45] Heidegger, Martin: *Der Ursprung des Kunstwerks*, loc. cit. p. 35/*The Origin of the Work of Art*, loc. cit., p. 39.

[46] This is not to attribute an instrumental, means-ends relation between study and practice. I take this to be a distinction of degree that is made manifest by interpretations of authentic artistic practices that foreground their ecstatic temporal unity.

tion of the senses. The static hum of car radios converges with the constant purl of sidewalk talk. Iridescent snapshots of fulgurating cloudscapes, clicks and clacks of footstep arabesques, stereoscopic glimpses of sinuous streetlamp surprises, all the world reflected in the vitreous pupil of a derelict puddle. Eventually I stumble upon a recognizable landmark – a bus stop or a street sign – and all is brought back into crystal clarity.

The subversive force of art's self-governed dissolution into our meaning-making practices presupposes a shared world of involvement in which those practices make sense. But in the dawning of this our global age, several contemporary thinkers have taken the erosion of common traditions and fragmentation of national identities to bespeak an absence of just such a world. Luc Ferry, for instance, argues that the only hallmark of contemporary culture may very well be its *Weltlosigkeit*.[47] While I grant that the nascent global milieu is one fraught with anomie and false consciousness, I claim that the sources of this cultural *Unheimlichkeit* – the perpetrators of art's death – remain vulnerable in one domain in particular. I am referring to the commonplace.

In a recent paper Dave Boothroyd points out that:

> There is a whole variety of theorists who deal with problematics of the everyday [...] but they don't deal with the everyday as problematic. As such the everyday often becomes the occasion, the territory for puzzling that is often directed elsewhere.[48]

What would it mean to redirect art towards our everyday practices? I hope that I am responding to this question in some measure with my chronicle of the box man experiment. Consider for a moment the significant setting of this experiment, the whirling, buzzing cacophonies in which art has resided, fearfully silent, for centuries, ensconced in the safety of the museum, the library, the apartment, or the human skull; consider art's *unheimlich* home: the sector of the commonplace known as the city. The contemporary cityscape is a protean organism, a virsipel. In constant flux, it embodies a throbbing, undulating tumescence of tissue, muscle, cartilage, and all the attendant secretions. Even its vertebrae, monoliths wrought of steel, concrete, and plate-glass, succumb to the effects of a planned obsolescence. Its guiding principles – inherited from the dominant ideologies – are perpetual motion and efficiency,

---

[47] Cf. Ferry, Luc: *Homo Aestheticus*, Chicago 1990, pp. 244 ff.

[48] Boothroyd, Dave: *Deconstruction and Everyday Life, or How Deconstruction Helped Me Quit Smoking*, in: *Culture Machine* 6 (2004). (retrieved 16. March 2008 from www.culturemachine. net/index.php/cm/article/view/13/12)

spurred by an ever-renewed dissatisfaction with the present tense. A principle sustaining the collective *quid pro quo* of countless Deleuzean desiring-machines. Interchangeable gears and pinions sequentially locking and unlocking sets of professionally-whitened teeth; conducting the compulsory behavioral transactions – handshakes, eye contact (or lack thereof), and the constant exchange of bodily fluids – each node contributing in its own way to the *growth* of the organism – the geometric acceleration of the bio-mechanical processes from the molecular to the molar. Growth for growth's sake: the ideology of a carcinoma.

At times the city is benign, at others malignant, but it is always self-replicating, self-perpetuating, and in its present state ultimately self-undermining. It metastasizes by discharging into the circulatory system of culture a constant current of carcinogens, embryonic banalities such as commercial jingles, and *haute couture*, and breaking news, and televangelism, and partisan politics, and summer blockbusters, and self-help tracts, and billboard slogans, and arrivism, and compounding interest, and ergonomics, and acquisitiveness. Before long the organs hypertrophy and the seeds germinate, precipitating the onset of an existential condition one might liken to leukemia: false consciousness. A dissociative fugue of the order afflicting the tortured protagonist(s) of David Lynch's *Lost Highway*.[49]

In the event that a bearing spins or a valve seizes, the engine sputters. A stall is imminent but the city is quick to adapt. At its disposal lies an arsenal of accessory mechanisms – defenses such as social norms, legal interdictions, religious dogmas, psycho-diagnostic criteria, healthy common sense, and of course, the regulating function of advertisement, all together ensuring that each and every node remains well-lubricated and synchronized to the ever-quickening pulse of the whole – inefficient components excised preemptively.

During the chavivari known as rush hour the city comes to life with a vertiginous flurry of suits, ties, and variegated brands of professional regalia, conjuring an overladen clothesline in the midst of a tornado. Easy to distinguish are those who have invested most in the spectacle; their pace is fastest of all. It is as though what was once confined to a single room at 11 Wall Street has spilled out into the open, infecting the population with a mass hysteria. Scores of stifled, desperate screams all un-

---

[49] The DSM-IV identifies *dissociative fugue* by means of the following diagnostic criteria: "sudden, unexpected travel away from home or one's customary place of work, with inability to recall one's past; confusion about personal identity, or the assumption of a new identity; significant distress or impairment". *DSM-IV. Diagnostic and Statistical Manual of Mental Disorders. Fourth Edition*, Washington DC 2000.

leashed at once in a choreographed chaos of panicked footfalls and vehicular homicides.

The wheels spin, the gears grind, and the belts churn, conveying them along their fixed trajectories. Tomorrow the stage may undergo some superficial changes. A fledgling will flounce, perhaps, where once a senior stumbled. Perhaps certain trajectories will bend slightly to accommodate an economic crisis or new war on reified evils. At bottom, however, nothing changes. And as the years unfold, the following becomes certain: the process will be faster, it will be meaner, and it will be remorseless.

How can the artist ever hope to gain a footing in such a hostile and seemingly impenetrable space? Once again we do well to turn to Heidegger, who is worth quoting at length:

> Die vorlaufende Entschlossenheit ist kein Ausweg, erfunden, um den Tod zu 'überwinden', sondern das dem Gewissensruf folgende Verstehen, das dem Tod die Möglichkeit freigibt, der *Existenz* des Daseins *mächtig* zu werden und jede flüchtige Selbstverdeckung im Grunde zu zerstreuen. Das als Sein zum Tode bestimmte Gewissen-haben-wollen bedeutet auch keine weltflüchtige Abgeschiedenheit, sondern bringt illusionslos in die Entschlossenheit des 'Handelns'.[50]

The injunction issued by the art of death is to pluck that which was once enshrouded in *weltflüchtige Abgeschiedenheit* – consigned to the museum wall, the theater stage, or the lecture podium – and to hurl it headlong into the city streets; into the practices that define us as potential beings-toward-death. For in an anesthetic environment which has for so long repressed and sublimated the anxiety of death, the artist's bold intrusion comes as wholly unexpected. Whereas, say, abstract sculpture has been accommodated effortlessly into the corporate landscape – its prominent place before the towering skyscraper attesting to the extent of its impotence – the anti- or counter-productive obliquity of death is not so easily neutralized.

They gave start as I overtook them. Now they follow closely, emitting simian growls and hurling vulgarities into the box. One goes so far as to dispute its sexuality. My pace quickens in a desperate effort to seek refuge in the crowds but still they pursue, growing more malicious by the minute. I hear the sound of a stone ricocheting off a building adjacent and onto the street before me. With a harried jolt of the viewfinder I descry one of them approaching apace, his mouth twisted with rage and one fist clenched tightly round an unidentifiable object. As I flee I feel

[50] Heidegger, Martin: *Sein und Zeit*, loc. cit., p. 310.

myself a passenger in an automobile tumbling over and over again down the face of a precipice. Dodging in and out of the crowd, I turn a corner and conceal myself between a wall and a garage. On the verge of dehydration and heat hyperthermia, I nearly lose consciousness. But I've eluded him. I've eluded him and now I've made myself invisible, impervious, integrated into the lifeless debris of the manufactured landscape. But before I can catch my breath the delicate fabric of that moment is rent asunder by the malevolent snarl of an old man's voice, "Who's in there?! Hey, we're gonna cut you out of that box, faggot!"

In death, art comes to acquire the *power* necessary to infiltrate the commonplace without thereby making itself common. The changes it effects are altogether uncommon. On this account the art experience becomes an active realization of the Gadamerian dictum that "the work of art has its true being in the fact that it becomes an experience that changes the person who experiences it" – the "'subject' of the experience of art" being "not the subjectivity of the person who experiences it but the work itself"[51]. The space that this artist creates for his work encompasses his audience; a space in which disintegrate dualisms of subject/object, universal/particular, artist/audience, and theory/practice. It is a space unlike anything that traditional armchair theories of art are equipped to handle.

A prototype for this deadly fusion of horizons may be found among Chris Burden's œuvre. In a work entitled *Deadman* Burden had himself bound within a sack and placed onto a California freeway in the path of oncoming traffic. By thus staking his (biological) life, Burden implicated unwitting motorists in a co-collaborative effort to destabilize the technological order of the contemporary American freeway – its efficiency and its instrumental invisibility – while concurrently dismantling the conventions governing artistic space and practice.[52] This deliberate intrusion onto the technological domain was Burden's attempt to answer violence with violence, bringing to a screeching halt the (over)productive processes upholding the techno-economic automatization (or enframing) of man. Thereby, he effectuated a fusion of horizons on his own terms, creating the possibility of a fatal collision that would disrupt the workday

---

[51] Gadamer, Hans-Georg: *Truth and Method*, London 2001, p. 102.

[52] Another such piece was Burden's *Doomed*, for which the artist lay motionless in a museum gallery under a glass panel beside a ticking clock. Unbeknownst to the museum, the concept was that Burden was to remain in that position until someone from the museum staff interfered in some way with the piece, thus subverting *inter alia* the time honored prohibition on active participation in the artwork – the enfeebling convention captured by the enervating exhortation to 'look but don't touch'.

while terminating his own production. The radicality of this *poiesis*-to-wards-death is perhaps best encapsulated in Henry Miller's remark that every artist "who voluntarily starves to death jams another cog in the automatic process"[53] – an act that will not go unpunished by the tyranny-cal majorities. It comes as little surprise, then, that following the exhibition of one of his works, Chris Burden was committed to a psychiatrist.

Contemporary western man has contrived to substitute for his erst-while home in nature a common world in which he figures as but an awkward remainder. Like one of Michael Haneke's estranged families or one of Michelangelo Antonioni's ingénues, he finds himself immured within the inscrutability of an alien landscape whose manifold purposes no one individual can ascertain. Therein he toils; therein he busies him-self with all the incurious *hauteur* of one of de Beauvoir's 'serious men'[54].

The temptation comes all too easily to vilify this world and its de-nizens, to *dissociate* and to take flight in the hopes of enjoying an au-thentic, if isolated, existence. But when this refuge too succumbs to the onslaught of the *unheimlich* you find yourself fleeing perforce to still higher desolations, ever higher and ever more rarefied. Until finally, you reach that lofty summit where all the tumult and turmoil of the everyday world trickles off and condenses into the whispered melody of children at play. And it is there, enveloped in inviolate madness and the fiery glow of your most cherished hallucinations, that you come to confront the agonizing absence of your own voice from that concord.

The deliberate art of death, properly conceived, is not a flight from the *unheimlich*. Nor is it an adolescent repudiation of technology, econo-my, or government. Facile pretensions to radical autonomy remain just that. By espousing and enacting an impetuous leap into and deadly con-frontation with *Unheimlichkeit* on its most common ground, the artist takes seriously – perhaps for the first time – the totalizing exigencies which threaten his meaning-making practices. In full cognizance that the assimilation of *these* practices means his own, he refuses *to be lived* – to be reduced to a resource. Thus he plunders the coffins of convention, scattering their contents piecemeal across the commonplace. And with an unwavering resolve he devotes his life to reclaiming that little corner of the world for himself. More than likely he will fail, but courting this failure is the responsibility of any man who dares call himself, in some measure, free; the integrity of him who tours the gallery of his life at age ninety, and can honestly affirm of a canvas or two, 'thus I willed it'. The

---

[53] Miller, Henry: *Tropic of Capricorn*, New York 1994, p. 307.
[54] Cf. de Beauvoir, Simone: *The Ethics of Ambiguity*, New York 1948.

fateful day is approaching when the artist will be called on to choose: will it thus or thus be willed.[55]

Without as much as a split-second's hesitation, I hurl the box from my back and break into a run. Beyond my padded cell the landscape bears itself in all its crushing multiplicity. What was once enframed by the windows of the box bursts forth into a phantasmagoria of terracotta, glass, and splintered bones. With an explosion of unpent mobility, my synapses catch fire and the vascular pyrotechnics begin. Therewith, my dash becomes a bolt, adrenaline to boil. My muscles fill with lactic acid, pores with steam and oil. Then I'm charging full-bore down the streets and to the edge of the city where it all began. Lungs bursting, I reach the car and double over, gasping for air. For the first time I turn round. Satisfied I haven't been followed, I prop my hands upon my knees, panting. There, in the dull patch of freshly cut grass beside the parking lot, a flare of something metallic catches my eye. Thinking it a child's toy I stoop to pick it up and am at once struck by its preternatural weight. Four loaded chambers remain. And the car door swings open. And the glove box snaps shut. And somewhere deep within, the engine roars to life.

Literature

Adorno, Theodor W.: *Ästhetische Theorie*, Frankfurt a. M. 1970.

Adorno, Theodor W.: *Valéry Proust Museum*, in: Idem: *Prisms*, transl. by Samuel Weber and Sherry Weber, Cambridge 1994, pp. 175-185.

ArtNews 105/5 (2006).

Beardsley, Monroe: *An Aesthetic Definition of Art*, in: Curtler, Hugh (Ed.): *What is Art?*, New York 1983, pp. 15-29.

de Beauvoir, Simone: *The Ethics of Ambiguity*, transl. by Bernard Frechtman, New York 1948.

Boileau-Despréaux, Nicolas: *The Art of Poetry*, London 1710.

Boothroyrd, Dave: *Deconstruction and Everyday Life, or How Deconstruction Helped Me Quit Smoking*, in: *Culture Machine* 6 (2004). (retrieved 16. March 2008 from www.culturemachine. net/index.php/cm/article/view/13/12)

Bourdieu, Pierre: *The Field of Cultural Production*, transl. by Randal Johnson, New York 1993.

Carroll, Noël: *Beyond Aesthetics*, Cambridge 2001.

Danto, Arthur C.: *The End of Art*, in: Idem: *The Philosophical Disenfranchisement of Art*, New York 2005, pp. 81-116.

Debord, Guy: *The Society of the Spectacle*, New York 1994.

[55] I would like to thank the Baden-Württemberg-Stipendium whose generous support made possible much of the research for this paper.

Dickie, George: *Art and Value*, Oxford 2002.

DSM-IV. Diagnostic and Statistical Manual of Mental Disorders. Fourth Edition, ed. by American Psychiatric Association, Washington DC 2000.

Dubos, Jean-Baptiste: *Critical Reflections on Painting, Poetry, and Music. With an inquiry into the rise and progress of the theatrical entertainments of the ancients*, transl. by Thomas Nugent, London 1748.

Ferry, Luc: *Homo Aestheticus*, Chicago 1990.

Friedrich Hölderlin: *Poems and Fragments*, transl. by Michael Hamburger, Ann Arbor 1996.

Gadamer, Hans-Georg: *Truth and Method*, transl. and ed. by Richard Heinemann and Bruce Krajewski, London 2001.

Hegel, Georg W. F.: *Vorlesungen über die Ästhetik*, in: *Theorie Werkausgabe*, vol. 13, Frankfurt a. M. 1970.

Hegel, Georg W. F.: *Aesthetics. Lectures on Fine Art*, 2. vols., transl. by Thomas M. Knox, Oxford 1975.

Heidegger, Martin: *Der Ursprung des Kunstwerks*, Stuttgart 2005.

Heidegger, Martin: *The Origin of the Work of Art*, in: Idem: *Poetry, Language, Thought*, transl. by Alfred Hofstadter, New York 2001.

Heidegger, Martin: *Sein und Zeit*, Tübingen 2006.

Heidegger, Martin: *Being and Time*, transl. by John Macquarrie and Edward Robinson, San Francisco 1962.

Heidegger, Martin: *Basic Writings*, transl. by. John Macquarrie and Edward Robinson San Francisco 1993.

Hölderlin, Friedrich: *Patmos*, in: Idem: *Gedichte*, ed. by Gerhard Kurz, Stuttgart 2003.

McCumber, John: *Time in the Ditch: American Philosophy and the McCarthy Era*, Illinois 2001.

Miller, Henry: *Tropic of Capricorn*, New York 1994.

Nietzsche, Friedrich: *On the Genealogy of Morals. A Polemic. By Way of Clarification and Supplement to my Last Book* Beyond Good and Evil, transl. by Douglas Smith, Oxford 1996.

Putnam, Hilary: *Mind, Language, Reality*, Cambridge 1975.

Stephan Zimmermann (Bonn)

Das Kunstwerk zum Sprechen bringen.
Über einige Kategorien der hermeneutischen Ästhetik Hans-Georg Gadamers

Wer von einer hermeneutischen Ästhetik Hans-Georg Gadamers reden will, hat sicherlich mit der Nachfrage zu rechnen, ob es so etwas überhaupt gibt. Kann man ernstlich sagen, daß Gadamer, der in der Mitte des 20. Jahrhunderts die weit zurückreichenden Traditionslinien der Hermeneutik erneuert und von der Sache her verallgemeinert, eine eigenständige Ästhetik vorgelegt hat? Dieser Zweifel ist nicht unberechtigt, denn die Kunst stellt in Gadamers Schaffen in der Tat nicht so sehr einen Gegenstand dar, an dem die bereits fertig ausgebildete Philosophie nachträglich die Reichweite ihrer Konzeptualisierungsfähigkeit erprobt. Ganz im Gegenteil, die Bezugnahme auf Kunst dient der Philosophie hier allererst zum Aufbau ihrer selbst. In *Wahrheit und Methode* findet Gadamer den Weg in die Hermeneutik im vorbereitenden Durchgang durch die Frage nach der Wahrheit des Kunstwerkes. Die Auseinandersetzung mit der Kunst als einem oder gar dem letzten Refugium, das sich gegen die wissenschaftliche Strenge des neuzeitlichen Methodenglaubens sperrt, stellt sich von vornherein unbeirrbar in den Dienst an der Lösung eines philosophischen Problems. Am Beispiel des Kunstwerkes bahnt sich ein Zugang zur Wahrheitsfrage, die dann in der Folge eine Erweiterung erfährt und das Verstehen als die fundamentale Seinsart unseres Daseins eröffnet.

Indem Gadamer die Hermeneutik derart ins Grundsätzliche wendet, stellt sich diese geradezu in die Nachfolge der *prima philosophia*. Sie bereitet nicht nur den fruchtbaren Boden, auf dem unter anderem die Disziplinen der Historik und modernen Erkenntnistheorie sich aufpflanzen sollen, im Vollbesitz ihrer begrifflichen Kraft führt sie gleichfalls hinter jede ästhetische Überlegung zurück und lenkt diese in die rechten Bahnen. Die Hermeneutik greift so umfassend um sich, daß sie die ganze Sphäre der Kunst und deren Aufgabenstellungen miteinbezieht. Das bedeutet, die Kategorien, in denen sich Gadamers Nachdenken über die

Begegnung mit Schöpfungen der Kunst bewegt, sind vornehmlich hermeneutische. Gegenstand ist weniger das Eigene und allein Auszeichnende der Kunst, als vielmehr das, was an ihr allgemein bleibt und über sie hinausverweist auf das gemein-menschliche Verstehen: Die Erfahrungen, die wir am Kunstwerk machen, sind wie alles Verstehen überhaupt adäquat nur zu beschreiben als Teilhabe an einem von geschichtlichen und gesellschaftlichen Sinnhorizonten eingefaßten Wahrheitsgeschehen. Wie jede Lebensäußerung einer Überlieferungsgemeinschaft will auch das Kunstwerk verstanden werden. In Übereinstimmung mit den Grundprinzipien seiner Hermeneutik hat Gadamer das wiederholt in der äußerst verdichteten Formel ausgedrückt, daß derjenige, der ein Gebilde der Kunst verstehen möchte, es zum Sprechen bringen muß. Das Kunstwerk, das seinen Namen verdient, sagt uns etwas, jedoch ist das, was es aussagt, nicht ganz unabhängig von unserem Bemühen da, es sprechen zu machen.

Was damit gemeint ist, will ich im folgenden aufzuhellen versuchen. Ich werde die Grundzüge jener Ästhetik nachzuzeichnen, die sich in der philosophischen Verstehenslehre aufgehoben weiß und die insofern zu Recht eine hermeneutische genannt zu werden verdient. Dabei wird man indes nicht erwarten dürfen, einen detaillierten Leitfaden für den rechten Umgang mit Kunstwerken an die Hand zu bekommen. So wenig die Erkenntnis in den Wissenschaften, seien es solche der Natur, seien es die des Geistes, zuletzt dem Einhalten formaler und allgemeiner Verfahrensvorschriften entspringt, genausowenig gibt es eine zuverlässige Methode für das Verstehen von Kunst, eine Methode, an deren Regeln man sich halten kann, wann immer das Begreifen nicht mehr weiter weiß. Die Hermeneutik gibt nicht vor, was wir tun müssen, um ein Kunstwerk zum Sprechen zu bringen, sie will uns vielmehr aufmerksam machen auf das, was tatsächlich geschieht, wenn wir an einem Kunstwerk Wahrheit erfahren. Gadamers erklärte Absicht ist es, über die ontologischen Bedingungen aufzuklären, unter denen sich Verstehen *de facto* vollzieht.

Um einige dieser Bedingungen soll es mir zu tun sein. An den Anfang stelle ich einen Aufriß der modernitätstypischen Haltung, die Gadamer mit der generalisierenden Bezeichnung des ästhetischen Bewußtseins versieht und von der er sich nachhaltig absetzt (I.). Diese Haltung findet sich insbesondere in der Kantischen Ästhetik verkörpert. Demgegenüber hat ästhetische Erfahrung, richtig gedacht, eine weltaufschließende Funktion (II.). Sie ist eine Weise des Verstehens, und zwar in dem grundlegenden hermeneutischen Sinn des Sichverstehens. Das aber führt einerseits dazu, daß der klassische Werkbegriff sich kaum aufrechterhalten läßt (III.). Er wird von Gadamer durch die Vorstellung ersetzt, daß, was im Verstehen als Kunst da ist, strenggenommen die Seinsweise des Gebildes hat. Andererseits, und damit werde ich schließen, liegt darin zugleich der mimetische Charakter künstlerischer Gestaltungen begründet (IV.). Da in allem Verstehen ein Moment der Nachahmung wirksam ist, muß auch die Kunst durch einen erweiterten Mimesisbegriff gedacht werden.

I Kant oder Das ästhetische Bewußtsein

Das erste Kapitel von *Wahrheit und Methode* widmet sich im ganzen einer Freilegung und Wiedergewinnung der Wahrheitsfrage, wie sie mit dem Siegeszug der modernen Naturwissenschaften und deren philosophischer Begründung Schritt um Schritt an den Rand gedrängt und schließlich verschüttet wurde. Das geschieht anhand einer theoretischen Auseinandersetzung mit dem Phänomenbereich der Kunst. Der durch Leitbegriffe unserer humanistischen Tradition geschärfte Blick dafür, wie sich in der Begegnung mit Kunstwerken Wahrheit eröffnet – Begriffe wie Bildung, *sensus communis*, Urteilskraft und Geschmack –, soll das wissenschaftliche Bewußtsein nachdrücklich dazu anhalten, sich seine Grenzen offen einzugestehen und einer Auffassung von Wahrheit ihre Berechtigung zurückzugeben, die auch noch am Grunde eines vorgeblich vollständig objektivierbaren, Wiederholbarkeit und intersubjektive Überprüfbarkeit verbürgenden Wissens liegt. Die Erfahrung der Kunst gilt Gadamer als Inbild und Garant einer Erkenntnisweise, die die engen Schranken der methodisch geregelten Wahrheitssuche von sich aus verweigert, ohne dabei in die Unverbindlichkeit subjektiver Beliebigkeit abzuleiten, und die beispielhaft veranschaulicht, was all unser Verstehen jederzeit bedingt und leitet, obgleich keine letztverbindliche Kriterien vorliegen.

Gadamer wirft sich aber nicht geradewegs auf die Kunst und die Sinnfülle, die aus ihren Arbeiten entgegentritt. Es ist hier bereits eine elementare hermeneutische Einsicht am Werk, wenn er stattdessen mit einer historischen Problemerhellung anhebt. „Denn jeder Blick zurück in die Geschichtstiefe unserer Gegenwart", so notiert er an anderer Stelle, „vertieft das Bewußtsein unserer in uns heute bereitliegenden begrifflichen Horizonte."[1] Indem alle Vernunft nur als historisch relative da ist, ist die einzige Möglichkeit, ihre Kategorien auszuweisen, deren Einordnung in den Überlieferungszusammenhang, aus dem sie erwachsen. Ga-

---

[1] Gadamer, Hans-Georg: *Kunst und Nachahmung* (1967), in: Ders.: *Kunst als Aussage*, GW Bd. 8, Tübingen 1993, S. 29.

damer schreitet den Pfad ihrer Wirkungsgeschichte ab bis hin zu dem Punkt, der ihm eine falsche sachliche Weichenstellung markiert, um von dort aus neu anzusetzen. Im Kontext der Ästhetik ist das die kritische Philosophie Immanuel Kants.

Denn Kant war es, der wirkmächtig die Rede von Erkenntnis und Wahrheit auf die theoretische Vernunft und damit auf die positiven Wissenschaften beschränkt hat. Wahre Erkenntnis sei allein, was sich in Urteilen artikuliere und die Sachverhalte genau so treffe, wie sie sich zeigen. Dadurch gelingt es zwar, die ästhetische Erfahrung zu einem eigenen Standpunkt zu entlassen, insofern die Beschäftigung mit dem Schönen und Häßlichen gerade keine bloß feststellende Beschreibung dessen sein will, was der Fall ist. Doch die Verselbständigung des Ästhetischen ist erkauft durch die Verkürzung des Erkennbaren auf das, was sich der Vorstellung von Wahrheit *qua* Übereinstimmung unterordnet. Das Kunstwerk ist fortan keine Stätte mehr der Vermittlung von Wahrem und Bleibendem.

Einschlägig dafür ist die *Kritik der Urteilskraft*. Kant ist es dort freilich nicht ausschließlich um Kunst zu tun, sondern um die Ermöglichungsvoraussetzungen reiner Geschmacksurteile als solcher. Reine Geschmacksurteile sind Urteile, in denen wir einem Objekt das Prädikat, schön oder häßlich zu sein, beilegen. Sie heißen rein, weil sie den Anspruch auf Allgemeinheit und Notwendigkeit mit sich führen. In der ästhetischen Bewertung, so meint Kant zu beobachten, bescheiden sich die Menschen nicht damit auszudrücken, was ihnen und nur ihnen gefällt, sondern sie fordern, daß auch alle anderen ebenso urteilen sollen. Gleichwohl ist ein reines Geschmacksurteil kein Erkenntnisurteil.[2] Wir sprechen vom Schönen und Häßlichen nur so, als ob es sich um eine Eigenschaft der Dinge selber handelte. Die Kantische Ästhetik ist in erster Instanz eine Geschmackslehre, insofern sie die ästhetische Beurteilung einer Sache auf subjektive Empfindungen der Lust und Unlust gründet. Man wertet einen Gegenstand als schön, weil er gefällt, als häßlich aber, wenn er mißfällt. Ästhetische Wertungen bringen nicht zum Ausdruck, was ein Objekt *in sensu eminenti* ist, sondern was ein Subjekt angesichts des Gegebenseins dieses Objektes empfindet, wie es, „durch die Vorstellung affiziert […], sich selbst fühlt" (KU A/B 4).

Eine Empfindung kann aber Kant zufolge nur dann als Geltungsbedingung reiner Geschmacksurteile fungieren, wenn es sich um ein vernunftgewirktes Gefühl handelt. Nur dann hat der mit ästhetischen Klassifikationen erhobene Anspruch einen Beziehungspunkt in der Struktur vernünftiger Subjektivität, womit die Vorstellungskraft aller intelligenten

---

[2] Vgl. KU A/B 4, 14, 34.

Wesen als solcher zusammenzustimmen genötigt ist und der einen gemeinsamen ästhetischen Sinn zu begründen vermag. Das Teilvermögen des Intellekts, dem hierbei die entscheidende Rolle zufällt, ist die *reflektierende Urteilskraft*. Urteilskraft ist das „Vermögen, das Besondere als enthalten unter dem Allgemeinen zu denken" (KU A XXIII/B XXV). Ihre Leistung ist es, Verhältnisse der Unter- und Überordnung herzustellen. Und sie ist reflektierend tätig, wenn sie von einem gegebenen Besonderen ausgeht, um zum entsprechenden Allgemeinen zu gelangen. Sie findet zum konkreten Fall die passende Regel, zur Vielheit die sie durchwaltende Einheit. Kants Ästhetik ist sonach zuletzt eine Theorie der reinen Geschmacksurteilen und den sie tragenden Gefühlen *a priori* noch einmal vorausliegenden eigentümlich ästhetischen Reflexionsleistung unserer Urteilskraft. Objekte, die schön oder häßlich sind, sind dies nicht unmittelbar, sie lösen nur dann ein allgemein mitteilbares Wohlgefallen oder Mißfallen aus, wenn wir sie auf eine ganz bestimmte Weise bedenken. Und Kants Grundidee, die sowohl seine Naturästhetik wie auch seine Lehre von der Kunsterfahrung durchzieht, besagt, daß das gegebene Material die reflektierende Tätigkeit der Urteilskraft bald erleichtert, bald erschwert. Ob es der diskursiven Erkenntnisart endlicher Subjekte zuträglich ist oder sie hemmt, macht sich in einer Empfindung bemerkbar und motiviert so die eigentliche ästhetische Beurteilung.

Gadamer diskutiert diese und ähnlich geartete Auffassungen unter dem zusammenfassenden Namen des *ästhetischen Bewußtseins*. Das ästhetische Bewußtsein ist wie alles, was bei Gadamer terminologisch streng als Bewußtsein firmiert – man denke etwa an das historische oder das methodische Bewußtsein –, abstrakt insofern, als es an einer Fehleinschätzung seiner selbst krankt. Das ästhetische Bewußtsein meint eine Überzeugungshaltung, die sich selber nicht richtig versteht, ein falsches, für die Moderne charakteristisches Bewußtsein, das es über sich aufzuklären und dadurch zu überwinden gilt.[3]

Was am ästhetischen Bewußtsein als fehlerhaft durchschaut werden muß, ist die unerbittliche und unüberwindliche Kluft, die es zwischen dem ästhetisch Gemeinten und dem Leben, verstanden als alles andere, reißt und festhält. „Denn jetzt wird Kunst als Kunst des schönen Scheins der praktischen Wirklichkeit entgegengesetzt und aus diesem Gegensatz verstanden."[4] Die Eigengesetzlichkeit des Ästhetischen rührt bei Kant daher, daß die Perspektive, in der sich Schönes und Häßliches darbietet,

---

[3] Vgl. Gadamer, Hans-Georg: *Wahrheit und Methode. Grundzüge einer philosophischen Hermeneutik*, GW Bd. 1, Tübingen [6]1990, S. 87; Ders.: *Zur Fragwürdigkeit des ästhetischen Bewußtseins* (1958), in: Ders.: *Kunst als Aussage*, a.a.O., S. 9-17.
[4] Gadamer, Hans-Georg: *Wahrheit und Methode*, a.a.O., S. 88.

von *anderer* und *singulärer* Art sein soll gegenüber den übrigen Begegnisweisen von Seiendem. Die ästhetische Erfahrung wird als aus dem umfassenden Ganzen des menschlichen Daseins ausdifferenziert gedacht und bloß auf sich selber gestellt: Das reine Geschmacksurteil präjudiziert keine moralische Beurteilung, es steht in keinem notwendigen Zusammenhang mit einer Blicknahme auf die Welt, die alles nach Nützlichkeiten sortiert, und schon gar nicht spricht sich darin ein gewöhnliches theoretisches Faktenwissen aus. Jede dieser Sinndimensionen, die im gewohnten Treiben des Alltags immer schon in der vielseitigen Einheit unseres In-der-Welt-Seins ineinandergreifen, wird in der Kantischen Philosophie von den anderen entkoppelt und ihrer Eigendynamik überlassen. Sie folgen ausschließlich eigenen Erfolgsbedingungen und Rationalitätsstandards.[5]

Gadamer hat für dieses Differenzdenken, durch welches sich das ästhetische Bewußtsein definiert, die Bezeichnung „ästhetische Unterscheidung" geprägt.[6] Die angemessene Weise, sich mit dem Kunstwerk zu befassen, bestehe in einer spezifisch ästhetischen Einstellung, einer Einstellung, die nichts von anderen Weisen des Erfahrens entlehne und sich nicht auf diese auswirke. Dem korrespondiert auf der Seite des Gegenstandes das ‚reine' Kunstwerk, wie Gadamer sich ausdrückt. Denn was wir so auf seine ästhetische Seinsqualität hin bemessen und genießen, ist aus der ganzen Breite seiner lebensweltlichen Funktionen und sozialen Zweckbindungen herausgeschält. „Die Idee der ästhetischen Bildung [...] besteht gerade darin, keinen inhaltlichen Maßstab mehr gelten zu lassen und die Einheit der Zugehörigkeit eines Kunstwerkes zu seiner Welt aufzulösen."[7] Wo es einzig um die Frage eines speziell ästhetischen Ge- oder Mißlungenseins geht, wird von allen vermeintlich außerästhetischen Bezügen, welche der Sache ursprünglich anhaften, die aber nun ohne Belang sein sollen, abgesehen. Das macht die Selbstherrlichkeit des ästhetischen Bewußtseins aus, daß es alles in der ihm eigenen Blickstellung ansieht und diese von jeder anderen Sichtweise abhält. Es vermag seinen Besitz über alles ungehindert auszubreiten, weil es rein formal festsetzt, was in seine Zuständigkeit fällt: Ästhetisch relevant ist, worüber ästhetisch reflektiert wird.

---

[5] Jürgen Habermas hat, in der Erbfolge Kants stehend, in der Ausdifferenzierung und Verselbständigung von Geltungsansprüchen nachgerade die Signatur der Moderne ausgemacht. Vgl. Habermas, Jürgen: *Theorie des kommunikativen Handelns*, Bd. 1, Frankfurt a. M. 1995, S. 72 ff.
[6] Vgl. Gadamer, Hans-Georg: *Wahrheit und Methode*, a.a.O., S. 91.
[7] Ebd., S. 90.

II Ästhetische Erfahrung als Weise des „Sichverstehens"

Der Autonomisierung des Ästhetischen durch den Kantischen Kritizismus stemmt sich Gadamer mit der Behauptung entgegen, daß es eine solche genuin ästhetische Einstellung gar nicht gibt. Das ästhetische Erlebnis ist nicht eine eigene Art des Erlebens, grundverschieden von jeder anderen. Vor allem ist der hochgeschraubte Denkakt der Reflexion nicht die primäre und nicht die eigentliche Weise, wie wir uns zu künstlerischen Gebilden verhalten. Das Erste und Unaufgebbare, so Gadamer, liegt vielmehr im sinnaufschließenden Verstehen. Im Verstehen vermittelt sich das Werk mit dem geistigen Horizont, in dem wir als Zuschauer oder Leser stehen und aus dem heraus wir leben, und bestimmt sich allererst *als* Kunstwerk mitsamt seiner unausschöpflichen Bedeutungshaftigkeit. Damit überhaupt Fragen nach der ästhetischen Qualität eines Kunstwerkes entstehen können, muß sich bereits der Seinsgehalt des Werkes dem Verstehenwollen aufgetan und das Werk von da her seine Konturen gewonnen haben, wie unbestimmt oder oberflächlich auch immer.

> Nur wenn wir das Dargestellte ‚erkennen', vermögen wir ein Bild zu ‚lesen', ja, nur dann ist es im Grunde ein Bild. [...] Nur wenn wir einen Text verstehen – also mindestens die Sprache beherrschen, um die es sich handelt –, kann er ein sprachliches Kunstwerk für uns sein. Selbst wenn wir etwa absolute Musik hören, müssen wir sie ‚verstehen'. Und nur, wenn wir sie verstehen, wenn sie uns ‚klar' ist, ist sie für uns als künstlerisches Gebilde da.[8]

Damit verliert der Umgang mit Kunst jene Einzigartigkeit wieder, welche ihr nur dank einer unsachgemäßen Abstraktion zuteilwurde. Auf ihn trifft zu, was für alle Erfahrung überhaupt richtig ist, daß er Verstehen einschließt und daher in die Kompetenz der Hermeneutik fällt. „Die Ästhetik muß", wie Gadamer entschlossen feststellt, „in der Hermeneutik aufgehen"[9]. Wie jeder Text, jedes Bild und jede Aussage eines Gesprächspartners ragt auch ein jegliches Kunstwerk in die geschichtliche Gegenwart einer Dimension von Sinnhaftem hinein, in der es sein Sein und sein Ausgelegtsein besitzt. Was jeder ausdrücklichen Reflexion und ästhetischen Bewertung im Rücken liegt, was ursprünglicher ist als diese und auch sie allererst in ihre Möglichkeit bringt, sind die Bedingungen, denen alles Verstehen als solches unterliegt und die Gadamers Hermeneutik auf den Begriff zu bringen sich anschickt. Die Aufgabe ist es ge-

[8] Ebd., S. 97.
[9] Ebd., S. 170. Siehe auch Gadamer, Hans-Georg: *Ästhetik und Hermeneutik* (1964), in: Ders.: *Kunst als Aussage*, a.a.O., S. 5.

rade, angesichts der scheinbaren „Diskontinuität des ästhetischen Seins und der ästhetischen Erfahrung die hermeneutische Kontinuität zu bewähren, die unser Sein ausmacht"[10]. Das ästhetische Bewußtsein, das muß es über sich lernen, bleibt in Wirklichkeit eingeschmolzen in den allgemein Sinnfluß menschlichen Verstehens. Seine angebliche Punktualität und Unmittelbarkeit ist stets schon in jenem einheitlichen Erfahrungslebens aufgehoben, der unser Dasein auszeichnet. Was aber heißt hier Verstehen?

Gilbert Ryle hat in seinem Buch *The Concept of Mind* aus dem Jahre 1949 eine Unterscheidung terminologisch fixiert, die der Sache nach auch bei Gadamer große Tragweite entfaltet. Die Rede ist von der Differenz zwischen zwei Arten des Wissens, *knowing that* und *knowing how*. Bei ersterem handelt es sich um jenes gegenständliche Wissen, mit dem sich die moderne Erkenntnistheorie seit Descartes, Locke und Kant vornehmlich beschäftigt und das sie zumeist zum Modellfall menschlicher Erkenntnisfähigkeit stilisiert; man weiß, *daß* etwas der Fall ist oder nicht der Fall ist. Wissen kann aber auch einen performativen Charakter besitzen und hat dann als Know-how etwas mit Können zu tun; man weiß, *wie* etwas zu tun ist. So sagt man beispielsweise, jemand weiß sich zu benehmen oder mit einer Sache etwas anzufangen.[11]

Bei Gadamer findet sich so etwas wieder. Danach bezeichnet man, wie er in *Wahrheit und Methode* an zentraler Stelle vermerkt und in der Folge wiederholt hervorhebt, „in der deutschen Sprache als Verstehen auch das praktisch ausgerichtete Können (‚er versteht nicht zu lesen' – gleichbedeutend mit: ‚er versteht sich nicht auf das Lesen', d. h. er kann es nicht)"[12]. Man kann nicht nur *etwas* verstehen, man kann sich auch *auf* etwas verstehen. Sich auf etwas verstehen heißt sich mit der betreffenden Sache auskennen. Zum Beispiel versteht man sich aufs Zuhören, oder man versteht es, im Gespräch das schwächere Argument zum stärkeren zu machen und so beliebigen Meinungen wahllos zum Durchbruch zu verhelfen. „Aber das scheint", so eilt Gadamer dem Einwand voraus, „von dem in der Wissenschaft geübten erkenntnismäßig ausgerichteten Verstehen wesensverschieden. Sieht man genauer zu, zeigt sich freilich ein Gemeinsames." Denn, so Gadamer weiter, in „beiden Bedeutungsrichtungen liegt ein Erkennen, ein Sich-Auskennen in etwas"[13].

Verstehen als „Sich-Auskennen" ist für Gadamer die unvordenkliche und unaufgebbare Grundbewegtheit menschlichen Lebens. Darauf grün-

---

[10] Gadamer, Hans-Georg: *Wahrheit und Methode*, a.a.O., S. 102.
[11] Vgl. Ryle, Gilbert: *The Concept of Mind*, New York 1949, S. 27 ff.
[12] Gadamer, Hans-Georg: *Wahrheit und Methode*, a.a.O., S. 264.
[13] Ebd.

det sich der Universalitätsanspruch der philosophischen Hermeneutik. „Vor aller Differenzierung des Verstehens in die verschiedenen Richtungen des pragmatischen oder theoretischen Interesses ist Verstehen die Seinsart des Daseins"[14]. Verstehen ist weder nur das, was wir tun, wenn wir Behauptungen aufstellen und uns dem Spiel des Gebens und Verlangens von Rechtfertigungsgründen verpflichten, noch ist damit lediglich das, um es mit den Worten Heideggers zu sagen, Gebrauchmachen von Zeug gemeint. Verstehen beweist sich in dem einen ebensosehr wie in dem anderen. Beide sind durchzogen von einem Moment des Vertrautseins mit Welt. Alles Verstehen-von-etwas ist „am Ende ein Sichverstehen"[15]. Und zwar gehört es ursprünglich zum Wesen unserer Existenz, sich *darauf* zu verstehen, Seiendes offenbar zu machen und in das Geflecht dessen, was wir kennen und was uns Gültigkeit besitzt, zu integrieren. Verstehen in diesem praktischen Sinn ist so tief anzusetzen, daß es einen ontologischen Charakter annimmt. Es liegt am Grunde unseres In-der-Welt-Seins und kennzeichnet die fundamentale Weise, wie sich alles „theoretische" Erfassen von Vorhandenem und jeder „pragmatische" Umgang mit Zuhandenem sinnhaft bestimmt.

Und das gilt nicht minder für die Begegnung mit Kunst. „Auch die ästhetische Erfahrung ist eine Weise des Sichverstehens."[16] Sie will geübt und gekonnt sein. Kein Kunstwerk gibt sich Gadamer zufolge dem bloß naiven Hinschauen preis. Als Kunstwerk ist es nicht *uno intuitu* zugänglich, sondern verlangt von uns einen eigenen Akt der Zuwendung. Es spricht seinen Sinngehalt nur aus, wenn wir die Passivität eines Beobachters ablegen und es zum Sprechen bringen durch eine Tätigkeit, die wir als Rezipierende selber vollziehen müssen, so daß der Verstehende am Ende konstitutiv mit zu dem gehört, was das Kunstgebilde ihm sagt. Und das ist keineswegs lediglich bei der Kunst unserer Tage so, einer Installation, einem abstrakten Gemälde oder einer Performance. Diese gemahnt vielmehr daran, daß auch die gegenständliche Kunst der Vergangenheit nicht leichthin konsumiert sein will.

> Es ist immer eine […] geistige Leistung, ob ich mich mit tradierten Gestalten herkömmlichen Kunstschaffens beschäftige oder vom modernen Schaffen gefordert werde. Die Aufbauleistung […] liegt als Forderung im Werk als solchem.[17]

---

[14] Ebd.
[15] Ebd., S. 265.
[16] Ebd., S. 102.
[17] Gadamer, Hans-Georg: *Die Aktualität des Schönen. Kunst als Spiel, Symbol und Fest* (1974), in: Ders.: *Kunst als Aussage*, a.a.O., S. 118.

Das Kunstwerk der Unverbindlichkeit bloßen Genießens anheimzuge-
ben, hieße, es in seinem Sein zu verkürzen und nicht als das ernstzu-
nehmen, was es von sich her doch immer ist, nämlich etwas, das uns in
der einen oder anderen Hinsicht bedeutsam sein kann.

Gadamer beschreibt den Vorgang, durch den wir ein Kunstwerk sprechen machen, als einen Vorgang des *Lesens*.[18] Das ist natürlich metaphorisch gemeint. Worauf es ankommt, ist, daß richtig lesen können eine Fähigkeit darstellt, die man erwerben und pflegen muß. Ein Mensch, der etwas vorliest, ohne ein Gespür zu haben für das, was die Worte besagen,
vermag aufgrund der zwangsläufig unpassenden und häufig stockenden
Intonation, Modulation und Rhythmisierung, mit der er vorträgt, den
Text – ein Gedicht, eine Fabel oder einen Roman – für niemanden verständlich wiederzugeben. Ganz in diesem Sinne gilt es auch, ein Gemälde „aufzubauen, so daß es sozusagen Wort für Wort als Bild gelesen
wird und am Ende dieses zwingenden Aufbaus zu dem Bild zusammen-
geht, in dem die mit ihm anklingende Bedeutung gegenwärtig ist"[19].
Desgleichen die Arbeiten im Bereich der bildenden Künste. Sie eröffnen
sich ebenfalls nur dem, der sich darauf versteht, sie in ihren verschiedenen Facetten zu buchstabieren, ihre Sinnlinien auszuziehen und schritt-
weise zu synthetisieren, damit sie als artikuliertes Gebilde dastehen.
„Ähnlich gilt für das Bauwerk, daß wir es ‚lesen' müssen; und das heißt,
daß wir es nicht nur – wie eine fotographische Reproduktion – anschau-
en, sondern auf es zu, um es herum, in es hineingehen und es auf diese
schreitende Weise gleichsam für uns aufbauen."[20] Und so ist es nach Gadamer immer.[21]

Daß die ästhetische Erfahrung eine Form des unser gesamtes Dasein
auszeichnenden Sichverstehens ist, impliziert ferner, daß sich in ihr Sein
erschließt und sinnvoll bestimmt. „Kunst ist Erkenntnis und die Erfahrung des Kunstwerks macht dieser Erkenntnis teilhaftig."[22] Erkenntnis ist
nicht nur und nicht erst, einen Gegenstand mit all seinen Eigenschaften
in der Aussage eines prädikativen Urteils so vorliegen zu lassen, wie er
vorliegt. Etwas er-kennen meint viel allgemeiner und weiter, eine Sache,
die man noch nicht kennt, auf die eine oder andere Weise in ihrem Daß-

---

[18] So auch Nelson Goodman in *Sprachen der Kunst. Entwurf einer Symboltheorie*,
Frankfurt a. M. 1995, S. 25 f., 44 f. und 223.
[19] Gadamer, Hans-Georg: *Die Aktualität des Schönen. Kunst als Spiel, Symbol und
Fest* (1974), a.a.O., S. 118.
[20] Gadamer, Hans-Georg: *Über das Lesen von Bauten und Bildern* (1979), in: Ders.:
Kunst als Aussage, a.a.O., S. 334.
[21] Ähnlich Boehm, Gottfried: *Das Werk als Prozeß*, in: Oelmüller, Willi (Hg.): *Kolloquium Kunst und Philosophie 3: Das Kunstwerk*, Paderborn et al. 1983, S. 332 ff.
[22] Gadamer, Hans-Georg: *Wahrheit und Methode*, a.a.O., S. 103.

und Sosein kennenlernen und in das Gefüge des eigenen Lebens integrieren. Erkennen ist jegliches erschließende Hineinholen von Seiendem ins Bekannte und Geläufige, jedweder Vollzug menschlichen Daseins, in dem sich etwas als das zeigt, was es an sich selber ist und wie es mit anderem zusammenhängt, und sei es auch seine technisch-poietische Indienstnahme. Und das geschieht auf seine Weise ohne Zweifel auch, wenn wir es mit Kunstwerken zu tun haben. Auch das Zusammentreffen mit Kunst läßt etwas sehen, das nämlich, was es mit dem betreffenden Werk auf sich hat und was in ihm zur Darstellung kommt bzw. als was es sich selber darstellt. Muß es daher nicht, fragt Gadamer mit Recht, die Aufgabe der Ästhetik sein „zu begründen, daß die Erfahrung der Kunst eine Erkenntnisweise eigener Art ist, gewiß verscheiden […] von aller begrifflichen Erkenntnis, aber doch Erkenntnis, das heißt Vermittlung von Wahrheit?"[23]

Die Wahrheit, von der hier die Rede ist und auf die hin die hermeneutische Ästhetik Kunstwerke auslegt, ist selbstverständlich nicht Wahrheit, wie sie sich in der alten Formel ausdrückt, wonach *veritas adaequatio intellectus et rei est*. Die Wahrheit, die ein Urteil prätendiert, nämlich mit dem Sachverhalt, dessen Bestehen oder nicht Bestehen es behauptet, übereinzustimmen, ist nicht die Wahrheit, auf die ein Kunstwerk sein Recht geltend macht. Wahrheit meint hier etwas anderes – und viel tiefer Liegendes. Es war Martin Heidegger, der den alten Ausdruck ἀλήθεια, welcher im Sprachgebrauch der Griechen so viel wie die Aufrichtigkeit der Rede oder die Unverhohlenheit einer Äußerung bedeutete, in Erinnerung gebracht und für das ontologische Denken wieder fruchtbar gemacht hat. Aletheia ist den Griechen nämlich nicht nur dort, wo jemand sagt, was er meint, und sich so gibt, wie er wirklich ist, sie ist ebenso die Wahrheit des Seienden selbst. Was wahr ist auf diese Weise – so Heideggers eigene Auslegung, und Gadamer schließt sich dem grundsätzlich an –, das steht unseren aufnehmenden Blicken oder tätigen Zugriffen offen. Es ist seinem Verborgensein gleichsam entrissen und hält sich in der Helle unseres Verstehens, sei es einer theoretischen Einsicht oder der pragmatischen Umsicht. Wahr ist, was sich zeigt. Wahr sein heißt in seinem Sein entdeckt sein.[24]

[23] Ebd.
[24] Vgl. Gadamer, Hans-Georg: *Was ist Wahrheit?* (1957), in: Ders.: *Wahrheit und Methode. Ergänzungen, Register*, GW Bd. 2, Tübingen [2]1993, S. 46 ff.; Ders.: *Über den Beitrag der Dichtkunst bei der Suche nach der Wahrheit* (1971), in: Ders.: *Kunst als Aussage*, a.a.O., S. 72 f.; Ders.: *Die Aktualität des Schönen*, a.a.O., S. 124 f.; Ders.: *Von der Wahrheit des Wortes* (1971), in: Ders.: *Kunst als Aussage*, a.a.O., S. 38.

Dieses phänomenale Wahrheitsverständnis überholt auch die Kunst und jede Bestrebung, diese autonom zu setzen. Wenn wir auf das Angebot, das sich uns in Gestalt einer künstlerischen Arbeit darbietet, eingehen, erschließt sich uns etwas. Damit ist nicht einfach das gemeint, was auf einer Fotografie festgehalten, derjenige, der in einer Skulptur verewigt ist, oder die Ereignisketten und Personenkonstellationen, die im Film oder auf der Bühne in Szene gesetzt werden. Auch die gegenstandslosen Kunstgebilde der Moderne arbeiten sich trotz der sicherlich größeren Auslegungsfreiräume, die sie gewähren oder aufbürden, mit der Bedeutung, die sie schließlich in dem uns bestimmenden hermeneutischen Horizont je annehmen, in den kontinuierlichen Sinnzusammenhang unseres Erlebens ein. Das gilt sogar noch für den vielleicht schwierigen Grenzfall der Tonkunst. Die Erfahrung mit einer musikalischen Komposition aus Geräuschen oder Klängen, und würden diese auch bewußt zufällig zur Vorführung gebracht, ist immer noch die Erfahrung eines Arrangements oder einer geflissentlich dargebotenen Regellosigkeit, die wir beim Hören anerkennen müssen und die für uns als solche irgendwie bedeutungsvoll sein kann.

Ästhetisches Erleben tritt wie jedes andere gleichsam aus der Mitte des Verstehens heraus auf, und es wirkt sich auf den fein gewebten Verweisungszusammenhang aus, zu dem sich uns die Dinge zusammenfügen und darin stehend wir unseren tagtäglichen Verrichtungen oder wissenschaftlichen Angelegenheiten nachgehen. Es vermag die Ordnung unserer Begriffe und unsere altgedienten Sichtweisen zu bestätigen oder aber neue Perspektiven anzuregen. Das ist der *kognitive* Aspekt der Kunst.[25] Dem ästhetisch Erlebten wächst ein unverwechselbarer und eventuell unersetzlicher Bezug auf das Ganze unseres Lebens zu, in welchem es über jedes Dasein als isoliertes Ereignis hinausgehend aufbewahrt bleibt. „Wir sehen in der Erfahrung der Kunst eine echte Erfahrung am Werke, die den, der sie macht, nicht unverändert läßt"[26]. Das Phänomen der Kunst läßt sich daher kaum zum schönen Schein degradieren, wenn anders der Begegnung mit ihr notwendig eine sich durchhaltende Erfahrungseinheit vorausliegt, in die hinein das einzelne Kunstwerk spricht und in der allein es sprechend ist. Gadamer unterwandert mithin die Autonomie des Ästhetischen, indem er darauf beharrt, daß

---

[25] So auch Nelson Goodman, der ausdrücklich den zu engen neuzeitlichen Begriff des Erkennens, nämlich im Sinne eines gegenständlich-urteilshaften Erfassens, zugunsten eines weiten, umfassenden Verstehensbegriffs aufgibt und sich damit in die Nähe der Hermeneutik bringt. Siehe etwa in *Vom Denken und anderen Dingen*, Frankfurt a. M. 1987, S. 19 ff.

[26] Gadamer, Hans-Georg: *Wahrheit und Methode*, a.a.O., S. 106.

Schöpfungen der Kunst, wie auch Martin Seel formuliert, eine „welter-schließende Wahrheitspotenz"[27] zu eigen ist. Unsere Welt muß nach der ästhetischen Erfahrung, die wir machen, durchaus nicht mehr dieselbe sein wie davor. Diese mag eine versichernde Wirkung haben, sie kann den Glauben an die höhere Richtigkeit der eigenen Daseinsverhältnisse und der vertrauten Lebensführung bestärken, oder sie mag einen fesseln und nicht mehr loslassen dadurch, daß sie den Schleier falscher Meinung zerreißt, daß sie einem die Augen öffnet, ja eine Art Erweckungserlebnis beschert. Wir sehen die Dinge nunmehr womöglich ein bißchen anders, vielleicht ist sogar unser Weltbild in seinen Grundfesten angetastet. Man denke nur daran, wie etwa Rousseaus *Nouvelle Héloïse* oder Goethes *Werther* im 18. Jahrhundert das Lebensgefühl einer ganzen Generation artikuliert und geprägt haben.[28]

Mit alledem ist gleichwohl nicht gesagt, daß es keine legitimen Fragen nach Qualität und Rang eines Kunstwerkes gäbe. Solche ästhetische Reflexion bleibt natürlich möglich, nur ist damit jetzt etwas anderes gemeint. „Der Text hat seinen Scopus, auf den hin man ihn verstehen muß." Doch man mag „den gleichen Text", so Gadamer, „auch literarisch lesen, etwa auf die Kunstmittel hin, die seiner Darstellung Leben und Farbe geben, auf seine Komposition, seine syntaktischen und seine semantischen Stilmittel"[29]. Immer können wir ein künstlerisches Gebilde wertend daraufhin abtasten, ob es seine Bestandteile zu einer stimmigen Einheit synthetisiert oder nicht, wir können verwendete Formelemente analysieren, Bühnenaufführungen mit dem Libretto vergleichen oder eine einzelne Arbeit in das Œuvre oder die Biographie des betreffenden Künstlers einordnen. Allerdings darf das, was hier ästhetische Reflexion heißt, nicht vorspiegeln, eine genuin ästhetische Einstellung zu sein. Auch in diesem Tun zeigt sich das Werk von Seiten, die uns sonst verschlossen blieben; auch die Kunstkritik ist ein Geschäft, auf das man sich verstehen muß. Nur handelt es sich dabei eher um ein sekundäres

[27] Seel, Martin: *Kunst, Wahrheit, Welterschließung*, in: Koppe, Franz (Hg.): *Perspektiven der Kunstphilosophie. Texte und Diskussionen*, Frankfurt a. M. 1991, S. 49.
[28] Damit fällt die gesellschaftskritische Parole der Avantgarde. Wenn die Kunst nicht als ein schlechterdings autonomes Geschehen begriffen werden kann, das gegen andere Erfahrungsweisen und Diskurse ausdifferenziert und in einem pluralen Rationalitätsgefüge verortet ist, dann ist sie auch nicht souverän. Kunst entzieht sich nicht dem ideologischen Schleier jenes universellen Verblendungszusammenhanges und besitzt daher auch kein heilendes, auf alle anderen Gesellschaftsbereiche übergreifendes subversives Potential. Wahre Kunst ist nicht zwingend revolutionär. Vgl. Menke, Christoph: *Umrisse einer Ästhetik der Negativität*, in: Koppe, Franz (Hg.): Perspektiven der Kunstphilosophie, a.a.O., S. 191-216.
[29] Gadamer, Hans-Georg: *Von der Wahrheit des Wortes*, a.a.O., S. 43.

Verhalten zur Kunst, wie Gadamer sich äußert, insofern es die Einsichten und Wahrheiten, die uns im Kunstwerk inhaltlich begegnen oder begegnen können, außen vor läßt.[30]

III Vom Werk zum Gebilde

Damit ist aber das Verstehen als die wesenhafte Seinsart menschlichen Daseins noch nicht zureichend entfaltet. Dringt man weiter in die Gadamersche Hermeneutik vor, kann es für das Interesse am Gegenstandsbereich der Kunst nicht ohne Belang sein, daß sie ein beredtes Zeugnis von der radikalen Endlichkeit unseres Verstehens ablegt. Gadamers voll entwickelte Ansicht von der Begrenztheit der uns offenstehenden Erkenntnismöglichkeiten kristallisiert in der Idee von der selbstreferentiellen Grundverfaßtheit alles Erkennens. Der sogenannte hermeneutische Zirkel, in dem wir nicht gefangen sind und aus dem es nicht herauszufliehen gilt, sondern der das Bemühen um Erfahrung dessen, was ist, allererst ermöglicht und bleibend bestimmt, ist strikt zeitlich zu denken. Die Endlichkeit des Verstehens liegt in dessen Geschichtlichkeit beschlossen: Gadamer zufolge sind es die auf uns gekommenen Überlieferungen und Traditionen, nach deren Maßgabe sich die Dinge überhaupt nur zu dem zusammenfinden, als was sie uns erscheinen. Die Offenständigkeit des Seins ist die Funktion – nicht eines kategorial synthetisierenden Subjektes, sondern – der *Vorurteile*, wie er es nennt, die in einer historischen Überlieferungsgemeinschaft lebendig sind.

Das darf nicht dahingehend mißverstanden werden, als seien Vorurteile in dem pejorativen Sinne gemeint, mit dem wir das Wort heute zu nehmen gewohnt sind, wenn wir zum Beispiel davon sprechen, daß jemand einem weitverbreiteten Vorurteil aufsitzt oder daß er Vorurteile gegen andere Kulturen hegt. Gegen das überspannte Bestreben der Aufklärung, die Vernunft als die letzte autoritätsverleihende Instanz zu etablieren und alles zu verwerfen, was sich nicht vor ihrem absoluten Richterstuhl legitimieren kann, öffnet Gadamer unsere Augen dafür, daß doch nicht *nur* und nicht einmal *primär* gilt, was eine ausgewiesene Rechtfertigung auf seiner Seite hat. Die Ordnungen, in denen sich unser Leben abspielt, verdanken sich im ganzen keiner einmaligen Setzung, sie haben

---

[30] Vgl. Gadamer, Hans-Georg: *Zur Fragwürdigkeit des ästhetischen Bewußtseins*, a.a.O., S. 11, 17; Ders.: *Die Aktualität des Schönen*, a.a.O., S. 120; Ders.: *Zur Fragwürdigkeit des ästhetischen Bewußtseins*, a.a.O., S. 14; Der.: *Die Universalität des hermeneutischen Problems* (1966), in: Ders.: *Wahrheit und Methode. Ergänzungen, Register*, a.a.O., S. 220.

ihre Quelle nicht in ausdrücklich getroffenen Vereinbarungen. Vielmehr gehen sie in einem meist langwierigen und im einzelnen kaum nachvollziehbaren geschichtlichen Prozeß aus dem Austausch mit anderen und dem Aufbau einer gemeinsamen Welt als Gepflogenheiten hervor, in die wir uns ohne bewußt prüfendes Räsonnement hineinfinden und die ihre Macht über uns auch dann noch beweisen, wenn wir diese nicht einbekennen wollen. Sie haben insofern den Charakter des Vorurteils*haften* an sich.

Anders als bei Ryle stehen für Gadamer die beiden Wissenstypen, Know-that und Know-how, nicht unvermittelt nebeneinander. Vielmehr liegt hier ein einseitiges Abhängigkeitsverhältnis vor, denn unser propositionales Verhältnis zu den Tatsachen, die uns umgeben und die uns vertraut sind, gründet jederzeit in denjenigen Kulturtechniken, die wir beherrschen und mittels derer wir unserer Meinung Ausdruck verleihen und uns anderen gegenüber mitteilen können. Es ist unser latentes Handlungswissen, das uns in den Stand setzt, eine Sicht der Dinge zu formulieren, nach Erklärungen zu fragen und Zweifel vorzubringen. Die Unterscheidung zwischen dem Verstehen-von-etwas und dem Sichverstehen-auf-etwas bereitet also auf die weitergehende Behauptung vor, daß für jedes theoretische Wissen das Hingegebensein an ein unkontrolliertes und der souveränen Überschau zunächst und zumeist verborgenes praktisches Wissen von maßgeblicher Bedeutung ist. All unserem Dasein liegt unhintergreifbar voraus, was alles Entwerfen seiner selbst auf künftige Möglichkeiten hin erlaubt, aber auch jederzeit begrenzt. Unsere Vorurteile legen uns flexibel, aber stetig fest und schematisieren vorauslaufend all unsere Erkenntnisfähigkeit. Sie erweisen sich Gadamer nachgerade als die Bedingung der Möglichkeit jeglichen Verstehens überhaupt.

Von hier aus läßt sich in der philosophischen Betrachtung von Kunst nicht länger an dem festhalten, worauf das klassische Verständnis des Kunstwerkes hinausläuft. Der auf Aristoteles zurückgehende und durch viele Jahrhunderte hindurch gültige Werkbegriff wird durch die hermeneutische Einsicht in die geschichtliche Natur der Vorstruktur alles Verstehens ins Wanken gebracht. Damit steht die Hermeneutik gewiß nicht allein da. Die moderne Kunst selbst rüttelt in vielen ihrer Äußerungen an der traditionellen Werkgesinnung und betreibt deren Verabschiedung mitunter programmatisch durch die Erfindung immer neuer, die Idee einer in sich geschlossenen Werkeinheit irritierender Darstellungsweisen. Man denke nur an die Vorliebe der Romantiker für fragmentierte Gebilde, kubistische Verfremdungs- und Auflösungstendenzen hergebrachter Formgebungen oder an Varianten der Aktionskunst wie etwa Happenings, welche das Publikum aktiv in das Kunstschaffen einbinden und dadurch nicht nur die Trennbarkeit von Künstler und Werk, sondern auch die von Werk und Betrachter in Zweifel ziehen. „Um jede falsche Konnotation zu vermeiden, sollten wir daher", so schlußfolgert Gadamer aus seinen eigenen Überlegungen, „das Wort ‚Werk' durch ein anderes Wort ersetzen, nämlich durch das Wort ‚Gebilde'."[31] Wie muß man sich das zurechtlegen? Jedes künstlerische Erzeugnis verdankt sich trivialerweise einem menschlichen Tun. Ein Sonett wird geschrieben, eine Oper wird komponiert und eine Tanzaufführung muß choreographiert werden. Aristoteles hat dieses Tun als ein Herstellen beschrieben, als ποίησις, und es von der Handlung, der πρᾶξις, abgegrenzt. Der Unterschied zwischen Herstellen und Handeln liegt darin, daß letzteres seinen Wert in sicher selber trägt und sich in seinem eigenen Selbstvollzug genügt. Ersteres dagegen weist über sich hinaus auf das, was es herzustellen beabsichtigt. Das hervorgebrachte Werk, das ἔργον, hat ein eigenständiges Sein, wenn es den Vorgang seiner Produktion durchlaufen hat. Der Tisch bietet sich zum Gebrauch dar, nachdem der Tischler seine Arbeit daran vollendet hat. Und auch ein Erzeugnis der schönen Künste, das hat es mit denen der mechanischen gemein, soll ein Werk im strengen Sinne des Wortes sein, indem es aus dem Geschäft des Herstellens entlassen als ein Bleibendes weiter vor uns steht. „Es liegt von jeher im Begriff des Werkes, des érgon, daß es von dem Herstellungsvorgang abgelöst ist und eine Art An-sich-sein besitzt. Es ist fertig: téleion."[32]

Dem setzt Gadamer eine Auffassung des Kunstwerkes entgegen, die sich durch und durch in Ereigniskategorien bewegt. Denn wenn alles menschliche Verstehen den Charakter eines Geschehens hat, in dem sich Vergangenes in die Gegenwart hinein verlängert und unter veränderten Umständen zu neuer Aktualität erhebt, müssen dann nicht auch Begegnungen im Bereich der Kunst auf diese Weise beschrieben werden? Muß nicht auch das Verhalten des Rezipienten zum Kunstwerk eines sein, in dem sich die Geschichtlichkeit unseres Daseins bestätigt? Tritt dieses Verhältnis, mit anderen Worten, nicht ebenso in dem Spielraum auf, den uns unsere Vorurteile freigeben und durch die wir an gemeinsamem Sinn teilhaben? Gadamer holt das Kunstwerk in den allgemeinen Prozeß des Verstehens ein und nimmt ihm damit den Charakter eines im strengen Sinne stehenden und bleibenden Werkes: Das ästhetische Gebilde gewinnt die Fülle seiner Bedeutungen allein dadurch, daß es sich im Lichte der lebendigen Sitten und Konventionen darstellt, die den Aufnehmenden und sein Epoche für gewöhnlich hinter ihrem Rücken bestimmen.

---

[31] Gadamer, Hans-Georg: *Die Aktualität des Schönen*, a.a.O., S. 124.
[32] Gadamer, Hans-Georg: *Der Kunstbegriff im Wandel* (1995), in: Ders.: *Hermeneutische Entwürfe. Vorträge und Aufsätze*, Tübingen 2000, S. 156.

„Das soll auch für das Spiel der Kunst gelten, daß es hier prinzipiell keine Trennung zwischen dem eigentlichen Werkgebilde der Kunst und dem, von dem dieses Werkgebilde erfahren wird, gibt.“[33] Das Kunstwerk, derart dynamisch gedacht, ist kein Ergon, sondern ein *Gebilde*. Der Begriff des Gebildes will gerade alle Assoziationen an Konstantes und Unwandelbares vermeiden, denn Gebilde soll nicht einfach eines sein, das sich einem Vorgang des Heran- oder Herausbildens verdankt und dann fortan dinghaft existiert. Gadamer meint damit vielmehr etwas, das zutiefst zeitlich ist, etwas, das nur ist, indem es wird und immer wieder zu einem anderen wird. „Es hat nur im Werden und im Wiederkehren sein Sein.“[34] Das Kunstwerk empfängt seinen Sinngehalt und überhaupt die Bestimmung, Kunst zu sein, allererst im Vollzug unseres aneignenden Verstehens. Es hat mithin die Seinsweise der ἐνέϱγεια.[35] Was das Werk einem an Bedeutsamem mitteilt, ist nicht bereits und ohnehin da, ist kein einmal Fixiertes, das sich immer wieder aufs neue in ein und eben derselben Weise zeigt. Es konkretisiert und vollendet sich vielmehr erst in der Aufnahme durch den Verstehenden. Das Werk ist nicht abgeschlossen gegenüber dem, der sich ihm zuwendet, sondern der Aufnehmende gehört mitsamt seinem geschichtlichen Horizont maßgeblich mit zu der Aussage, die ihn im Verstehen erreicht. „Der Zuschauer ist“, wie Gadamer bemerkt, „ein Wesensmoment des Spiels selber, das wir ästhetisch nennen.“[36]

Gebilde zu sein, heißt in der Folge aber ebenso, daß die Identität eines Kunstwerkes sich nur in der Wiederholung des Verstehensvollzuges bildet. Sie ist allen Vorstellungen der Regelästhetik zum Trotz „nicht durch irgendwelche klassizistischen oder formalistischen Bestimmungen garantiert“, sondern wird „durch die Weise, in der wir den Aufbau des Werkes selbst als eine Aufgabe auf uns nehmen, eingelöst“[37]. Die vom Werk an uns ergehende Forderung, das zu vernehmen, was es sagt, wird erfüllt, indem wir das Kunstwerk zu lesen beginnen. Und es ist erst im und nur durch das Zurückkommen, das Noch-einmal-Lesen, daß sich die Selbigkeit des Gemeinten aufbaut. Selbst flüchtige und einmalige Gebilde wie eine Klavierimprovisation werden so im Urteil des Zuhörenden zu einem wiederholbaren Identifikationspunkt. „Als der Verstehende muß ich identifizieren. Denn da war etwas, was ich beurteilte, das ich

---

[33] Gadamer, Hans-Georg: *Die Aktualität des Schönen*, a.a.O., S. 119.
[34] Gadamer, Hans-Georg: *Wahrheit und Methode*, a.a.O., S. 128.
[35] Siehe dazu Figal, Günter: Kunst als Weltdarstellung, in: Ders.: *Der Sinn des Verstehens*, Stuttgart 1996, S. 57 ff.
[36] Gadamer, Hans-Georg: *Wahrheit und Methode*, a.a.O., S. 133.
[37] Gadamer, Hans-Georg: *Die Aktualität des Schönen*, a.a.O., S. 119.

‚verstand'. Ich identifiziere etwas als das, was es war oder was es ist, und diese Identität allein macht den Werksinn aus."[38] Weil sie sich nur im tätigen Vollzug des Verstehens verfestigt, nennt Gadamer die Identität eines Kunstwerkes eine *hermeneutische.*[39] Aber nicht nur darum, denn das schließt jederzeit mit ein, daß „solche Identität mit Variation und mit Differenz verknüpft ist"[40]. Man kennt das, man nimmt einen Text nach Jahren wieder zur Hand und stellt nach nochmaligem Lesen mit Erstaunen fest, daß er einen nicht mehr mit der Kraft ergreift wie zu Jugendzeiten oder daß er jetzt eine reife Wahrheit sehen läßt, gegen die man ehedem blind war. Was einem da entgegentritt, wandelt sich ja unausbleiblich mit, wenn unsere hermeneutische Situation in den Sog geschichtlicher Bewegung gerät. So wie jedes sich erneuernde Verstehenwollen nach Gadamers berühmter These ein potentielles Andersverstehen ist – etwa weil ein größerer zeitlicher Abstand dazwischenliegt, in dem sich allerlei ereignet hat –, hält auch der Sinn eines Kunstwerkes nicht stand, wo unser Vorwissen und unsere Vorbegriffe in Fluß geraten. Der Gedanke muß sich vor dem Werk immer wieder neu zurechtfinden, ohne dieses jemals völlig ausschöpfen zu können. Indem er bislang verborgene Seiten und Aspekte herausstellt, verliert er andere aus dem Blick. Die Maßstäbe gelungener Deutung bleiben so zuletzt ungewiß und jede Interpretation ästhetischer Gebilde notwendigerweise überholbar.

IV Kunst als Mimesis

Einer der ältesten Begriffe, der das philosophische Nachdenken über Kunst von seinem Beginn an begleitet und nie ganz losgelassen hat, ist der Begriff der μίμησις. Mimesis wird landläufig mit ‚Nachahmung' übersetzt, doch was durch das Kunstwerk nachgeahmt wird und was genau Nachahmung dabei meint, hat durch die Epochen und Schulen der Philosophie vielfältige Umbrüche erfahren. Schon bei Platon, der in seiner *Politeia* die Gründungsgeste der metaphysischen Kunsttheorie vollzogen hat, ist Mimesis jedenfalls keine rein ästhetische Kategorie, sondern eine ontologische, insofern in ihr eine Qualität von Seiendem zum Ausdruck kommt. Und so auch bei Aristoteles, der den Mimesisgedanken seines Lehrers aufnimmt, aber derart umdeutet, daß er dessen Ab-

---

[38] Ebd., S. 116.
[39] Vgl. Gadamer, Hans-Georg: *Der Kunstbegriff im Wandel,* a.a.O., S. 157 f.; Gadamer, Hans-Georg: *Die Aktualität des Schönen,* a.a.O., S. 116.
[40] Gadamer, Hans-Georg: *Die Aktualität des Schönen,* a.a.O., S. 117 f.

wertung der schönen Künste ins Positive verkehrt. Das christliche Mittelalter hat sich weitgehend dem Neuplatonismus angeschlossen, bis sich seit dem 13. Jahrhundert und vor allem in der Renaissance eine neuerliche Wertschätzung der Mimesis durchsetzt. Seine eigentliche Blüte erlebt der Begriff im französischen und deutschen Klassizismus des 17. und frühen 18. Jahrhunderts. Dem Geniezeitalter jedoch wird Nachahmung abermals verdächtig, und auch die Kantische Ästhetik mit ihrer Wendung ins Subjektive verabschiedet diese Vorstellung.

An diese lange und spannungsvolle Tradition knüpft Gadamer an, indem er die Idee der Mimesis unter veränderten Vorzeichen zu erneuter Geltung bringt. Der hermeneutischen Ästhetik zufolge besteht das Sein des Kunstwerkes darin, nachahmend zu sein. Kronzeuge dieser Auffassung ist hauptsächlich Aristoteles. Gadamer übernimmt jedoch dessen Auslegung des Nachahmungsbegriffs nicht eins zu eins, vielmehr dehnt er ihn inhaltlich aus und faßt ihn so weit, daß er geradezu zu einer Grundkategorie der Hermeneutik avanciert. Verstehen ist *qua talis* nur möglich, indem es grundlegende mimetische Züge trägt.

Platon hat die Dichter und die Kunst bekanntermaßen mit aller Entschiedenheit aus dem Staat verbannt. Und das aus philosophischen Gründen, denn hier ist es die Philosophie, die selbstbewußt sagt, was Kunst ist, indem sie diese auf sich bezieht und an ihren eigenen Maßstäben mißt. Die Kunst ist deshalb so verwerflich, weil sie von dem, was dem philosophischen Gedanken das in Wahrheit Seiende ist, dreifach entfernt ist. Kunst, so meint Platon, sei ihrem ontologischen Rang nach Nachahmung der Nachahmung.[41] Die sinnenfälligen Dinge, die uns in Raum und Zeit umgeben, sind das, was sie sind, nur dadurch, daß sie an ihren intelligiblen Vorbildern, den Ideen, teilhaben. Und das Kunstwerk seinerseits ahmt diese Dinge unserer Wahrnehmungswelt noch einmal nach. In der malerischen Darstellung einer Landschaft genauso wie in den Mythen der Sänger ist Wahrheit nur als Schein gegenwärtig. Mimesis betont für Platon also den ontologischen *Abstand* von Urbild und dessen Erscheinung auf einer niedrigeren Seinsstufe. Der Künstler fängt alles wie in einem Spiegel ein.[42] Was in seinem Werk nur mittelbar aufscheint, sind jene ewigen Wesenheiten, welche der Philosoph im dialektischen Denken direkt und in ihrer Reinheit erfaßt. So hinter dem Wahren zurückbleibend und den Blick dafür verwirrend besitzt die Kunst im d100ealen Staat keine Daseinsberechtigung.

Demgegenüber gewinnt der Mimesisbegriff bei Aristoteles eine vollauf bejahende Bedeutung. Freilich hat Aristoteles keine ausgearbeitete

---

[41] Vgl. Platon: Rep. 595 ff.
[42] Vgl. Platon: Rep. 596d.

Theorie der Kunst im breiten Sinne des Wortes entwickelt, was wir wissen, wissen wir allein aus der *Poetik*. Es ist lediglich in seiner Lehre von der Dichtung, daß Aristoteles ausführlich von Nachahmung redet.[43] Was aber hier Nachahmung heißt, birgt für Gadamer das Potential, der ganzen Kunst zurückzugeben, was Platon ihr genommen hat. Denn Mimesis versteht Aristoteles nicht mehr so, daß etwas, das anderswo bereits als Selbständiges existiert, im Kunstwerk nur seine originalgetreue Repräsentation erfährt, mit all den Unzulänglichkeiten, die einer Kopie unvermeidlich eigen sind. Vielmehr hat, was im künstlerischen Gebilde zur Darstellung kommt, sein Sein nur in diesem Dargestelltwerden.[44] Das Kunstwerk ist, anders gesagt, wesenhaft *Selbstdarstellung*; was es darstellt, das heißt dem Verstehen anbietet, ist nicht etwas jenseits seiner selbst. Sein mimetischer Charakter besteht nicht darin, sich selbst einer anderen Sache so anzumessen, daß es diese abspiegelt und ihr ein zweites Sein gibt. Die Einzigartigkeit eines ästhetischen Gebildes rührt vielmehr daher, daß das, was es dem Betrachter erschließt, nicht noch einmal irgendwo vorkommt. Es erfüllt eine kreative Funktion, indem es allererst setzt, was ohne diese Setzung so nicht da wäre.

Und doch bleibt die künstlerische Nachahmung bezogen auf eines, welches sie nachahmt. Wo wir es mit einer Nachahmung zu tun haben, das liegt untilgbar im Worte darin, da geht es um Ähnlichkeit, um eine wenigstens teilweise Übereinstimmung. Ein Kunstwerk ahmt etwas nach, heißt immer, in ihm sind verbindende Gemeinsamkeiten mit trennenden Unterschieden zu einer originären Einheit verwoben. Das Nachahmende verfolgt gerade nicht die Aufgabe, sich selbst aufzuheben und sozusagen zu dem von ihm Nachgeahmten zu werden. Deshalb kommt es auch auf diese Beziehung im Vollzug der Mimesis gar nicht *als* Beziehung an: Das Gelungensein von Mimesis bemißt sich nicht am Ausmaß der erreichten Gleichheit. „Das Wesen der Nachahmung", so streicht Gadamer heraus, besteht darin, daß „man in dem Darstellenden das Dargestellte selbst sieht. Darstellung will so wahr, so überzeugend sein, daß man überhaupt nicht darauf reflektiert, daß das Dargestellte nicht ‚wirklich' ist."[45] Gadamer hat dafür den, wie er selber gelegentlich einräumt, etwas gestelzt klingenden Ausdruck der *Nichtunterscheidung*

---

[43] Andere Kunstarten wie Musik und Tanz, Malerei und Plastik erwähnt Aristoteles nur im Vorübergehen und versichert, sie seien nach demselben Prinzip gearbeitet. Vgl. Aristoteles: Poet. 1447a.
[44] Vgl. Aristoteles: Poet. 1449b24 ff. Siehe dazu Dangel, Tobias: *Mimesis. Aristoteles' Bestimmung der Kunst in der* Poetik, in: Halfwassen, Jens/Gabriel, Markus (Hg.): *Kunst, Metaphysik und Mythologie*, Heidelberg 2008, S. 231-256.
[45] Gadamer, Hans-Georg: *Kunst und Nachahmung*, a.a.O., S. 31.

eingeführt und das, was am Konzept der Mimesis so leicht zu mißdeuten ist, wiederholt dadurch benannt. Denn gerade nicht die gewußte Differenz zwischen dem Nachahmenden und dem Nachgeahmten, sondern „Nichtunterscheidung, Identifikation ist die Weise, in der sich das Wiedererkennen als das Erkennen des Wahren vollzieht"[46]. Um das an einem Beispiel zu veranschaulichen, sei etwa an eine komisch-satirische Nachahmung erinnert. Jemand parodiert vor seinen Freunden einen anderen, der allen Anwesenden ebenfalls gut bekannt ist. Das mimetische Verhältnis ist hierbei keineswegs ein solches, das alle Anstrengungen daranwendet, der imitierten Person so nahe wie nur irgend möglich zu kommen und jedes noch so kleine Detail in Mimik, Gestik, Körperhaltung, Redeweise etc. sorgfältig im eigenen Verhalten abzubilden. Im parodierenden Nachahmen wird vielmehr stets etwas mehr, aber immer auch etwas weniger sichtbar, denn es sind nur einige der unverwechselbaren und darum leicht wiedererkennbaren Wesenszüge des Betreffenden, die herausgehoben, zugespitzt und ins Witzige übersteigert werden. Was den Zuschauern vorgeführt wird, ist weder frei erfunden, noch ist es zuverlässige Wiedergabe, und doch weiß jeder, wem es gilt, wer da gemeint ist. Die befremdete Nachfrage, ob denn jener Mensch wirklich so sei, wie er hier dargestellt wird, geht deshalb gründlich am Wesen dieser Art Nachahmung vorbei. „Ihre eigentliche Vollendung findet eine jede Darstellung in nichts anderem, als daß das Dargestellte in ihr recht eigentlich da ist."[47]

Und wie im Falle einer guten Parodie, so verhält es sich im gesamten Bereich der Kunst. Ästhetische Gebilde sind allemal mimetisch, weil sie Gegebenes und Bekanntes aufgreifen, durch den Einsatz geistiger Energie aber verwandeln und zu neuer Formung erheben. Im Kunstwerk zeigt sich Altes mit neuem und erneuertem Sinn. Musterhaft dafür ist nach Aristoteles das Drama, indem es auf der Bühne in immer anderen, variierenden Darstellungen spiegelt, was alle gleichermaßen angeht. Das Schauspiel führt dem zeitgenössischen Publikum exemplarische oder ins Typenhafte stilisierte Handlungen vor Augen, die es so oder so ähnlich aus der eigenen konkreten Lebenspraxis kennt, das heißt wie sie dort angetroffen werden können, und mit denen es sich mehr oder weniger identifiziert. In den Komödien sind es tadelnswerte Eigenschaften und seltsame Gewohnheiten, die der Lächerlichkeit preisgegeben und dadurch abgelegt bzw. durchbrochen werden sollen. Das Trauerspiel hingegen zeigt bessere Charaktere, solche, die schuldlos schuldig werden, indem

---

[46] Ebd., S. 31 f.
[47] Gadamer, Hans-Georg: *Dichtung und Mimesis* (1972), in: Ders.: *Kunst als Aussage*, a.a.O., S. 83.

sie durch schicksalhafte Verstrickungen oder durch Einflußnahme der Götter in eine unauflösliche und unentrinnbare Konfliktlage geraten, wie sie die menschliche Existenz jederzeit bereithält. Der Zuschauer wird darin des Tragischen gewahr, das auch die Lebensverhältnisse beherrscht, in denen er selber befangen ist, und das auf diese Weise durch Aufklärung und Katharsis verarbeitet wird.[48]

In Absetzung von Aristoteles aber löst Gadamer den Begriff der Mimesis von jedem verbindlichen mythischen Gehalt ab, wie er die künstlerische Gestaltung der Tragödie grundiert. „Die Wiedererkennung, wie sie Aristoteles meint, hat zur Voraussetzung, daß eine verbindende Tradition besteht, in der sich alle verstehen und in der sie sich selbst begegnen. Das ist für das griechische Denken der Mythos."[49] Das Wort μῦθος bezeichnet seit der griechischen Aufklärung eine Rede, die dem λόγος, dem begründenden und beweisenden Denken, begrifflich entgegensteht und eine eigene Beglaubigungsart darstellt. Was im Mythos lebt, das ist keiner weiteren Ausweisung fähig oder bedürftig, es gilt allein kraft seines Gesagtwerdens und Weitergesagtwerdens. Und das ist die in der Erzählung überlieferte Kunde von Geschichten jener versunkenen Vorzeit, aus der sich die Gegenwart der Zuhörenden durch unzählige Geschlechter hindurch ableitet und nach wie vor bestimmt: Geschichten von der Entstehung der Götter, ihrer Nachfahren und ihrem Handeln am Menschen.

Traditionen von derart umgreifender Art aber haben, so Gadamer, spätestens seit dem 19. Jahrhundert keinen Bestand mehr. „Unser Problem ist [...] gerade, daß diese Selbstverständlichkeit und damit die Gemeinsamkeit eines umfassenden Selbstverständnisses nicht weiterbesteht"[50]. Aufgrund der Veränderung überkommener Sozialwelten hin zu einer gesteigerten Komplexität und Beschleunigung gesellschaftlicher Lebenslagen, aufgrund des Aufkommens von Religionen, welche sich durch Offenbarung und heilige Schriften legitimieren und demgegenüber das im mündlichen Bericht sich beständig umbildende Wort als heidnisch verwerfen, sowie deren Herausforderung und zunehmende Verdrängung durch das wissenschaftliche Bewußtsein ist die Moderne durch ein Herausfallen aus der humanistisch-christlichen Tradition gekennzeichnet. Anders als für den antiken Menschen liegen heute keine unbestreitbar bindenden und verbindenden religiösen oder weltanschaulichen Gemeinsamkeiten mehr vor, die auch in der künstlerischen Darstellung zu berücksichtigen und fraglos aufrechtzuerhalten sind. „Es ist überzeu-

---

[48] Vgl. Aristoteles: Poet. 1449b24 ff.
[49] Gadamer, Hans-Georg: *Kunst und Nachahmung*, a.a.O., S. 32 f.
[50] Gadamer, Hans-Georg: *Die Aktualität des Schönen*, a.a.O., S. 97.

gend, daß Kunst damals, als sie in einem großen Rechtfertigungszusammenhang mit der Welt um sich stand, eine selbstverständliche Integration zwischen Gemeinschaft, Gesellschaft, Kirche und dem Selbstverständnis des schaffenden Künstlers vollbrachte."[51]

Wo aber diese Einheit einer Pluralität von Lebenswirklichkeiten gewichen ist, in der sich auch die Kunst wiederfindet, muß die philosophische Überlegung dem Rechnung tragen. Sie kommt nicht umhin, die Maße so zu nehmen, daß sie in der Frage, was Kunst ist, beides gleicherweise umfassen kann, die Kunst der Vergangenheit ebensosehr wie die unserer Gegenwart. Gadamer legt daher im Ausgang von Aristoteles den Mimesisbegriff tiefer, indem er auch die Erfahrung von Gebilden der Kunst allgemein begreift als die Erfahrung von *Ordnung*. „Jedes Kunstwerk ist noch so etwas, [...] in dessen Dasein Ordnung im ganzen aufleuchtet und bezeugt ist, vielleicht keine Ordnung, die sich inhaltlich mit unseren Ordnungsvorstellungen zusammenschliessen läßt, die ehedem die vertrauten Dinge zur vertrauten Welt einten"[52]. Aber Kunstwerke tauchen wie alles andere nur dadurch innerhalb unseres geistigen Horizontes auf, daß sie bewegliche Sinnsplitter, die sich mit anderen zum Ganzen unseres Erfahrungslebens ergänzen, zu immer neuer Bedeutung verbinden. In ihnen sind Identitäten, die in Vorurteilen und Überlieferungen weitergereicht werden, auf wiedererkennbare und doch einzigartige Weise zusammengeschlossen. Auch die Kunst bedient sich, in anderen Worten, des Alten, um Neues zu eröffnen.

> Und so möchte ich [...] an den ältesten Begriff von Mimesis anknüpfen, mit dem Darstellung von nichts anderem gemeint war als von Ordnung. Bezeugung von Ordnung – das scheint von eh und je gültig, sofern jedes Werk der Kunst [...] die geistige Ordnungskraft bezeugt, die die Wirklichkeit unseres Lebens ausmacht. Im Werk der Kunst geschieht beispielhaft, was wir alle tun, indem wir da sind: beständiger Aufbau von Welt.[53]

Dieses Verständnis von Mimesis ist, wenn man genau zusieht, so fundamental, daß es nicht ausschließlich die Sphäre der Kunst erschöpft. Denn beschreibt Mimesis, verstanden als das produktive Fortsetzen sittlicher Ordnungen, nicht treffend das allgemein-menschliche Verhalten? Ist Nachahmung nicht eine Grundkonstante des Verstehens, wo doch in allem Verstehen eingespielte Regelmäßigkeiten einer sozialen Praxis zu erneuter Anwendung kommen, die sich geschichtlich durchgesetzt ha-

---

[51] Ebd.
[52] Gadamer, Hans-Georg: *Kunst und Nachahmung*, a.a.O., S. 35 f.
[53] Ebd., S. 36.

ben, aber irgendwann genauso wieder abflauen, wie sie entstanden sind, um neuen Platz zu schaffen?

Ganz unzweifelhaft haben alle menschlichen Gesellschaften, jedenfalls soweit unser kulturelles Gedächtnis reicht, Ordnungen ausgebildet, in denen aus der Vielfalt der *agenda et dicenda* nicht alles ohne Unterschiede die gleiche Wahrscheinlichkeit besitzt. Ordnung heißt allemal Einschränkung dessen, was erwartbar ist. Und diese Einschränkungen findet jedes Individuum in der geschichtlich vorgegebenen Substanz der Gewohnheiten und Institutionen jener Kulturgemeinschaft, in die es hinein- und in der es aufwächst. Dem historischen Prozeß selbst kommt es zu, durch seine Rekursivität unseren alltäglichen Überzeugungen und wissenschaftlichen Methoden Halt zu gewähren, indem er die nötigen Einschränkungen als ein von weit herkommendes und sich beständig umgestaltendes Geschehen auf uns weiterreicht, Einschränkungen, die ihre Autorität sogar noch in unserem Nachdenken über sie ausüben. Ordnung entsteht mithin nur durch die *Wiederholung* und *Bewährung* von Identischem unter ähnlichen Bedingungen. Und das bedeutet, die gesellschaftlichen Regeln, auf die wir uns verstehen, wenn wir mit anderen umgehen und dieser Umgang sich zu einiger Dauer auswächst, bauen sich mimetisch auf und schaffen sich mimetisch um. Wie Gadamer im Hinblick auf das Phänomen der Sprache pointiert feststellt: „Wir lernen sprechen durch Nachsprechen und werden aus dieser Lehre unser Leben lang nicht entlassen."[54]

So ist es ein integrierender Bestandteil von Gadamers ausgebildetem Verstehensbegriff, daß wir uns innerhalb sittlicher Dimensionen zu bewegen und auf die eine oder andere Weise die überkommenen Ordnungen menschlichen Zusammenseins fortzubilden wissen. Verstehen ist keine Technik, die man explizit weitergeben und lehren kann, keine Methode, über die man verfügt und deren Regeln man zu Rate ziehen kann, um zu einem bestimmten Ziel zu gelangen. Vielmehr handelt es sich um „ein Können, das besondere Feinheit des Geistes verlangt"[55]. Pate dieses Gedankens ist die Aristotelische Tugend praktischer Vernünftigkeit, die φϱόνησις. Phronesis wird in Gadamers eigenen Überlegungen zur hermeneutischen Grundtugend selbst.[56] Es geht hierbei um das Phänomen, das seit einigen Jahrzehnten unter dem Stichwort des Regelfolgens diskutiert wird: Verstehen liegt in der Fertigkeit, die Allgemeinheit der Traditionen

---

[54] Gadamer, Hans-Georg: *Zu Poetik und Hermeneutik* (1968/71), in: Ders.: *Kunst als Aussage*, a.a.O., S. 61.

[55] Gadamer, Hans-Georg: *Wahrheit und Methode*, a.a.O., S. 312.

[56] Vgl. Gadamer, Hans-Georg: *Probleme der praktischen Vernunft* (1980), in: Ders.: *Wahrheit und Methode. Ergänzungen, Register*, a.a.O., S. 328.

und Überlieferungen, die uns verbinden, mit der Besonderheit der jeweiligen konkreten Situation zu vermitteln, ohne daß es dafür wiederum Regeln geben könnte, die uns vorschreiben, wie das zu geschehen hat. Wahrheit *qua* Offenbarkeit von Seiendem gründet mithin in der phronetischen Teilhabe an einer gemeinsam geteilten Praxis.[57] Und alles Verstehen und Erkennen ist in einem gewissen Sinn *Wiedererkennen*. Denn wo wir es mit Nachahmung zu tun haben, und das ist eben in jedem Winkel unseres hermeneutischen Universums der Fall, da hat alles Offenbarmachen von Seiendem unumgänglich ein mnematisches Moment an sich: Die Sache, um die es geht, ist bereits vorgängig in ihrem Sein erschlossen und im Lichte der Vorurteile, die unser Bewußtsein besetzt halten, ausgelegt. Gadamer nennt das den Vorgriff auf Vollkommenheit und meint damit die stillschweigende Erwartung, daß das, was da kommt, sich einfügt in das, was bereits war, und so das Vertraute des Bisherigen bestätigt. Denn Verstehen verweist immer auch nach vorn, es wirft seinen Schatten über das Aktuelle hinaus auf das, was im Weiteren anschlußfähig ist. Ist doch eine jede historische Situation nach Maßgabe unserer bisherigen Erfahrungen immer schon so weit eingeschränkt, daß ein kontinuierlicher Fortgang ohne Sinnbrüche sich ankündigt. Und vollkommen verständlich ist nur, was diesen flexiblen Vorausentwurf künftiger Möglichkeiten auf die eine oder andere Weise einlöst.[58]

Das gilt auch für die Begegnung mit Kunst. Die Kunst ist ihrem Wesen nach rückgekoppelt an anderweitige Lebenserfahrungen, aus denen sie ihre mimetischen Gestaltungsmöglichkeiten zieht. Dem Verlauf eines Romans etwa oder einer Theateraufführung folgen zu können, ist nur möglich unter der Voraussetzung einer Handlungskompetenz, die uns wissen läßt, wie es im Leben zugeht, wie Menschen in gewissen Situationen zu reagieren pflegen, wie sie reden usw., und die uns daher den Sinn dessen aufschließt, was da im Text oder auf der Bühne geschieht. Insofern vertieft auch die Kunst unsere Vertrautheit mit der Welt und mit unserem eigenen Dasein, indem sie uns Ordnung erfahren läßt. Das bleibt sogar noch für die abstrakte und gegenstandslose Kunst richtig, meint Gadamer. „Selbst in den meisten modernen Bildern bleibt etwas zu erkennen – wenn auch das, was da wiedererkannt wird und verstanden wird, nur fragmentarische Gebärden, keine vieles bedeutende Ge-

---

[57] Vgl. Gadamer, Hans-Georg: *Wahrheit und Methode*, a.a.O., S. 3, 297; Ders.: *Über das Lesen von Bauten und Bildern*, a.a.O., S. 338; Ders.: *Probleme der praktischen Vernunft*, a.a.O., S. 323.
[58] Vgl. Gadamer, Hans-Georg: *Wahrheit und Methode*, a.a.O., S. 299 f.; Ders.: *Zur Fragwürdigkeit des ästhetischen Bewußtseins*, a.a.O., S. 17.

schichten mehr sind."[59] Denn ist das nicht in der Tat sogar dann erfüllt, wenn wir im gewöhnlichen Sprachgebrauch nichts zu verstehen meinen? Hat nicht auch die Erfahrung von Unsinn einen gewissen Sinn, mit dem wir umgehen können? Wissen wir in solchen Fällen nicht, wie wir nachfragen und wie wir weiterfragen können, um das, was zunächst unsinnig anmutet, handhabbar zu machen? Immer scheint da ein letzter, unleugbarer Rest von Vertrautheit, wie er jedwedem Verstehen wesenseigen ist. Im Umgang mit Kunst vollzieht sich mithin stets ein Stück Wiedererkenntnis, wie rudimentär oder partiell auch immer.

Allerdings bietet ästhetische Erfahrung immer auch eine vorzügliche Gelegenheit, unsere Vorurteile vor uns zu bringen und ihrer ansichtig zu werden. Denn sie verschafft uns eine Wiederbegegnung mit dem, was wir eigentlich schon kennen, aber noch nie so gesehen haben. Im Hin und Her des Tagesgeschäfts und dem Verfolgen drängender Interessen fehlt uns gemeinhin der Überblick über das Selbst- und Weltverständnis, in dem wir uns halten. Die künstlerische Darstellung lädt zu diesem Überblick ein, indem sie uns entbirgt, was sonst im Verborgenen liegt: Das Kunstwerk verstattet, das, was es nachahmt, mit etwas Distanz und in der Fülle seiner Möglichkeiten zu begreifen. Wir können durch die Kunst etwas über die Welt lernen, in der wir leben. Und das geschieht nicht zuletzt dann, wenn jener Vorgriff auf Vollkommenheit enttäuscht wird. Denn auf die blinde Gewohnheit, die uns in unserem Handeln und Erleben orientiert, werden wir in der Regel erst aufmerksam, wenn die Wirklichkeit sich unserem erprobten Zugang zu ihr einmal widersetzt – was Gadamer, ein Strukturmoment aus Hegels *Phänomenologie des Geistes* aufgreifend, als Erfahrung im emphatischen Sinne bezeichnet.[60] Der Anstoß, den wir an dem nehmen, was sich dem Gewohnten nicht beugt, wirft uns auf uns zurück und läßt auffällig werden, welche Vorurteile es sind, die unser Verstehen bedingen und denen sich nun die betreffende Sache verweigert. In der *hermeneutischen Erfahrung*, wie sie sich unter anderem auch in der Begegnung mit Kunst entzündet, erfahren wir etwas über uns selbst. Kunst ist mithin für Gadamer eine herausragende Stätte menschlicher Selbstbegegnung.

---

[59] Gadamer, Hans-Georg: *Kunst und Nachahmung*, a.a.O., S. 33.
[60] Vgl. Gadamer, Hans-Georg: *Wahrheit und Methode*, a.a.O., S. 352 ff.

Literatur

Aristoteles: *De arte poetica liber*, hg. von Rudolf Kassel, Oxford 1965.

Boehm, Gottfried: *Das Werk als Prozeß*, in Oelmüller, Willi (Hg.): *Kolloquium Kunst und Philosophie 3: Das Kunstwerk*, Paderborn et al. 1983, S. 326-359.

Dangel, Tobias: *Mimesis. Aristoteles' Bestimmung der Kunst in der* Poetik, in: Halfwassen, Jens/Gabriel, Markus (Hg.): *Kunst, Metaphysik und Mythologie*, Heidelberg 2008, S. 231-256.

Figal, Günter: *Der Sinn des Verstehens*, Stuttgart 1996.

Gadamer, Hans-Georg: *Ästhetik und Hermeneutik* (1964), in: Ders.: *Kunst als Aussage*, GW Bd. 8, Tübingen 1993, S. 1-8.

Gadamer, Hans-Georg: *Der Kunstbegriff im Wandel* (1995), in: Ders.: *Hermeneutische Entwürfe. Vorträge und Aufsätze*, Tübingen 2000, S. 145-160.

Gadamer, Hans-Georg: *Dichtung und Mimesis* (1972), in: Ders.: *Kunst als Aussage*, GW Bd. 8, Tübingen 1993, S. 80-85.

Gadamer, Hans-Georg: *Die Aktualität des Schönen. Kunst als Spiel, Symbol und Fest* (1974), in: Ders.: *Kunst als Aussage*, GW Bd. 8, Tübingen 1993, S. 94-142.

Gadamer, Hans-Georg: *Die Universalität des hermeneutischen Problems* (1966), in: Ders.: *Wahrheit und Methode. Ergänzungen, Register*, GW Bd. 2, Tübingen [2]1993, S. 219-231.

Gadamer, Hans-Georg: *Kunst und Nachahmung* (1967), in: Ders.: *Kunst als Aussage*, GW Bd. 8, Tübingen 1993, S. 25-36.

Gadamer, Hans-Georg: *Probleme der praktischen Vernunft* (1980), in: Ders.: *Wahrheit und Methode. Ergänzungen, Register*, GW Bd. 2, Tübingen [2]1993, S. 319-329.

Gadamer, Hans-Georg: *Über das Lesen von Bauten und Bildern* (1979), in: Ders.: *Kunst als Aussage*, GW Bd. 8, Tübingen 1993, S. 331-338.

Gadamer, Hans-Georg: *Über den Beitrag der Dichtkunst bei der Suche nach der Wahrheit* (1971), in: Ders.: *Kunst als Aussage*, GW Bd. 8, Tübingen 1993, S. 70-79.

Gadamer, Hans-Georg: *Von der Wahrheit des Wortes* (1971), in: Ders.: *Kunst als Aussage*, GW Bd. 8, Tübingen 1993, S. 37-57.

Gadamer, Hans-Georg: *Wahrheit und Methode. Grundzüge einer philosophischen Hermeneutik*, GW Bd. 1, Tübingen [6]1990.

Gadamer, Hans-Georg: *Was ist Wahrheit?*(1957), in: Ders.: *Wahrheit und Methode. Ergänzungen, Register*, GW Bd. 2, Tübingen [2]1993, S. 44-56.

Gadamer, Hans-Georg: *Zu Poetik und Hermeneutik* (1968/71), in: Ders.: *Kunst als Aussage*, GW Bd. 8, Tübingen 1993, S. 58-69.

Gadamer, Hans-Georg: *Zur Fragwürdigkeit des ästhetischen Bewußtseins* (1958), in: Ders.: *Kunst als Aussage*, GW Bd. 8, Tübingen 1993, S. 9-17.

Goodman, Nelson: *Vom Denken und anderen Dingen*, übers. von Bernd Philippi, Frankfurt a. M. 1987.

Goodman, Nelson: *Sprachen der Kunst. Entwurf einer Symboltheorie*, Frankfurt a. M. 1995.

Habermas, Jürgen: *Theorie des kommunikativen Handelns*, Bd. 1, Frankfurt a. M. 1995.

Kant, Immanuel: *Kritik der Urteilskraft*, in: *Werkausgabe*, Bd. 10, hg. von Wilhelm Weischedel, Frankfurt a. M. 1974.

Menke, Christoph: *Umrisse einer Ästhetik der Negativität*, in: Koppe, Franz (Hg.): *Perspektiven der Kunstphilosophie. Texte und Diskussionen*, Frankfurt a. M. 1991, S. 191-216.

Platon: *Platonis Opera*, hg. von John Burnet, 5 Bde., Oxford 1979-1982.

Ryle, Gilbert: *The Concept of Mind*, New York 1949.

Seel, Martin: *Kunst, Wahrheit, Welterschließung*, in: Koppe, Franz (Hg.): *Perspektiven der Kunstphilosophie. Texte und Diskussionen*, Frankfurt a. M. 1991, S. 36-80.

Carlos J. Correia (Lisbon)

Modernism and Neomodernism.
Notes on the Nature of Art

I

This paper aims at thinking on the nature of art, holding the artistic experience of the contemporary world as its reference point. This intention, apart from respecting the criterion of crossing the artistic critique and philosophy, established by Collingwood in *The Principles of Art*[1], aims to explain the somehow paradoxical situation of the *art world*. From the moment art became *art* and was no longer "technique", thus becoming pure object of aesthetics, such fact always implied that a reflection on its own procedures was inherent to artistic creation.

As justly underlined by Borges,[2] this situation is announced in capital moments in the history of Literature as, for instance, in the fact that the protagonists of Quixote become, in the second part of the romance, their own readers or else in that Hamlet scene where Hamlet's drama itself is reenacted. One can however easily acknowledge that these circular moments are episodic and work as figures of speech. The situation we will try to describe is quite different.

When we mention the *self-reflectivity* as an intrinsic characteristic of contemporary artistic creation we do not mention a mere mirror game of narrative events, but we do refer to the fact that art permanently demands a self-reflective attitude, to such extent that philosophy of art no longer is foreign or distant in relation to the creative act itself. This situation is described, somehow ironically, by one of the founding fathers of contemporary theatre as being a "disgrace". In the "Preface" to *Sei Personaggi in cerca d'Autore*, the Italian play writer Luigi Pirandello mentions the existence of "writers who revel and are satisfied with the pure pleasure of telling a story". Alas that is not his case – we are told by Pirandello. According to him, his "disgrace" is to belong to that group of authors

---

[1] Cf. Collingwood, Robin G.: *The Principles of Art*, Oxford et al. 1958, p. 3.
[2] Cf. Borges, Jorge L.: *Magias parciales del Quijote*, in: Idem: *Otras inquisiciones*, Madrid 1997, p. 77.

who look to find a universal signification in everything they do and who consider themselves "writers of philosophical nature"[3]. As we highlight-ted at the beginning, the paradox is found in the fact that *aesthetics has only really become autonomous when artistic creation incorporated in its midst and, in particular, in its own works of art, an aesthetic reflec-tion on itself.* This tendency erupts very clearly in the period of the his-tory of art called 'modernism', never having faded, and being, in our opinion, the main reason why the whole of the 20th century art, and even today's, relates to that time, even when it criticizes it, to such extent that, even nowadays, we refer to 'post-' or 'neo-' but always in relation to what we determined to be 'modernist'.

II

There is still a group of clichés concerning modernism, so entrenched that it is not easy to undo them.

a) There is, firstly, a generalized tendency to identify 'modernism' with a particular aesthetic school, with a particular style of artistic pro-duction. It is in this way that often a distinction is established between the modern world and modernism, the latter being relegated to a purely aesthetic dimension or even to an architectural style. Thus, if it is true that it often exists a concern with values and issues of artistic nature around 'modernism', it is also important to highlight that it would be dif-ficult to identify a specific style, which we could term 'modernist'. An overview, even if superficial, of the artistic creation of the first three de-cades of the 20th century shows how such a conclusion would be rushed. What is noteworthy is the proliferation of countless schools and styles, frequently identified by the same suffix '-ism', as, for example, vorti-cism, surrealism or futurism. The notorious difficulty in aesthetically identifying modernism is parallel to the equally daunting task of stylisti-cally defining what we understand by 'romanticism' or 'renaissance'. More than an aesthetic school, modernism is a 'spirit of a time', which, as we shall uphold, refuses to die.

b) Secondly, 'modernism' and 'modernity' are hastily identified, the two terms being used as the same, only standing apart, as we have seen, by the horizon of the aesthetic problems that supposedly cloud moder-

---

[3] "Sono scrittori di natura più propriamente filosófica. Io ho la disgrazia d'appar-tenere a questi ultimi." Pirandello, Luigi: *Prefazione*, in: Idem: *Sei Personaggi in cerca d'Autore. Enrico IV*, Milano 1993, p. 4.

nism. It is on the basis of this conceptual mistake that we still talk of 'postmodern' and 'postmodernism' as if they were the same terms.

The delimitation of what is considered to be 'modern' constitutes one of the central topics of contemporary philosophical thought, at least since Hegel, as is shown by Habermas.[4] In effect, from the end of the 18th century, there seems to exist in European culture a strange, and somehow ironic, declaration that we are constantly living 'modern times'. Thus, the Hegelian perception of a "Sunrise", described in the *Phenomenology of the Spirit*,[5] which as "lightning" reveals the "new world" is, somehow, reiterated by Baudelaire in *Painter of Modern Life* (1863), and by Sartre, in the 40s, in the act of foundation of the magazine *Les Temps Modernes*. In all these cases, there is the belief, justly underlined by Habermas, of "creating the rules by which" those times "abide". Notwithstanding this unanimous principle, it is easily verifiable that the word 'modern', in the three cases mentioned above, refers to quite different realities.

Strictly, the term is only philosophically appropriate in the Hegelian context, being possible to point out a group of characteristics which are subsumed under it: 'the primacy of subjectivity' – that still echoes in a quite visible manner in the "Preface" to the *Phenomenology of the Spirit*[6] itself and which has in the Cartesian philosophy one of its purest expressions; the assertion of a 'self-founding reason' that arises as the only criterion of truth; the 'belief in the historical progress' of humanity which encompasses the triumph of the 'enlightened spirit' over the preconceptions of the past and, finally, the postulate of the 'primacy of human nature and humanism', to such extent that all fundamental questions are seen as human problems, as Kant's renowned questions,[7] and which Feuerbach will conclude in his *Principles of the Philosophy of the Future*.

---

[4] "Nun war Hegel der erste Philosoph, der einen klaren Begriff der Moderne entwickelt hat". Habermas, Jürgen: *Der philosophische Diskurs der Moderne. Zwölf Vorlesungen*, Frankfurt a. M. 1983, p. 12.

[5] "Dies allmähliche Zerbröckeln, das die Physiognomie des Ganzen nicht veränderte, wird durch den Aufgang unterbrochen, der ein Blitz, in einem Male das Gebilde der neuen Welt hinstellt." Hegel, Georg W. F.: *Phänomenologie des Geistes*, in: *Werke*, vol. 3, Frankfurt a. M. ³1998, pp. 18 f. Cf. Habermas, Jürgen: *Der philosophische Diskurs der Moderne*, loc. cit., p. 15.

[6] "[…] das Wahre nicht als *Substanz*, sondern eben so sehr als *Subjekt* aufzufassen und auszudrücken". Hegel, Georg W. F.: *Phänomenologie des Geistes*, loc. cit., p. 23.

[7] Cf. Kant, Immanuel: *Logik. Ein Handbuch zu Vorlesungen*, in: *Werkausgabe*, vol. 5, Darmstadt 1958, p. 25.

Modernism is hardly recognizable in this group of features, which limits
the thesis put forward by Jean-François Lyotard, in his well-known study
La condition postmoderne (1979). It is a fact that a lot is owed to Lyotard in terms of the precise identification of modernity's features, in particular, the assertion of "reason", "humanism" and the identity between
"knowledge" and "progress", showing, in turn, to which extent these
principles are rooted in the belief of "legitimizing discourses", named as
"great narratives", one of them being the redemption history of humanity. On the other hand, postmodernity is thought through the Wittgensteinian category of "language games", which presupposes a cultural
universe fragmented into a multiplicity of discourses, of which Lyotard
highlights the separation between the descriptive and prescriptive domains, a separation of clearly Kantian inspiration. In effect, the theoretical and practical spheres of the discourse became so apart that it is no
longer enough to know well in order to prescribe correctly, thus being
ruined the *Aufklärung* principle according to which the light of knowledge alone dissolves evil, the darkness of ignorance. So, after Lyotard –
and this is one of the first statements of his work – the postmodern era
begins with the emergence of the post-industrial societies, in the late 50s
and with the post Auschwitz and Hiroshima ideologies crisis.[8] If this
were the case, then it would mean that modernity's central characteristics
(subjectivity, historicity and humanism) would prevail in the core of modernism, which does not make sense. In effect, one could hardly find
such modernity values in the literary works of Kafka, Joyce or Virginia
Woolf. Modernism is clearly associated to the fragmentation of the subject, to the narrative's loss of sense, to the disillusion with historicity.
What could Cartesian modernity's exalted *cogito* and the humiliated *cogito* of Nietzsche's genealogy have in common? In our opinion, 'postmodernism' and 'postmodernity' correspond to quite different conceptual
universes.

Lyotard is aware of this contradiction and tries to solve it in his work.
Firstly, he asserts that the great modernist thinkers and artists – he mentions, among many, the cases of Hofmannstahl, Schönberg and Loos[9] –
have done modernity's "work of mourning". "Work of mourning" (*Trau-*

---

[8] "Notre hypothèse de travail est que le savoir change de statut en même temps que
les sociétés entrent dans l'âge dit post-industriel et les cultures dans l'âge dit postmoderne." Lyotard, Jean-François: *La condition postmoderne. Rapport sur le savoir*,
Paris 1979, p. 11.
[9] Ibid., p. 68.

erarbeit) is a known Freudian expression.[10] In synthetic terms, this means the progressive detachment of the prior affective bonds towards someone or something that has been lost. In the relevant context, it means that 'modernism' corresponds to a period of Western history when the discourse of modernity is taken up again with the single purpose of distancing itself from it. This solution is not, however, enough, for it is necessary to show that, besides that "affective distance", we can still find the spirit of modernity at the height of modernism. To this end, the French philosopher suggests that modernists, although possessing an "aesthetics of the sublime", still cling, in his words, to a "nostalgia of unity" and, as such, are still encroached in a modern vision of the world.

With the expression "aesthetics of the sublime", Lyotard clearly identifies himself with the theses elaborated by Kant in the third *Critique*. As it is known, the feeling of the sublime is experienced in face of infinity or, if preferred, in the "absolutely great" (*schlechthin groß*)[11] be it mathematical – for instance, immensity – or dynamic while understood as "power (*Macht*) which has no strength (*Gewalt*) over us"[12]. So it is a "power without strength" because it does not act over our own power, for if it did, we would only feel apprehension. As we are shown by the Spanish philosopher Eugenio Trías, the Kantian sublime designates an aesthetic process which implies different stages, the first being "an apprehension of something grand that suggests the idea of something shapeless, undefined, chaotic and unlimited". In a second stage, a "suspension of the mind and, thus, a painful feeling of anguish and apprehension is experienced. In a third stage, we become "aware of our own insignificance in face of a magnitude without measure"; in a fourth stage, a "reaction to the pain via a feeling of pleasure resulting from the apprehension of the shapeless shape through an Idea of Reason" happens. And, finally, there is the feeling of "mediation worked between spirit and nature by virtue of the sensitization of infinity"[13].

---

[10] Freud, Sigmund: *Trauer und Melancholie,* in: *Gesammelte Werke*, vol. 10, Frankfurt a. M. 1960, p. 442 f.
[11] Kant, Immanuel: *Kritik der Urteilskraft*, in: *Werkausgabe*, vol. 8, Darmstadt 1957, p. 25.
[12] "[…] als Macht, die über uns keine Gewalt hat". Kant, Immanuel: *Logik*, loc. cit., p. 28.
[13] "1. Aprehensión de algo grandioso que sugiere la idea de lo informe, indefinido, caótico e ilimitado. 2. Suspensión del ánimo y consiguiente sentimiento doloroso de angustia y de temor. 3. Consciencia de nuestra insignificancia frente a esa magnitud incommensurable. 4. Reacción al dolor mediante un sentimiento de placer resultante de la aprehensión de la forma informe por medio de una idea de la razón (Infinito de la naturaleza, del alma, de Dios). 5. Mediación cumplida entre espíritu y natural-

Following this characterization of the Kantian sublime it is easy to understand the repercussion of Kant's aesthetic philosophy on German idealism and romanticism; what is harder is to find its implications in the characterization of 'modernism' and 'postmodernism'. According to our interpretation of Lyotard, the key to the problem is found in the concept of world or nature. As it is known, for Kant, the world is an idea produced by reason when it conceives the totality of the objects of experience. These objects are finite, determined and, as such, able to be conceptualized, but the World is never this way so. When we assert that 'the world exists' it is evident that the term 'existence' – although always thought as an absolute position – is used in a different sense than the one we use when we refer to the existence of an object or particular being. The non-existence of the world would be unthinkable, but we can never conceptualize its existence. This way, a confrontation, a dispute between our demand of infinity and our incapacity to find an adequate representation of that same demand is offered. In Lyotard's opinion, it is thus noteworthy that one of the greatest thinkers of modernity and of the *Aufklärung*, as it is the case of Kant, not only admits, as also holds, the thesis according to which there are Ideas which are not susceptible of being known. In face of certain objects of thought, as it is the case of the world, we can only experience the feeling of the sublime, the result of the tension and of the dispute between the faculties of imagination and reason. Lyotard tells us:

> We have the Idea of the World (the totality of what it is), but not the capacity to show an example of it. [...] We can conceive of the absolutely Great, the absolutely powerful, but any presentation of an object – which would be intended to 'display' that absolute greatness or absolute power – appears sadly lacking to us. These Ideas, for which there is no possible presentation and which therefore provide no knowledge of reality (experience), also prohibit the free accord of the faculties that produces the feeling of the beautiful. They obstruct the formation and stabilization of taste. One could call them unpresentable[14].

---

za en virtud de la sensibilización de la infinitud." Trías, Eugenio: *Lo Bello y lo Siniestro*, Barcelona 1982, p. 34.

[14] "Nous avons l'Idée du monde (la totalité de ce qui est), mais nous n'avons pas la capacité d'en montrer un exemple. [...] Nous pouvons concevoir l'absolument grand, l'absolument puissant, mais toute présentation d'un objet destinée à 'faire voir' cette grandeur ou cette puissance absolues nous apparaît comme douloureusement insuffisante. Ce sont là des Idées dont ils n'y a pas de présentation possible, elles ne font donc rien connaître de la réalité (l'expérience), elles interdisent aussi l'accord libré des facultés qui produit le sentiment du beau, elles empêchent la formation et la sta-

According to Lyotard, the aim of presenting the unpresentable constitutes the fundamental legacy of modern art to the contemporary world.
The artistic manifestation of this paradox – of making seen what is not
susceptible of being seen – is already noted by Kant in the *Critique of
Judgement* when he tells us of the "shapeless" and of the "abstraction",
for in both cases we obtain a negative presentation of the unpresentable,
thus allowing one to speak of sublime representations. Representation itself – in the way of the Sosno sculptures or the famous Malevich's
squares – will only allow seeing to the extent it is forbidden to see. Modern art is, thus, thought from a metaphysical presupposition: reality is
incommensurable to the concept, art being the presentation of that in-
commensurability. But if, in the words of Lyotard, modern art is already
in itself "sublime", what do we then make of the postmodern? According
to the French philosopher, the answer lies in the fact that this paradoxical
presentation could be seen in two completely different ways:

> if it is true that modernity unfolds in the retreat of the real and according to
> the sublime relationship of the presentable with the conceivable, we can – to
> use a musical idiom – distinguish two essential modes of this relationship.
> The accent can fall on the inadequacy of the faculty of presentation, on the
> nostalgia for presence experienced by the human subject and the obscure and
> futile will that animates it in spite of everything. Or else the accent can fall on
> the power of the faculty to conceive, on what one might call its 'inhumanity'
> [...] What distinguishes these two modes may only be the merest nuance:
> they often coexist almost indiscernibly in the same piece, and yet they attest
> to a *différend* within which the fate of thought has, for a long time, been
> played out, and will continue to be played out[15].

Let us recall that the word 'inhuman' has two very different meanings
for the French philosopher: one of them, negative, although triumphant,
corresponds to a certain vision of the development which rests on the
primacy of technology and on the impoverishment of language, in which
the elimination of capital dimensions of human existence is offered, such

bilisation du goût. On peut les dire imprésentables." Lyotard, Jean-François: *Le postmoderne expliqué aux enfants. Correspondance 1982-1985*, Paris 1988, pp. 25 f.
[15] "S'il est vrai que la modernité se déroule dans le retrait du reel et selon le rapport
sublime du présentable avec le conceivable, on peut au sein de ce rapport distinguer
deux modes, pour parler en musicien. L'accent peut être mis sur l'impuissance de la
faculté de présentation, sur la nostalgie de la présence qu'éprouve le sujet humain,
sur l'obscure et vaine volonté qui l'anime malgré tout. L'accent peut être plutôt place
sur la puissance de la faculté de concevoir, sur son 'inhumanité' pour ainsi dire [...].
La nuance qui distingue ces deux modes pour être infime, ils coexistent souvent dans
la même oeuvre, presque indiscernables, et pourtant ils attestent d'un différend dans
lequel se joue depuis longtemps et se jouera le sort de la pensée". Ibid., pp. 28 f.

as time or death; the 'other inhuman', so often silenced by the first, is, in the author's terminology, that 'record of silence', beyond the humanistic litany, which commands the scientific, philosophical and artistic research and is found in those creative moments when the word is suspended. The double accent of the experience of the sublime, mentioned earlier, is presented to us – in my opinion in a slightly arbitrary way – through two modernist writers: Marcel Proust and James Joyce.[16] According to Lyotard, the work of these two artists is clearly comprised in the above-mentioned dynamics of the sublime. Nothing different would be expected, since the presentation of the unpresentable is exposed as the dominant feature in art in the whole of modernity. However, in the French philosopher's opinion, the way it is done is radically different, to such a point where, in the case of Proust one can still surprise the nostalgia of the unity of form, something that is questioned in Joyce's novels. Lyotard is careful, for it does refer to an amazing characteristic of the Proustian writing, an aspect found in the fact that the true subject of the novel is the "inward consciousness of time" and not so much the omnipresent narrator. However, Lyotard tells us, "the unity of the book as the odyssey of this consciousness is not disturbed". In effect, "the identity of the writing with itself within the labyrinth of its interminable narration is enough to imply this unity, which some have compared to that of *The Phenomenology of the Spirit*".[17] In the case of Joyce, the unpresentable already gives itself in "the identity of writing" seen that "a whole range of accepted narrative and even stylistic operators is brought into play with no concern for the unity of the whole"[18].

Although this characterization of the work of Joyce and, in particular, of *Ulysses* is controversial – it suffices to quote T. S. Eliot's essay *Ulysses, Order, and Myth* which shows us the presence, in the novel, of a very solid narrative paradigm built from what the poet calls the "mythical method"[19] –, we can conclude that, in Lyotard's interpretation, what really distinguishes the modern from the postmodern, even within modernist art, is postmodern's assumption of the inherent shapelessness to the aesthetics of the sublime, while modernity continues to bet on the form/shape which provides "the reader or spectator material for consola-

---

[16] Ibid., pp. 29 f.

[17] "L'identité de l'écriture avec elle-même à travers le dédale de l'interminable narration suffit à connoter cette unité, qu'un a pu comparer à celle de la *Phénoménologie de l'esprit*." Ibid., p. 30.

[18] "La gamme des opérateurs narratifs et meme stylistiques connus est mise en jeu sans souci de maintenir l'unité de tout". Ibid.

[19] Eliot, Thomas S.: *Ulysses, Order, and Myth*, in: *Selected Prose*, London 1975, pp. 177 f.

tion and pleasure, due to his recognizable consistency"[20]. But no matter what value is attributed to Lyotard's diagnosis on contemporary culture, the usual confusion between modernity and modernism, as well as the identification between postmodern and postmodernism, in our opinion, no longer has any meaning.

c) The third mistake around modernism consists in its identification with a formalist attitude in the fields of arts, which is a sort of artificial neo-Mannerism for whom the world of techniques would prevail in the realm of values. And thus it became quite common to assert that Romanticism cultivates the relationship between art and nature, while modernism prefers the technological world. But only a glance, even if superficial, at the art created at the height of modernism would show how this cliché not only bears no sense, but also promotes the disappearance of the constant fascination with Nature itself. Furthermore, the word 'modernism' itself was consecrated by the philosopher, artist, and art critic, Hermann Bahr,[21] for whom this cultural movement should be understood as a demand for the release of nature's soul from the industrial world that was supposedly dominating the West. In its turn, the modernist privilege around formalism is remotely related to the sense we attribute to the term in the world of art nowadays. As it is known, the formalist theory on the nature of art was presented by Clive Bell in his influent essay *Art*.[22] According to the British philosopher, the criterion which allows for identification of a work of art as genuine is the rise in the spectator of an aesthetic emotion, distinct from the emotions we experience in connection with our daily life interests. The fact that the author underlines the word 'emotion' – a "peculiar emotion"[23] – should alert us to the usual reductive readings. This "aesthetic emotion" would be generated by what Bell calls the "significant form" of the work, and it is worth noticing that the author himself refers that he did not use the word "beauty" simply because it is associated to dimensions of human life that are loosely related to art.[24] As Joyce will take up again in *A Portrait of the Artist as a Young*

---

[20] "[…] au lecteur ou au regardeur, grâce à sa consistence reconnaissable, matière à la consolation et à plaisir". Lyotard, Jean-François: *Le postmoderne expliqué aux enfants*, loc. cit., pp. 30 f.

[21] Cf. Bahr, Hermann: *Studien zur Kritik der Moderne*, Frankfurt a. M. 1890 and Idem: *Expressionismus*, München 1916.

[22] Bell, Clive: *Art* (1914), London 1949.

[23] Ibid., p. 6.

[24] "I willing concede the right of substituting their word [beauty] for mine [significant form]. But most of us, however strict we may be, are apt to apply the epithet 'beautiful' to objects that do not provoke that peculiar emotion produced by works of art." Ibid., p. 12.

Man the genuine work of art radically transcends the dimensions of desire and aversion.[25] Somehow, one can say that when we are able to grasp an object beyond the faculty of desire, then that means the significant form opens up to us. This form is far from being empty and artificial; as Clive Bell underlines, to grasp the significant form corresponds to contemplating an object of artistic inspiration as an "end in itself"[26]. When an object is perceived as such it promotes a type of emotion distinct from the one that occurs when we perceive it as an instrument of our pragmatic life. Beyond the undeniable influence of Bell's essay, still a classic of philosophy of art, it would be naturally restrictive to consider that modernism would have been guided by its aesthetic principles. Additionally, however, it is symptomatic that this work, frequently associated with formalism, has the key to its meaning in *metaphysics* as such.[27]

III

More important than discussing the value of Clive Bell's thesis on the "significant form" is to understand the strength of the question – that seems trivial to us today.

> What quality is common to Sta. Sophia and the windows at Chartres, Mexican sculpture, a Persian bowl, Chinese carpets, Giotto's frescoes at Padua, and the masterpieces of Poussin, Piero della Franscesca, and Cézanne?[28]

In this famous quotation the issue of what should be understood by art in a globalized world comes up. The nature of art is questioned beyond its historical, geographic or cultural circumstances, something which was already announced in Hegel's *Lessons on Aesthetics*. From our point of

---

[25] "The feelings excited by improper art are kinetic, desire or loathing. Desire urges us to possess, to go to something; loathing urges us to abandon, to go from something. The arts which excite them, pornographical or didactic, are therefore improper arts. The esthetic emotion (I used the general term) is therefore static. The mind is arrested and raised above desire and loathing." Joyce, James: *A Portrait of the Artist as Young Man* (1916), London 1996, p. 233.

[26] "Now to see objects as pure forms is to see them as ends in themselves." Bell, Clive: *Art*, loc. cit., p. 52.

[27] "[…] it would follow that 'significant form' was form behind which we catch a sense of ultimate reality". Ibid., p. 54. "[…] I am talking about is that which lies behind the appearance of all things, that which gives us to all things their individual significance, the thing in itself, the ultimate reality. […] That is the metaphysical hypothesis." Ibid., pp. 69 f.

[28] Ibid., p. 8.

view, the question asked by Bell only makes sense within Modernism. Before the universal exhibitions that began at the end of the 19th century, particularly that of Paris in 1889, there was hardly a perception of an identical value of the works of art produced in radically different cultures. The repertoire of Western music would hardly have been the same if it had not been for, for example, the delight felt by Debussy while watching Annamite theatre, Javanese dances and Gamelan sonority. Art in Western culture at the height of modernism is fascinated by other aesthetic dimensions, a feature usually consigned to 'primitivism'. Many fundamental works of that cultural movement seem to be swamped with primitive forms of expression, as is the case, for instance, of the *Demoiselles d'Avignon* in the field of painting, *The Rite of Spring* in music, or Ezra Pound's *The Cantos* in poetry. In the influential English magazine, *Blast*, a publication associated with the painter Wyndham Lewis, we find the statement according to which the artist in the modern era is a *savage*, a sentence that reminds us of Debussy's characterization of the *The Rite* as "a savage work with all the modern comforts". The discovery of 'primitivism' is evident at many levels: on the anthropological level, with the studies of Sir James Frazer (*The Golden Bough*) and of Marcel Mauss, in the renovation of the previous romantic interest in Orientalism, in particular in the monumental work of Max Müller, and in the rediscovery of both African art – carried out by Fauvism – and Oceanian by Gauguin. Primitivism is also seen in the emphasis put on the oneiric dimension, in D. H. Lawrence's idea of redeeming instincts, in the primacy of infancy in Klee and Miró, in Thomas Mann's experience of illness in *The Magic Mountain*, in the rediscovery of the ground zero of civilization in Conrad's *Heart of Darkness*. In this enchantment by the shadow one can uncover the fundamental break between signification and reason, allowing the perception of levels of meaning with identical or superior legitimacy in relation to Western classical reason. The world became really global at the height of Modernism and never ceased being so.

Notwithstanding, it is a little ironic that the simple question on the nature of the work of art, put in universal terms, has been contested at the height of postmodernism, which means that the conceptual analysis of the work of art seems to be restricted on both sides by very tight temporal limits. In effect following Wittgenstein's *Philosophical Investigations,* the conceptual questions in which resonates the Socratic and *a fortiori* philosophical matrix of thought, are labeled as essentialists and considered void of sense. This attitude – which in global terms gives us a clear idea of the postmodernist sensibility – occurs on two levels. On the one hand, it is held that only context and use can have the last word in the determination of meaning. It is, in the last instance, this same principle that guides Lyotard's essay on the postmodern condition. On the other hand, following another line of thought marked by Quine's philosophy, all type of reflection which questions the exact meaning of anything is considered irrelevant.

The question becomes more dramatic in respect to the works of art for reasons which are pointed out by Stéphane Ferret in his book *Le Bateau de Thésée*.[29] What determines the difference between a natural object and an artificial one is, in the last instance, the fact that the essence of the former is valid in all possible worlds. A tomato will always be a fruit even if we are all convinced it is a vegetable. To the contrary, the identity of an artifact is determined by its function. It is precisely that functional aspect of artistic artifacts that conditions a large portion of theory of art after the sixties, at the height of postmodernism. The inspiration is clearly Morris Weiz's who, coming from the Wittgensteinian notion of 'language games', seeks to show us that the word art covers so many significations and it is pondered in such different contexts that the question 'What is art?' ceases to have any meaning, seen that we only intend a family resemblance between distinct objects. "The problem we should then begin with is not 'What is art?' but 'What type of concept is art?'"[30]. Thus, according to this thesis I should not worry about questions of the type 'What is X?', but instead 'What is the use of X?', and what it does in language. This attitude is largely taken again in most North American schools of Philosophy of Art. Quoting Nelson Goodman:

> The literature of aesthetics is littered with desperate attempts to answer the question 'What is art?' This question [...] is acute in the case of found art – the stone picked out of the driveway and exhibited in a museum – and is further aggravated by the promotion of so-called environmental and conceptual art. Is a smashed automobile fender in an art gallery a work of art? What of something that is not even an object, and not exhibited in any gallery or museum – for example, the digging and filling in of a hole in Central Park as prescribed by Oldenburg? [...] Part of the trouble lies in asking the wrong question – in failing to recognize that a thing may function as a work of art at some times and not at others. In crucial cases, the real question is not 'What

---

[29] "Contrairement aux particuliers et aux substances naturels, les artefacts ne possèdent en effet aucune constitution interne spécifique; il n'y a pas de nature artefactuelle réelle." Ferret, Stéphane: *Le Bateau de Thésée: le problème de l'identité à travers le temps*, Paris 1996, p. 68.

[30] Weitz, Morris: *The Role of Theory in Aesthetics*, in: Idem: *Problems in Aesthetics. An Introductory Book of Readings*, New York 1959, p. 149.

objects are (permanently) works of art?' but 'When is an object a work of
art?' or more briefly [...] 'When is art?'.[31]

This anti-essentialist attitude is shared by authors as diverse as George
Dickie and Arthur C. Danto. As is known, in the case of the former, after
renouncing the essentialist question, Dickie assumes a clear institutional
vision of the works of art for they must be analyzed as artifacts which
are instituted as 'art' by the artistic community itself,[32] while Arthur C.
Danto holds that it is only in the context of a theory and of an interpretation elaborated by the 'artworld' that a certain object, even if indiscer-
nible from the pragmatic sphere of life, is perceived as being artistic.[33]
These theories are not only conceptually sophisticated but also give an
adequate description of much of the artistic production at the height of
postmodernism. All of them, however, for different reasons, are ultimately circular theories because they presuppose most of what they criticize. These theories usually criticize the theses labeled as 'essentialists'
for not being exhaustive, to the extent that the presented criterion cannot
be upheld without counter examples, thus rendering impossible the idea
of having found a necessary and sufficient condition to refer to a work of
art. Using Dickie's arguments, we could assert that the "mimesis", the
"expression" and the "significant form" – the three main essentialist
theories – are necessary conditions, but not sufficient for the characterization of the work of art, given that we are never told when an imitation,
an expression or a form really become aesthetic. Nevertheless we find
revitalization of the mimetic theory in the theses of Goodman and Danto,
considering that both authors seek to satisfy the conditions demanded by
artistic representation, in the case of Goodman appealing to the "symptoms of the aesthetic" – i. e. to the symbolic and representational properties associated to the semantic and syntactic density, the saturation, the
exemplification and the complex and multiple reference; in the case of
Danto, showing the importance of the act of "artistic identification" in
the way a certain daily object works in the world of art.[34] In our opinion,
the question was never about a logic deficit of the essentialist attitude,
for *even if it is not possible to find a property which is common to all ar-*

---

[31] Goodman, Nelson: *Ways of Worldmaking*, Indianapolis 1978, pp. 66 f.

[32] Cf. Dickie, George: *What is Art?*, in: Aagaard-Mogensen, Lars (Ed.): *Culture and Art. An Anthology*, New Jersey 1976, pp. 21-32.

[33] Cf. Danto, Arthur C.: *The Art World*, in: Kormeyer, Carolyn (Ed.): *Aesthetics: the Big Questions*, Malden (Mass.)/Oxford 1998.

[34] Ibid., p. 39. Cf. Correia, Carlos J.: *Eine kritische Auseinandersetzung mit der Vor-stellung vom 'Ende der Kunst'*, in: Halfwassen, Jens/Gabriel, Markus (Eds.): *Kunst, Metaphysik und Mythologie*, Heidelberg 2008, p. 284.

*tistic objects, nothing obstructs the deepening of our knowledge of the
relational properties of artistic objects such as, for instance, openness to
an 'aesthetic attitude', i. e. that which promotes the attention and contemplation of a certain object as an end in itself –* as highlighted by Stolnitz.[35]

As shown by Habermas, the great problem of the philosophical vision, which can be found in postmodernism is the loss of the sense of
unity of experience. This fact derived from the fear of any totalitarian vision that would establish a normative principle of all human practice
and, in particular, of artistic creation. This model of meaning seems to
us, however, exhausted, for, as told by Kant, the fact that the ideas of
reason are not susceptible of knowledge, doesn't mean that they are not
the horizon of thought experience. For lack of a better term, I will use
the expression 'neomodernism' coined by authors such as Carlos Escudé[36] and Armando Ara[37], to refer to the change of cultural paradigm
that is occurring today. *The symptoms are multiple: the rediscovery of
metaphysics, the critique to cultural relativism, the rediscovery of reason
as not being unique, but nevertheless 'the last word'.* There are two reasons that lead us to keep suffix 'modernism'. On the one hand, the perception that modernism can be defined as a *revitalization of mythology* –
against the demythologization initiated in modernity; on the other hand,
the fact that *art in modernism became an act of reflection of itself to such
extent that the creative act can never be innocent again. From the moment in which philosophy asked itself about the existence of a criterion
which validated our judgments of taste, what became decisive was the
relationship between the subject and the work of art as such and not so
much its supposed utility – spiritual or material, is of little importance.
The artistic object became above all an experience of aesthetic nature.
Nevertheless, the autonomy of art, thus obtained was always felt as pre-*

---

[35] "I will define 'the aesthetic attitude' as 'disinterested and sympathetic attention to
and contemplation of any object of awareness whatever, for its own sake alone'."
Stolnitz, Jerome: *Aesthetics and Philosophy of Art Criticism. A Critical Introduction*,
Boston 1960, pp. 34 f.
[36] "Por neomodernismo entiendo una postura filosófica reivindicatoria de los prin-
cipios de la modernidad y en oposición del postmodernismo y el multiculturalismo."
Escudé, Carlos: *¿Hacia un nuevo Medioevo? El neomodernismo frente al conflicto
global actual*, Universidad del CEMA, Área de Ciencia Política n° 330 (2006), p. 3.
My thesis is different: with the concept of *neomodernism*, I don't intend to rediscover the old values of modernity, but to give a *new* insight to modernism as the intrinsic rhythm of our world (surely after 11. September 2001).
[37] Cf. Ara, Armando: *Neomodernism. The manifesto* (2001). (retrieved 11. January
2008, from www.armando.co.uk/manifesto.htm).

carious, demanding an ever-constant attention on the part of the art-world in preserving the value of art as an end in itself (and not as a means or instrument). Somehow, it can be said that from this moment, every artist became, in some way, a philosopher. Maybe the innocence of the way we used to see has been lost, but nothing condemns us to being forever cross-eyed, which implies at least a search of a unified vision of the world we live in.

Literature

Ara, Armando: *Neomodernism. The manifesto* (2001). (retrieved 11. January 2008, from www.armando.co.uk/manifesto.htm)

Bahr, Hermann: *Studien zur Kritik der Moderne*, Frankfurt a. M. 1890.

Bahr, Hermann: *Expressionismus*, München 1916.

Bell, Clive: *Art* (1914), London 1949.

Borges, Jorge L.: *Magias parciales del Quijote*, in: Idem: *Otras inquisiciones*, Madrid 1997 (first edition 1952), pp. 74-79.

Collingwood, Robin G.: *The Principles of Art*, Oxford et al. 1958 (first edition 1938).

Correia, Carlos J.: *Eine kritische Auseinandersetzung mit der Vorstellung vom 'Ende der Kunst'*, in: Halfwassen, Jens/Gabriel, Markus (Eds.): *Kunst, Metaphysik und Mythologie*, Heidelberg 2008, pp. 279-294.

Danto, Arthur C.: *The Art World*, in: Kormeyer, Carolyn (Ed.): *Aesthetics: the Big Questions*, Malden (Mass.)/Oxford 1998 (first edition 1964).

Dickie, George: *What is Art?*, in: Aagaard-Mogensen, Lars (Ed.): *Culture and Art. An Anthology*, New Jersey 1976, pp. 21-32.

Dickie, George: *Introduction to Aesthetics. An Analytic Approach*, New York/Oxford 1997.

Eliot, Thomas S.: *Ulysses, Order, and Myth*, in: *Selected Prose*, ed. by Frank Kermode, London 1975 (first edition 1923), pp. 175-178.

Escudé, Carlos: *¿Hacia un nuevo Medioevo? El neomodernismo frente al conflicto global actual*, Universidad del CEMA, Área de Ciencia Política n° 330 (2006).

Ferret, Stéphane: *Le Bateau de Thésée: le problème de l'identité à travers le temps*, Paris 1996.

Freeland, Cynthia A.: *But is it Art? An Introduction to Art Theory*, Oxford/New York 2001.

Freud, Sigmund: *Trauer und Melancholie,* in: *Gesammelte Werke*, vol. 10, ed. by Anna Freud, Frankfurt a. M. 1960 (first edition 1916-17).

Goodman, Nelson: *Ways of Worldmaking*, Indianapolis 1978.

Habermas, Jürgen: *Der philosophische Diskurs der Moderne. Zwölf Vorlesungen*, Frankfurt a. M. 1983.

Hegel, Georg W. F.: *Phänomenologie des Geistes*, in: *Werke*, ed. by Eva Moldenhauer and Karl M. Michel, vol. 3, Frankfurt a. M. ³1998.

Joyce, James: *A Portrait of the Artist as Young Man* (1916), London 1996.

Kant, Immanuel: *Kritik der Urteilskraft*, in: *Werkausgabe*, ed. by Wilhelm Wieschedel, vol. 8, Darmstadt 1957.

Kant, Immanuel: *Logik. Ein Handbuch zu Vorlesungen*, in: *Werkausgabe*, ed. by Wilhelm Weischedel, vol. 5, Darmstadt 1958.

Lyotard, Jean-François: *La condition postmoderne. Rapport sur le savoir*, Paris 1979.

Lyotard, Jean-François: *Le postmoderne expliqué aux enfants. Correspondance 1982-1985*, Paris 1988.

Pirandello, Luigi: *Prefazione*, in: Idem: *Sei Personaggi in cerca d'Autore. Enrico IV*, Milano 1993, pp. 2-16.

Stolnitz, Jerome: *Aesthetics and Philosophy of Art Criticism. A Critical Introduction*, Boston 1960.

Trías, Eugenio: *Lo Bello y lo Siniestro*, Barcelona 1982.

Weitz, Morris: *The Role of Theory in Aesthetics*, in: Idem: *Problems in Aesthetics. An Introductory Book of Readings*, New York 1959 (first edition 1956).

Stefan Waller (Hamburg)

Vom Verschwinden des Wissens:
Robert Menasses *Phänomenologie der Entgeisterung*

I

Eine Tagung mit dem Titel *Dichten und Denken* bietet vor allem Gelegenheit dazu, sich von der Vorstellung zu lösen, philosophisches Denken – *Arbeit am Begriff* – sei alleinige Domäne der akademischen Philosophie. Andere Wissenschaften und nicht zuletzt die Künste sollten insbesondere dann ernstgenommen werden, wenn sie sich bewußt auf philosophisches Terrain begeben. Ein eindrucksvolles Beispiel hierfür ist Robert Menasses *Phänomenologie der Entgeisterung,* die den systematischen Versuch darstellt, das moderne und vermeintlich disjunkte Verhältnis von Geist und Wirklichkeit historisch-dialektisch aufzuarbeiten. Dabei besteht der Reiz seines literarischen Ansatzes darin, nicht allein historisch-systematische Gedanken darzulegen, sondern in Romanform die damit korrespondierende, existentielle Perspektive eines Philosophen aufzuzeigen.

Menasses *Phänomenologie der Entgeisterung* erinnert nicht nur wegen ihres Titels an Hegels *Phänomenologie des Geistes.* Auch angesichts des Aufbaus und der Topoi des Inhaltsverzeichnisses wird deutlich, daß sich hier jemand an Hegels erstem und vor nunmehr 200 Jahren geschriebenem Hauptwerk versucht. Wie erwähnt, handelt es sich hierbei nicht um einen eigenständigen wissenschaftlichen Ansatz, sondern zunächst um das Produkt einer Romanfigur. Die Arbeit ist integraler Bestandteil von Robert Menasses *Trilogie der Entgeisterung,* deren drei Romane unter anderem ihre Entstehungsgeschichte beinhalten.[1] Als ihr fiktiver Autor wird der Antiheld Leo Singer vorgestellt, der es als hegelianisierender und an Georg Lukács erinnernder *Wirtshausprofessor* nie zuwege brachte, seine als Fortsetzung der *Phänomenologie des Geistes* geplante Arbeit eigenständig zu Papier zu bringen. Schließlich kann er

---

[1] Menasse, Robert: *Selige Zeiten, brüchige Welt*, Frankfurt a. M. 1991; *Schubumkehr*, Frankfurt a. M. 1995; *Sinnliche Gewißheit*, Frankfurt a. M. 1996.

dieses Unterfangen erst durch den Mord an seiner kokainsüchtigen Quasi-Lebensgefährtin und unverhofften Werkmonographin Judith Katz angehen. Die Schrift *Phänomenologie der Entgeisterung* ist somit einerseits Teil von Romanhandlungen, andererseits transzendiert sie die Inhalte dieser Romane, von denen jeder auf seine Weise von gesellschaftlicher wie persönlicher Regression berichtet.[2]

Überdies oszilliert das Projekt zwischen den unterschiedlichen Perspektiven eines fiktiven und eines realen Autors. Die Schrift wurde zwar zuerst als fiktive Dissertation unter dem Pseudonym Leopold Joachim Singer veröffentlicht, wurde später aber unter dem Namen Robert Menasse publiziert.[3] Bei der Buchwidmung an Judith Katz könnte man somit einerseits an Leopold Singer und die Beschreibung denken, mit welch zynischer Lust er sich daran macht, die richtige Formulierung hierfür zu finden: „Er entwarf zahllose Varianten einer Widmung, ausführliche, doppeldeutige, kitschige, kalt-heroische, spätabends entschied sich Leo schließlich erschöpft für die Formulierung: ‚Judith Katz, in dankbarer Erinnerung'."[4] Andererseits ist aber auch eine Hommage des Autors Robert Menasse an eine Romanfigur, einen gelungenen dichterischen Einfall, denkbar.

Das Unterfangen selbst ist natürlich auch über den Kosmos eines Romanzyklus und der Frage nach wirklicher Urheberschaft hinaus reizvoll: Eine Fortführung der *Phänomenologie des Geistes* scheint insofern berechtigt, als die in ihr explizierte Philosophie in einem Wechselverhältnis mit der bis zu ihrer eigenen Drucklegung verlaufenen Historie steht.[5] Mit der fortschreitenden Geschichte seit 1807 müßte sich also auch der Inhalt einer *Phänomenologie des Geistes* verändert haben. Dem könnte man beipflichten und herausstellen, daß tatsächlich etliche ‚Phänomenologien des Geistes' seit Hegel geschrieben wurden, diese aber andere Titel trugen und ihre Autoren, angefangen mit den Schülern Hegels, sich in ei-

---

[2] In dieser Weise kann man also von einer wechselseitigen Entstehungsgeschichte der Romane und der *Phänomenologie der Entgeisterung* sprechen. Vgl. Krause, Kathrin: *Robert Menasses Trilogie der Entgeisterung. Ein Beitrag zur Theorie des Romans*, Bielefeld 2005, S. 265 ff.

[3] Singer, Leopold J. [Robert Menasse]: *Phänomenologie der Entgeisterung. Geschichte des verschwindenden Wissens*, in: *manuskripte* 31/111 (1991), S. 91-110.

[4] Menasse, Robert: *Selige Zeiten, brüchige Welt*, a.a.O., S. 363.

[5] So schreibt Alexandre Kojève: „Was die Entstehung der Hegelschen Philosophie angeht, so kann man sagen, daß die ganze PhG (insbesondere die Kapitel I bis VI) nichts anderes als die Beschreibung dieser Entstehung ist, die in der Hervorbringung eben jener PhG kulminiert, welche diese *Entstehung* der Philosophie *beschreibt* und sie so ermöglicht, indem sie ihre Möglichkeit *begreift*." Vgl. Kojève, Alexandre: *Hegel*, Frankfurt a. M. 1975, S. 48.

nem wesentlichen Punkt von Hegel unterschieden: Das Absolute zu denken ist für sie problematisch geworden. Man darf vermuten, daß aus diesem Grunde der ernsthafte Versuch, die *Phänomenologie* im Stile Hegels weiterzuschreiben, als eher fragwürdiges Epigonentum belächelt würde. In Hinblick darauf könnte es auch als eine Art Schutzmantel für den Text verstanden werden, daß Menasse hierfür einen Autor erfindet, der erst recht einen eigenbrötlerisch in Hegel vertieften, weltentfremdeten Systemarchitekten verkörpert.[6] Allerdings rechtfertigt die allgemeine Skepsis gegenüber dem Absoluten auch dieses Projekt: Angesichts eines über die Grenzen einzelner philosophischer Schulen hinweggehenden Zweifels am absoluten Geist Hegelscher Provenienz scheint es angebracht, die nachhegelsche Philosophie unter dem Gesichtspunkt der *Entgeisterung* zu besprechen.[7]

II

Die *Phänomenologie der Entgeisterung* ist also der Versuch, die Entwicklung des allgemeinen Bewußtseins so beschreiben, wie sie *nach* dem Ende von Hegels großer Erzählung der *Phänomenologie des Geistes* weiter verlaufen sein muß. Im Aufzeigen der sich hier ergebenden Dialektiken begibt sich ihr Autor auf einen Parforceritt durch das 19. und 20. Jahrhundert. Als theoretischer Pate für dieses Projekt steht – wie schon erwähnt – Georg Lukács, dessen Theoreme aus *Geschichte und Klassenbewußtsein* in den ersten Abteilungen aufgegriffen werden.[8] Methodologisch wird in mehreren Schritten auf die Herr-Knecht-Dialektik rekurriert, in der sich für das Bewußtsein allerdings zusehends die *Unwahrheit der Gewißheit seiner Selbst* realisiert. Im Ganzen handelte es sich bei der Entwicklung, seitdem Hegel in der vollen Blüte des Geistes vor zweihundert Jahren die *Phänomenologie des Geistes* abschloß, um

---

[6] Gewisse postmodern-autopoietische Assoziationen sind darüber hinaus erlaubt, da auch der Protagonist aus *Sinnliche Gewißheit*, dessen Vornamen bezeichnenderweise *Roman* ist, als ihr Urheber in Frage kommt. Ob hiermit allerdings derselbe Text oder eine andere Schrift desselben Inhalts gemeint ist, muß ungeklärt bleiben. Vgl. Krause, Kathrin: *Robert Menasses* Trilogie der Entgeisterung, a.a.O., S. 270.

[7] Unter diesem Gesichtspunkt erweist sich Karl Löwith als idealer Gesprächspartner Menasses. Auch er sieht in der Entwicklung der nachhegelschen Philosophie wesentlich eine Zersetzung des Hegelschen Geistbegriffs vorgängig, die er über einige Längen mit dem Instrumentarium Hegelscher Dialektik beschreibt. Vgl. Löwith, Karl: *Von Hegel zu Nietzsche. Der revolutionäre Bruch im Denken des neunzehnten Jahrhunderts*, Hamburg 1995.

[8] Lukács, Georg: *Geschichte und Klassenbewußtsein*, Neuwied/Berlin 1968.

ein *Verschwinden des Wissens.* Nach einem Höhepunkt der Entfaltung geistiger Entwicklungsmöglichkeiten hätten wir deren stete Auflösung erleben müssen und seien schließlich wieder am Ausgangspunkt der Geistesentwicklung angelangt. Dieser kann nur als Bewußtseinszustand *sinnlicher Gewißheit* verstanden werden, also dem von Hegel im ersten Abschnitt der *Phänomenologie des Geistes* beschriebenen unreflektiertem Wissen aus unmittelbarer Erfahrung: „Das Wissen, welches zuerst oder unmittelbar unser Gegenstand ist, kann kein anderes sein, als dasjenige, welches selbst unmittelbares Wissen, *Wissen* des *Unmittelbaren* oder *Seienden* ist."[9]

Genaugenommen sei eine *Phänomenologie der Entgeisterung* aus der jetzigen Perspektive destruierten Wissens nicht mehr möglich – völlige Unreflektiertheit, d. h. ideale Dummheit zeichnete es schließlich aus, die Geschichte des eigenen Werdens *nicht* mehr zu kennen. Aus diesem Grunde sucht Menasse die Entwicklung auch nicht von heute ausgehend zurück in die Vergangenheit zu rekonstruieren. Vielmehr unternimmt er den Kunstgriff, sie aus der historischen Perspektive Hegels in die Gegenwart hinein zu erzählen.[10] Der erste Satz der *Phänomenologie der Entgeisterung* beschreibt deshalb das Bewußtsein, wie es in der Abenddämmerung absolut vermittelten Wissens auf die Welt schaut: „Das Wissen, das zuerst oder unmittelbar unser Gegenstand ist, kann kein anderes sein als dasjenige, welches zuletzt noch vermitteltes Wissen war, Wissen der vermittelten Totalität oder des Begriffs."[11] Da der weitere Flug der Eule der Minerva einen Regreß beschreiben soll, beginnt Menasse zunächst im *Geist*-Kapitel, erläutert dann das *Selbstbewußtsein* und endet systematisch dort, wo Hegel beginnt: im unvermittelten *Bewußtsein.* Allerdings wird eingeräumt, daß dieser konstruierte Blick auf den degenerierenden Geist das Geschehene nur noch fragmentarisch wiederzugeben vermag: „wo die Sucht nach schlechter Unendlichkeit zum Wesen gesellschaftlichen Fortschritts geworden, hat selbst der absolute Geist sein

---

[9] Hegel, Georg W. F.: *Phänomenologie des Geistes,* in: *Werke,* Bd. 3, Frankfurt a. M. 1970, S. 82.

[10] Tatsächlich unternimmt Hegel einen Kunstgriff in entgegengesetzter Richtung und beschreibt in der *Phänomenologie des Geistes* wesentlich solche Bewußtseinszustände, die als hypothetisch angenommene Zustände von seiner eigenen Perspektive abweichen. Die Entwicklung des Geistes und damit auch dessen subalterne Zustände werden in der Phänomenologie des Geistes immer schon aus der Position absoluten Bewußtseins rekonstruiert. Vgl. Wieland, Wolfgang: *Hegels Dialektik der sinnlichen Gewißheit,* in: Fulda, Hans F./Henrich, Dieter (Hg.): *Materialien zu Hegels* Phänomenologie des Geistes, Frankfurt a. M. 1973, S. 67 ff.

[11] Menasse, Robert: *Phänomenologie der Entgeisterung. Geschichte des verschwindenden Wissens,* Frankfurt a. M. 1995, S. 7.

Recht verloren"[12]. Die historische Klammer dieses Fragments bildet die im Geist-Kapitel durch das jeweilige ‚Praktisch-Werden' der *Philosophie*, der *Kunst* und der *Religion* explizierte Entwicklung des *Marxismus*, des radikalen *Ästhetizismus* und des *Faschismus*. Alles weitere Geschehen ist hiervon tiefbeeindruckt und bis ins Jetzt hinein affiziert.

Der erste Abschnitt ist ein durchaus gelungener Beleg dafür, daß sich marxistische Theorie in den Gestus Hegelscher Geistphilosophie rückübersetzen läßt.[13] Von den Beinen wieder auf den Kopf gestellt läßt sich in diesem Bewußtsein, verstanden als das *Praktisch-Werden der Philosophie*, der Anfang der Entgeisterung ausmachen. Auf der Höhe der Geistesentwicklung ergab sich die Notwendigkeit solch eines Praktizismus dadurch, daß das Wissen nur für die Philosophie und nicht für die gesamte Gesellschaft ‚Wissen der Freiheit' war.[14] Mit dem revolutionären Unterfangen jedoch, den Riß zwischen dem vollendeten philosophischen Bewußtsein und der unvollendeten Wirklichkeit flicken zu wollen, ist das Wissen vom Absoluten einem Zersetzungsprozeß ausgesetzt: Eine bewußte Instrumentalisierung des Geschichtswissens ist nur durch die Negation eben jener Prämisse möglich, daß sich die Geschichte sinnvoll als Form des Absoluten verwirklicht. Im bewußten Streben nach Klassenherrschaft des Proletariats ist damit ein Moment der Entgeisterung angelegt: Wenn die Menschen die Geschichte in diesem Moment als ein zu ihrer freien Verfügung stehendes Material begreifen können, dann müssen sie zu der Einsicht gelangen, daß sie ihnen immer schon als zufälliges Sein ohne eine dahinter wirkende List der Vernunft zuhanden gewesen wäre. Damit geht einher, daß das menschliche Sein – genauso wie das der Planeten, der Erde und der Natur – als zufällig und an sich sinnlos begriffen wird. Mit diesem Perspektivwechsel also sieht sich das Bewußtsein nicht mehr in einen Prozeß bedeutungsvoller Begriffsentwicklung gestellt, sondern nur noch auf das künftig zu Bewerkstelligende bezogen. Menasse setzt an dieser Stelle nicht wie Lukács auf eine *„ideologische Reife des Proletariats"*, die Schlimmeres abwenden könn-

---

[12] Ebd., S. 10.

[13] Vgl. Bürger, Peter: *Gesellschaftskritik heute*, in: Stolz, Dieter (Hg.): *Die Welt scheint unverbesserlich. Zu Robert Menasses* Trilogie der Entgeisterung, Frankfurt a. M. 1997, S. 216.

[14] „Mit dem Kapitalismus […] ist das Klassenbewußtsein in das Stadium des Bewußtwerdenkönnens getreten. Jetzt spiegelt sich der gesellschaftliche Kampf in einem ideologischen Kampf um das Bewußtsein, um Verhüllung oder Aufdeckung des Klassencharakters der Gesellschaft." Lukács, Georg: *Geschichte und Klassenbewußtsein*, a.a.O., S. 138.

te, und stellt deshalb lakonisch fest:[15] „Der bewußte Marsch in die Zukunft wird zum Rückzugsgefecht des Bewußtseins."[16]
Mit dem verlorenen Anspruch, das Ganze zu sein, habe es das Wissen
ebenfalls verwirkt, neben der Philosophie noch andere Formen der Erkenntnis – Kunst und Religion – in sich aufzuheben. Überdies sei das
Geschichtsziel nicht nur nicht erreicht; in der wachsenden Entfernung
zu seiner Erfüllung habe sich dieses aus der Sicht des Bewußtseins auch
verdoppelt: In der, mit Lukács gesprochen, „Trennung des wirtschaftli-
chen Kampfes vom politischen"[17] strebt es jetzt einerseits zu seiner Vollendung in der bürgerlichen Welt und dem entgegen gesetzt zur *Vollendung durch Umwälzung dieser Gesellschaftsordnung.* Menasse sieht in
dieser Phase die Kunst erneut auf den Plan treten, die diese beiden Momente jedoch nur dadurch integrieren kann, daß sie sich in einem wesen-
losen Ästhetizismus verliert. In ihrem Selbstverständnis steht die Kunst
zunächst für die ästhetische Aneignung des verbleibenden *Rätselhaften*
in der Welt und ist hiermit Antithese zur durchrationalisierten bürgerlichen Ordnung. Gleichsam erkennt das Bürgertum in ihr die Defizite der
eigenen Weltsicht, von denen es sich durch das Kunstwerk Erlösung er-
hofft. Auf Grund dieses Interesses wird das Antibürgerliche in der Kunst
als Pose konserviert und in der Warenwelt zu einem Tauschwert verkehrt. Da im Augenschein des Werkes nun nicht mehr zwischen *Pose*
und *wahrer Position* unterschieden werden könne, werden beide gleichgültig gegeneinander und die Kunst oberflächlich: „Was Widerstand in
der Kunst war, verharmlost sich zu ihrem Markenzeichen, zu einem Eti-
kett, das allem, was als Kunst verkauft werden soll, angeheftet werden
kann."[18] Letztlich ist sie von einer allgemeinen Erscheinungsform der
Wahrheit zu einer frei reproduzierbaren und partikularen Schein-Wahr-
heit verkommen. Es geht schlechterdings nicht mehr um das Wirkliche
hinter dem Ästhetischen, sondern um die Ästhetisierung der Wirklichkeit.

---

[15] Vgl. ebd., S. 153 f: „Das Proletariat muß proletarisch handeln, aber seine eigene,
vulgärmarxistische Theorie verstellt ihm dabei die Aussicht auf den richtigen Weg.
[…] Ist der Augenblick des Überganges in das ‚Reich der Freiheit' objektiv gegeben,
so äußert sich dies gerade darin, daß die blinden Kräfte in wirklichem Sinne blind,
mit ständig wachsender, scheinbar unwiderstehlicher Gewalt zum Abgrund da-hin-
treiben […] *so hängt das ideologische Schicksal der Revolution (und mit ihr das der
Menschheit) von der ideologischen Reife des Proletariats, von seinem Klassenbewußtsein ab.*"
[16] Menasse, Robert: *Phänomenologie der Entgeisterung,* a.a.O., S. 22. Vgl. Lukács,
Georg: *Geschichte und Klassenbewußtsein,* a.a.O., S. 164.
[17] Lukács, Georg: *Geschichte und Klassenbewußtsein,* a.a.O., S. 155.
[18] Menasse, Robert: *Phänomenologie der Entgeisterung,* a.a.O., S. 30.

Für das Bewußtsein ist dadurch das Wesen des Scheins als *Erscheinung von Wesentlichem* überhaupt zweifelhaft: Die gesamte Welt als Erscheinung erscheint unverbindlich und im selben Moment willkürlich formbar. Die Welt *selbst* neu zu erschaffen, bietet sich damit als Alternative zur marxistischen Eschatologie eines zu verwirklichenden Geschichtsziels an:[19] Die Widersprüche sollen in einer selbst erschaffenen Schein-Welt aufgehoben werden. Für diese Weltanschauung steht die Religion Pate – das Bewußtsein *weiß* zwar, daß Gott tot ist; es weiß aber auch, daß das religiöse Bedürfnis weiterlebt. Im *Praktisch-Werden der Religion*, das allein auf dieses Bedürfnis abzielt, wird *Bedeutung* durch eine ästhetisch perfektionierte Konstruktion erzeugt. Eine dergestalt von Gott befreite ‚reine' Mystik ersetzt den *amor dei* durch einen *amor fati*: „Was bleibt, ist Jetzt."[20]

Mit dieser Aussicht ist Menasse von der Betrachtung des absoluten Geistes im Bereich des Objektiven angelangt. Der objektive Geist steht zunächst im Zeichen der *Gesinnung*: Wie sich schon im der Abhandlung über das *Praktisch-Werden* der Philosophie zeigte, erkennt das Bewußtsein durch den bewußten Gestaltungswillen seine Nichtidentität mit der erscheinenden Welt. Hiermit ist es bei der von Hegel als Zustand der *Entfremdung* beschriebenen *Bildung* angelangt:

> Die Welt des Geistes zerfällt in die gedoppelte: die erste ist die Welt der Wirklichkeit oder seine Entfremdung selbst; die andere aber die, welche er, über die erste sich erhebend, im Äther reinen Bewußtseins sich erbaut.[21]

Allerdings klärt sich das Bewußtsein nicht wie in der *Phänomenologie des Geistes* über die Wahrheit dieser Entfremdung auf, sondern bejaht seine eigene Weltanschauung als das So-Sein der Welt. Weil es die Welt mit dem *Praktisch-Werden der Religion* nur als Erscheinung begreift, ist ihm auch der Widerspruch in der Welt nur *Erscheinung ohne Grund*. Die *Gesinnung des Willens* entscheidet jetzt einzig über die Gültigkeit von Gründen: „Er muß sich nicht begründen, weil er seinen Grund nicht kennt, er kann auf die Spontaneität irgendwelcher Gründe vertrauen, nicht weil diese wirklich wären, sondern weil er wirklich ist."[22] Die Welt

---

[19] Vgl. Lukács, Georg: *Geschichte und Klassenbewußtsein*, a.a.O., S. 123: „Im zweiten Fall war die Geschichte ein – letzten Endes – vernunftloses Walten blinder Mächte, das sich höchstens in ‚Volksgeistern' oder in ‚großen Männern' verkörpert, das also nur pragmatisch beschrieben, nicht aber vernünftig begriffen werden kann. Es ist nur als eine Art Kunstwerk ästhetisch organisierbar."

[20] Menasse, Robert: *Phänomenologie der Entgeisterung*, a.a.O., S. 43.

[21] Ebd., S. 362 f.

[22] Ebd., S. 53.

wird so zur verallgemeinerten *Gesinnung* und das gemeinsame Leben Gleichgesinnter zur Substanz, die für das Individuum Lebensgrund ist. Außerhalb dieser Sphäre ist es nichts – „es hat zugrunde zu gehen, wenn es davon getrennt ist"[23]. Im Tun aller wird diese Substanz als das dem Individuum Gegenüberstehende zur gesellschaftlichen Totalität, zur Sittlichkeit: *Im Völkischen meint sie die Aufhebung des Klassenwiderspruches, im Sozialistischen die Aufhebung des Nationalen.*

Menasses Beschreibung konzentriert sich an dieser Stelle auf das Völkische, also den *Faschismus*. Im Faschismus ist die Stunde der reinen Herrschaft über die Umstände in vollkommener Zustimmung zum selbst erschaffenen Schein-Sein angebrochen. Die Herr-Knecht-Dialektik, Motor der marxistischen Heilserwartung, ist durch die totale Verfestigung der Verhältnisse scheinbar aufgehoben:

> Herren, die ihre Herrschaft so absolut bejahen, daß die wirkliche Basis ihrer, in der Herrenwelt die sie erschaffen, nicht erscheint. Und Sklaven, die ihr Versklavt-Sein so absolut bejahen, daß sie nicht einmal wissen, daß sie Sklaven sind. Und wenn Unterdrückung und Widerspruch nicht erscheinen, dann ist aus Sein und Leben ein Kunst-Werk gemacht, ein verwirklichtes und wirkendes ästhetisches Ideal.[24]

Das faschistische Bewußtsein versteht sich ohne nach Wahrheit zu fragen in seinem Anscheine von selbst und setzt zu dessen Sicherstellung seine Gewaltherrschaft als Naturrecht. So wie im Herr-Knecht Verhältnis nicht der Herr, sondern der *Tod* die wahre Anerkennung durch den Knecht erfährt, ist in diesem Scheinzusammenhang nur der *Tod* das einzig *Wirkliche* und wird deshalb im Ritual verklärt: „Das Ganze muß leben, auch wenn alle sterben müssen."[25] Da der ritualisierte Tod das Leben der Allgemeinheit bestätigt, muß er als der Tod derjenigen, die aus der völkischen Substanz ausgeschlossenen sind, in ein bloßes Nichts, in ein Verschwinden münden: „Die Massenvernichtung versachlicht den Tod, banalisiert den skandalösen Tod jedes einzelnen. Er wird zum Bruchteil einer Null an einer konkret unvorstellbaren Zahl."[26] Die Herrenrasse versteht sich selbst nur in Abgrenzung zum Tod, monopolisiert ihn für sich und produziert deshalb die eigene Bedrohung immer wieder aufs neue. In radikaler Konsequenz ihres Wesens geht sie deshalb darin zugrunde, die Vernichtung gegen sich selbst zu richten.

---

[23] Ebd., S. 56.
[24] Ebd., S. 48.
[25] Ebd., S. 60.
[26] Ebd.

Als Folge ist die Erfahrung des Bewußtseins, daß das Ausgrenzen der Widersprüche im Schein-Sein kein Herr-Werden des Knechtes, sondern Vernichtung evoziert. Keine Selbstbefreiung, sondern nur noch Selbsterhaltung steht deshalb im Interesse des Bewußtseins. Es ergibt sich, wie Menasse an anderer Stelle ausführt, die falsche Annahme, „daß die Freiheit von unmittelbarer Gewalt bereits Freiheit und die Wahlmöglichkeit im wachsenden Warenangebot bereits Demokratie seien"[27].

Das hierdurch degenerierende *Selbstbewußtsein* wird über Widerstand und Eskapismus – spiegelbildlich zu Hegels Analyse des Stoizismus und Skeptizismus – nicht als unglückliches, sondern *glückliches Bewußtsein* beschrieben. Die Knechte hatten die Herrschaft des Todes zur *Wahrheit* des Schein-Seins erhoben, diese als soldatische Herrenrasse reproduziert und die Vernichtung wieder als Knechte überlebt. Die hieraus entstandene allgemeine Schuld wird danach gerade wegen ihrer Allgemeinheit von den Individuen als äußerlich und formal empfunden. Sie fühlen sich als einzelne Individuen unberührt von dieser Schuld und integrieren ihre innere Zerrissenheit in der Gewißheit, selbstidentisch überlebt zu haben. Das Davongekommensein aus dem Vernichtungskrieg geht so in emphatische Seinsaffirmation über. Hiermit kommt es zu einer erneuten Aufhebung der Herr-Knecht-Dialektik: Herren wie Knechte haben im Vernichtungskrieg dem Tod gegenübergestanden und überlebt; auf Grund dieser gemeinsamen Erfahrung versöhnen sie sich, ohne ihre Position *als* Herr und *als* Knecht aufzugeben. Ohne in Trägheit zu verkommen, konstituieren sich die Herren jetzt durch den Konsum, den sie den Knechten zugestehen. Das knechtische Bewußtsein wird hiermit *glückliches Bewußtsein,* das aus erfüllter Arbeit am Wirtschaftswunder resultiert. Menasse sieht hier also Parallelen zwischen der *Konsumwelt* und dem von Hegel als unglückliches Bewußtsein beschriebenen *Christentum*. Über letzteres schreibt Alexandre Kojève, dessen Hegelinterpretation man nicht nur an dieser Stelle zwischen den Zeilen zu lesen meint, daß Hegel es für eine geniale und lange Zeit befriedigende Lösung des Herrschaftsverhältnisses hielt:

> Ohne Kampf, ohne Anstrengung realisiert der Christ also das Ideal des Knechtes: er erhält – in und durch (oder für) Gott – die Gleichheit mit dem Herrn: Die Ungleichheit ist nur eine Täuschung, ganz wie die sinnliche Welt, wo Knechtschaft und Herrschaft walten.[28]

---

[27] Menasse, Robert: *Die Zerstörung der Welt als Wille und Vorstellung,* Frankfurt a. M. 2006, S. 97.
[28] Kojève, Alexandre: *Hegel,* a.a.O., S. 74.

In Menasses Version steht an der Stelle Gottes schließlich ein abstrakter Begriff von Wirtschaft, der die Einheit des Ganzen verbürgt. Auch hier werden die Widersprüche nicht aufgehoben, sondern als das Salz der Erde interpretiert und damit als echte Widersprüche tabuisiert: „Das Glück, daß das Sein noch ist, wird bereichert dadurch, daß es Varianten gibt."[29] Damit ist das Bewußtsein in der Gegenwart und im Zustand *sinnlicher Gewißheit* angelangt. Im scheinbaren Verschwinden der Widersprüche zerfällt die Welt in eine Unzahl unvermittelter Phänomene. Die Geschichte wird zu frei verwertbaren Stücken und in ihrer Zersplitterung erscheint sie als ein reicher Schatz, der das Gegenwärtige als die *Synthese des Besten* der Vergangenheit erscheinen läßt. In der Unaufhörlichkeit des Gegenwärtigen ist die Geschichte, aber auch die Zukunft an ihrem Ende angelangt. Ihre Momente sind im *Jetzt* einfach vorhanden „wie Waren im Schaufenster"[30].

III

Die weiteren Ausführungen der *Phänomenologie der Entgeisterung* führen das Programm der *Entgeisterung* konsequent an ihr Ende. Da der Text wie Hegels *Phänomenologie* integrativ seine eigene Entstehungsgeschichte zum Thema hat und so als das Resultat der beschriebenen historischen Entwicklung verstanden werden muß, handelt es sich nach der Selbstauskunft im letzten Abschnitt um ein Plagiat: „Am Anfang ist die Kopie."[31] Das Buch soll also selbst als Stückwerk aus einer Zeit verstanden werden, in der alles – unter anderem Hegels Schriften – genommen und beliebig, also auch literarisch, verwertet werden darf: „Das Bewußtsein weiß nichts mehr, hat aber alles, was es vergaß, als ein Ensemble von Zitaten und Paraphrasen in sich aufgehoben."[32] Mit der vollständigen Negation des anfangs hypothetisch eingenommenem absoluten Zustands entfernen sich die beiden benennbaren Autoren des Textes merklich voneinander. So scheint Menasse seinem Romanheld Leo Singer das letzte Fanal geradezu in den Mund zu legen: „So sehe ich das"[33]. Mit dieser Subsumierung des Textes unter die bloße Meinung soll der Autor selbst im Modus *sinnlicher Gewißheit* angelangt sein, wie Hegel ihn in der *Phänomenologie des Geistes* beschreibt: „Ihre Wahrheit ist in dem

---

[29] Menasse, Robert: *Phänomenologie der Entgeisterung*, a.a.O., S. 72.
[30] Ebd., S. 82.
[31] Ebd., S. 86.
[32] Ebd.
[33] Ebd.

Gegenstande als *meinem* Gegenstande oder im *Meinen*; er ist, weil *Ich* von ihm weiß.“[34] Eine Wahrheit freilich, die nicht auf der Höhe der Philosophie stehen kann:

> Eine Meinung ist eine subjektive Vorstellung, ein beliebiger Gedanke, eine Einbildung, die ich so oder so und ein anderer anders haben kann; – eine Meinung ist mein, sie ist nicht ein in sich allgemeiner, an und für sich seiender Gedanke. Die Philosophie aber enthält keine Meinungen; es gibt keine philosophischen Meinungen.[35]

Obgleich sich das Scheitern des gesamten Projekts schon im „Vorwort“ ankündigt, ist diese letzte Reduktion auf bloße Meinung unbefriedigend und allzu hypothetisch: Da dieser Text an der einen oder anderen Stelle gar nicht anders kann, als über bloße Meinung hinauszugehen, sind Zweifel an der Aufrichtigkeit dieser letzten Feststellung angebracht. Tatsächlich kann auch Hegel überhaupt nur hypothetisch von *sinnlicher Gewißheit* schreiben – sein eigenes Bewußtsein befindet sich schon bei der Niederschrift dieses und der anderen frühen Abschnitte der *Phänomenologie* in jenem absoluten Zustand, den er zuletzt behandelt.[36] Dieses macht insofern Sinn, als die gesamte *Phänomenologie des Geistes* überhaupt erst im historischen Kontext des voll ausgebildeten Denkens hat geschrieben werden können: „Wenn die Philosophie ihr Grau in Grau malt, dann ist eine Gestalt des Lebens alt geworden“[37]. Es ist an dieser Stelle der „Vorrede“ zu Hegels Rechtsphilosophie nicht allein dem Geschichtsoptimismus geschuldet, wenn er weiter ausführt, daß man im Philosophieren *nicht* hinter die erreichte kulturelle Schwelle wieder zurückfallen kann: „und mit Grau in Grau läßt sie sich nicht verjüngen, sondern nur erkennen“[38]. Dies ist vielmehr eine analytische Wahrheit: Wenn ein bestimmtes entwicklungsgeschichtliches Level notwendig ist, um zu philosophieren, können wir uns nicht in einer jungen Gestalt des

---

[34] Ebd.

[35] Hegel, Georg W. F.: *Vorlesungen über die Geschichte der Philosophie*, in: *Werke*, Bd. 18, a.a.O., S. 30.

[36] So schreibt Ludwig Feuerbach über den nicht unvermittelten Anfang der *Phänomenologie des Geistes*: „Hegel hat sich nicht entäußert, nicht die absolute Idee vergessen, sondern er denkt schon den Gegensatz, aus dem sie sich erzeugen soll, unter ihrer Voraussetzung.“ Feuerbach, Ludwig: *Ueber Philosophie und Christenthum*, in: *Sämmtliche Werke*, Bd. II, Leipzig 1846, S. 208. Vgl. *Vorwort*, in: Fulda, Hans F./ Henrich, Dieter (Hg.): *Materialien zu Hegels* Phänomenologie des Geistes, a.a.O., S. 18.

[37] Hegel, Georg W. F.: *Grundlinien der Philosophie des Rechts,* in: *Werke*, Bd. 7, S. 28.

[38] Ebd.

Lebens, d. h. einem unterentwickelten Zustand befinden, so wir uns im Grau in Grau der Philosophie bewegen. Wirklicher Regreß – Entgeisterung – muß notwendig mit der Verunmöglichung seiner philosophischen Aufarbeitung einhergehen. Wenn der Autor in der *Phänomenologie der Entgeisterung* an systematisch richtiger Stelle nur noch Meinung stehen läßt, dann kann er dieses auch nur *hypothetisch* tun – er ist selbst immer noch in der Lage, einen philosophischen Text zu verfassen, der über das bloße *Meinen* hinausgeht. Nimmt man diesen Text philosophisch ernst, dann liegt der konzeptionelle Fehler einer *Phänomenologie der Entgeisterung* darin, eine unüberwindbare Kluft zwischen dem eigenen philosophischen Allgemeinheitsanspruch und dessen fortschreitender Verunmöglichung aufzureißen. In diesem Sinne ist das Buch für sich genommen tatsächlich *Meinung* – es handelt sich hier nur *vermeintlich* um eine Fortführung der *Phänomenologie des Geistes*.

Diese Entgegensetzung von philosophischer Analyse und wirklichen Zusammenhängen findet ihre Entsprechung auch in der Existenz des fiktiven Autors: Der in dem Roman *Selige Zeiten, brüchige Welt* vorgestellte Philosoph Leopold Joachim Singer wird zu einer von der Welt ausgeschlossenen Gestalt, weil er sein eigenes philosophisch gebildetes Bewußtsein und die *vermeintlich* vollständig regredierte Welt nicht in Einklang bringen kann.[39] Interessanterweise zeigt sich in dieser Zerrissenheit Leo Singers der Archetyp des Lukácsschen Romanhelden, wie dieser ihn in seiner frühen Schrift *Die Theorie des Romans* vorstellt. Während Hegels *Phänomenologie* von der Ermächtigung der Welt durch das allgemeine Bewußtsein kündet, verbindet Lukács in dieser Schrift mit derselben Entwicklung eine subjektiv empfundene Entzauberung und Unübersichtlichkeit der Welt. Mit dieser geschichtsphilosophischen Überlegung ist der Roman als literarische Gattung überhaupt ein *Phänomen der Entgeisterung* – er tritt in einem Zeitalter zutage, in dem die *Seligen Zeiten* des griechischen Epos lange vorbei und in der nunmehr *brüchigen Welt* der Moderne die Totalität als Lebensgefühl nur noch ersehnt, jedoch nicht mehr erreicht werden kann.[40] In der Figur des zuletzt resignierenden Romanhelden schließlich verdichtet sich die *Lebensdissonanz* des nicht mehr zu befriedigenden Strebens nach der Ganzheit. Legt man dieses zugrunde, dann bekommt die *Phänomenologie der Ent-*

---

[39] So führt Menasse in seinen Frankfurter Poetik-Vorlesungen auch aus: „Deswegen zerreißt es ja in der Regel die Helden aller großen Romane – weil ja auch alle Gesellschaften schließlich an ihren Widersprüchen zerreißen." Menasse, Robert: *Die Zerstörung der Welt als Wille und Vorstellung*, a.a.O., S. 44.

[40] Vgl. Lukács, Georg: *Die Theorie des Romans* (1920), Neuwied/Berlin 1965, S. 55 ff.

geisterung eine doppelte Bedeutung und darf nur auf der Ebene Leo Singers als vermeintlich ungebrochene Fortführung des Hegelschen Projektes begriffen werden. Er sucht und scheitert daran, das Absolute – wenn auch in einer Rückentwicklung – in den Blick zu nehmen. *Seine Arbeit trägt ihr Scheitern schon in sich.*

Im Gegensatz dazu braucht es für den Autor der *Trilogie der Entgeisterung* keines ‚methodischen Kunstgriffes‘, aus Hegels Perspektive zu schreiben. Angesichts seines *Wissens vom Verschwinden des Wissens* wird deutlich, daß gar kein allgemeiner Regreß des Geistes stattgefunden hat und ein Schriftsteller wie Robert Menasse immer noch Träger eines arrivierten Bewußtseins sein kann. Er kann daher den Lukácsschen Blickwinkel einnehmen und die Entwicklung subjektiv empfundener *Entgeisterung* thematisieren, wie schon die Vermittlung des Werks durch das Bewußtsein einer Romanfigur das Absolute als ein existentiell-subjektives Bedürfnis relativiert. *Entgeisterung* beschreibt damit keinen objektiven Gesellschaftszustand, sondern die ewige Wiederkehr einer Kluft zwischen einem nach Ganzheit strebenden *subjektiven* Bewußtsein und der sich ihm entgegenstellenden Wirklichkeit. Figuren wie Leo Singer haben das Potential zu ewig scheiternden Romanhelden, weil sie einem Bedürfnis nach dem Absoluten folgen und dabei andauernd vor den Umständen resignieren müssen. Zusehends *entgeistert* schauen sie dabei zu, wie sich das Absolute *nicht* realisiert und *keine* allgemeine Annäherung an einen höheren Bewußtseinsmodus stattfindet. Herren und Knechte betreten zwar immer wieder von neuem die Bühne der Geschichte – ihre Auseinandersetzungen scheinen aber immer tiefer in die Unfreiheit zu führen und ihr Wissen letztlich in bloßer Meinung zu verkommen.

In Hinblick darauf kann die *Phänomenologie der Entgeisterung* selbst als ein Metaroman von Romanen verstanden werden, auf die jeweils das Lukácssche Kriterium des Fragmentarischen und der Resignation zutrifft. Damit ist der philosophische Gehalt des Textes keineswegs verloren; vielmehr muß das Eigengewicht der einzelnen Binnenromane jenseits aller Vermittlung von auf- oder absteigender Tendenz des Absoluten als fragmentarische philosophische Betrachtungen anerkannt werden. Nicht zuletzt kann man die Stärke der *Phänomenologie* Hegels in einer ähnlichen Beschaffenheit sehen. So schreibt Ernst Bloch in seinen Erläuterungen zu Hegel, dessen Sprache habe die „Anschaulichkeit, wie sie ein Blitz, aus keineswegs wolkenleerem Himmel, verleiht, wenn er mit einem Schlag die ganze Landschaft erleuchtet, präzisiert, zusammenfaßt."[41] Man möchte hinzufügen, daß solch konturierter Eindruck nicht

---

[41] Bloch, Ernst: *Subjekt-Objekt. Erläuterungen zu Hegel,* Berlin 1952, S. 15.

unberührt läßt, Gewitter aber vorbeiziehen und Schattierungen erst im Sonnenlicht hervortreten.

Literatur

Bloch, Ernst: *Subjekt-Objekt. Erläuterungen zu Hegel,* Berlin 1952.

Bürger, Peter: *Gesellschaftskritik heute,* in: Stolz, Dieter (Hg.): *Die Welt scheint unverbesserlich. Zu Robert Menasses* Trilogie der Entgeisterung, Frankfurt a. M. 1997.

Feuerbach, Ludwig: *Sämmtliche Werke,* 10 Bde., Leipzig 1846-66.

Hegel, Georg W. F.: *Werke,* 20 Bde., Frankfurt a. M. 1970.

Kojève, Alexandre: *Hegel,* Frankfurt a. M. 1975.

Krause, Kathrin: *Robert Menasses* Trilogie der Entgeisterung. *Ein Beitrag zur Theorie des Romans,* Bielefeld 2005.

Löwith, Karl: *Von Hegel zu Nietzsche. Der revolutionäre Bruch im Denken des neunzehnten Jahrhunderts,* Hamburg 1995.

Lukács, Georg: *Die Theorie des Romans* (1920), Neuwied/Berlin 1965.

Lukács, Georg: *Geschichte und Klassenbewußtsein,* Neuwied/Berlin 1968.

Menasse, Robert: *Die Zerstörung der Welt als Wille und Vorstellung,* Frankfurt a. M. 2006.

Menasse, Robert: *Phänomenologie der Entgeisterung. Geschichte des verschwindenden Wissens,* Frankfurt a. M. 1995.

Menasse, Robert: *Schubumkehr,* Frankfurt a. M. 1995.

Menasse, Robert: *Selige Zeiten, brüchige Welt,* Frankfurt a. M. 1991.

Menasse, Robert: *Sinnliche Gewißheit,* Frankfurt a. M. 1996.

Singer, Leopold J. [Robert Menasse]: *Phänomenologie der Entgeisterung. Geschichte des verschwindenden Wissens,* in: *manuskripte* 31/111 (1991), S. 91-110.

Wieland, Wolfgang: *Hegels Dialektik der sinnlichen Gewißheit,* in: Fulda, Hans F./ Henrich, Dieter (Hg.): *Materialien zu Hegels* Phänomenologie des Geistes, Frankfurt a. M. 1973, S. 67-82.

Fulda, Hans F./Henrich, Dieter (Hg.): *Materialien zu Hegels* Phänomenologie des Geistes, Frankfurt a. M. 1973.

Jens Rometsch (Bonn)

Style and Content: Does Philosophical Discourse Need a 'Form Follows Function'-Doctrine?

On occasion, it seems insultingly easy to summarize debates on aesthetic norms with a few catchy slogans such as "Form follows function", "L'art pour l'art" or "Anything goes". Those who advocate a "Form follows function"-doctrine in debates on aesthetic norms sometimes emphasise that if one doesn't, one might end up being stuck with an "Anything goes"-attitude.[1] Adherents of the "L'art pour l'art"-slogan would of course deny that: Any true and serious art – so they might claim – is far from arbitrariness and will find every possible reward and aim by means of its own proceedings and creations.[2]

The proceedings and creations of philosophical discourse tend to be different from those in the artistic creation of paintings, sculptures or literature. I will comment on some of the possible differences to then conclude about some similarities between philosophical texts and literary texts that might allow considering the scope of experiences they intend to procure as occasionally identical. The art forms which most would consider to be closest to philosophy are those of literature – for example poetry and narration. Some even consider poetry and narration to be indistinguishably close to philosophy or to be virtually the same thing. Others argue that even though it might be difficult to characterise the difference between narrative, fictional texts and philosophical treatises it would be silly to deny that a difference prevails. A philosophical treatise

---

[1] 'Form follows function' is a catch phrase rendered popular by Louis Sullivan's famous essay *The Tall Office Building Artistically Considered* (published in 1886). As the title of the essay indicates, the early skyscraper-architect Sullivan was using the phrase to refer to architecture. Arguably, it seems easier to determine for architecture than for any other form of art whether it does serve a function and what that function might be. This paper will argue, however that any form of art is functional at least in the very broad sense of purposeful.

[2] Just in order to name the origin of the other two mentioned catch phrases: "Anything goes" is the title of a Cole Porter musical (first put on stage in 1934), taken up as a motto for his attitude towards scientific truth by Paul Feyerabend. The phrase "L'art pour l'art" is either ascribed to Théophile Gaultier or Victor Cousin.

operates with arguments and conclusions in abstract terminology and on methodically justifiable grounds – a literary text (narration or poem) operates with images, metaphors, characters, plots and in a language shaped by dramatic or lyric craft. Both – the philosophical treatise and the literary text – might revolve around the same issue, deal with the same questions, have the same topic. They might both be equally insightful, informative, elucidating and inspiring. Some might read Hegel's *Phenomenology of Spirit* as if it were a big and sizzling novel – some might read Nietzsche's *Thus spoke Zarathustra* as if it were a sober and arid philosophical treatise. The question of whether some or all philosophical problems are better dealt with by means of a treatise or by means of a literary text remains open to discussion. The same applies, of course, for the question of whether there is a genuinely philosophical problem at all, and if so, what it might be.

Since philosophical treatises on one hand and lyrical or narrative texts on the other share so much common ground with respect to their semantic content, the difference between them seems to be, above all, one of style. If the content can be more or less the same independent of the genre, then the difference by which the genre is characterized must involve features such as the choice of vocabulary, or semantic and syntactic patterns. The difference between the two genres might also involve different social functions. In general and like any other form of art, literature aims to please in one way or another – not necessarily by providing easy entertainment. The pleasure literature provides is often characterised as intellectually stimulating, as touching or inspiring – and it clearly is, in the case of 'good literature' a pleasure far beyond any level of indifferent amusement or cheap thrill. Philosophy is, as it seems, not by necessity supposed to please. A very characteristic trait of philosophy in our era is an unprecedented degree of professionalisation. Philosophy as taught and practised in universities, colleges and other institutions around the globe has stopped producing texts of literary genres (such as the dialogue, novel, poem or theatre play). Some professional philosophers might still be experimenting with philosophical work in these genres – but they do so in their spare time. Writing a philosophical dialogue, a novel, poem or theatre play won't boost your university career. A steady trend of mainstream philosophy to renounce the production of texts in these genres is an obvious feature of modern philosophy. The result of this trend is equally obvious: For current professional philosophy, the treatise seems to be the only genre left. Even the essay which is a seemingly common genre in today's professional philosophy turns out to be a kind of small treatise with little or nothing to do with the kind of text that Michel de Montaigne, the inventor of the genre had in mind. The general embarrassment of having only one text genre left to express our precious philosophical thoughts is well reflected in a common term for the small treatises we usually present in expert conferences such as this: In an implicit denial of what they are, namely small treatises, we choose to call them 'papers'.

The more philosophy is expected to be professional, scientific or scholarly instead of artistic and poetic, the less it is expected to please. Well-intentioned authors of philosophical treatises will perhaps try to achieve some standard of 'good' writing. But stylistic norms of writing shouldn't be their primary intention if it implies neglecting standards of reflection and argumentation. Confronted with a philosophical treatise, we are inclined to tolerate clumsy styles of writing which we would not tolerate reading a novel or poem. Reading a novel or poem we might tolerate certain degrees of superficiality, superstition, ideological prejudice, stereotyping, cliché or simple clap-trap which we might find intolerable in a philosophical treatise: Honoré de Balzac's occasional silliness will always seem more forgivable than Arthur Schopenhauer's occasional silliness. The fact that Shakespeare's texts promote paranatural phenomena such as ghosts and witchcraft doesn't diminish their quality as literary texts. If Shakespeare's contemporary Descartes had used his philosophical treatises to seriously argue for the existence of ghosts and witches, he might not have been canonised as a pivotal figure for Early Modern Philosophy.

There is a social function of meeting reader expectations specific to the genres of literary texts on one hand and philosophical treatises on the other. And authors in both genres can't stop servicing those expectations simply by provoking their readers and pushing the boarders of their respective genres. A novel like James Joyce's *Finnegan's Wake* is still distinguishably a narrative text, despite its provocative and numerous transgressions of common place reader expectations. The sometimes blurry treatises of philosophical postmodernism transgress and challenge standards of scholarliness that henceforward were taken for granted. And yet they are still recognisable as philosophical treatises and are not mistaken as literary texts. Readers expect literary texts to be pleasant – even if they expect the strange pleasure of being irritated, annoyed, shocked and disturbed. But what's to be expected from a philosophical treatise?

As already pointed our, it's obviously not pleasure. The fact that the average reader doesn't expect the same kind of experience from a philosophical treatise as from a novel indicates that the philosophical treatise is not a text genre intended for artistic expression. This holds to be true independent of the legitimate suspicion that some authors of philosophical treatises would like to see their texts characterised as works of art above all else. The sheer amount of mannerisms and idiosyncratic wordings to be found in philosophical treatises exceeds what may be common in most other disciplines of higher learning – just think of Martin Heidegger's late essays. Undeniably, the level of reflection and learnedness expected from decent philosophical treatises requires great mastery of textual composition. And why shouldn't their authors expect to create an effect which comes randomly close to that of a great literary text? Authors can expect whatever they want. Their intentions and expectations simply don't count when it comes to experiencing or judging artistic or other qualities of a piece of writing. Each text genre seems to have a specific range of possible intentions, a specific set of semantic content for which it is suitable. If your intention is to present a critique of pure reason, to elucidate your thoughts on Being and nothingness or on empiricism and the philosophy of mind, you are ill-advised to go about by means of a narration, poem or theatre-play. If your intention is to tell us about either fictional or factual incidents concerning Gulliver's travels, Macbeth, the life, death and resurrection of Jesus Christ or the old man and the sea, a philosophical treatise should not be the genre of your choice. For our reading of a text, it doesn't matter if an author chooses the most suitable text genre for his or her intentions. If a secretly mad Shakespeare had intended *Hamlet* to be an elaborated theory on Being and nothingness, this intention wouldn't have to alter our experience of the play's artistic qualities. And if we found out that a secretly mad Immanuel Kant had intended his *Critique of Pure Reason* to report on incidents concerning the old man and the sea, we wouldn't have to change our philosophical reading of his ground breaking treatise.

It seems as if each text genre were suitable for a specific sort of semantic content. What specific semantic content is the philosophical treatise suitable for? Let's again check what readers expect from a philosophical treatise. They don't usually expect to derive the sort of pleasure from it that is commonly expected from a literary text. Most likely, they are not after pleasure at all. Usually they might hope to learn something about whatever matter the treatise or its title announces. If a treatise is entitled 'Empiricism and the Philosophy of Mind', the reader should be keen to learn something about empiricism and the philosophy of mind. A clever reader will of course know that other competing treatises treating the same subject will tell him something different about empiricism and the philosophy of mind – just as each of the four gospels tell us something different about the life, death and resurrection of Jesus Christ. Narrative texts like the gospels are often supposed to adequately report about factual incidents if they are not admittedly fictional and thus invented altogether. If a narrative text that is not supposedly fictional reports about something, we are usually quite ready to accept its intention of adequately reporting about what is or was the case. Often enough we are sufficiently gullible not only to accept the intention of an adequate report, we also believe the report to be true. On average, we wouldn't suspect every newspaper report about current affairs to be completely invented. Not only fictional accounts, but also narrations that claim to report adequately on matters of fact can be masterpieces of literature. Think of religious or mythological literature in sacred texts or 'true story' novels such as Truman Capote's *In cold blood* as examples of narrations which meet the highest standards of artistic quality whilst still claiming to report about matters of fact. And even admittedly fictional narrations often enough appeal to meeting some standard of truthfulness – e. g. by accepting conventions of realistic story-telling or by claiming implicitly to reveal important insights into the human condition.

From a philosophical treatise we expect a little more than that. The simple intention of reporting about something to be the case just isn't good enough. We don't just want a report about something; we want a report that is designed to be *convincing* – not just to be *persuasive* such as texts in advertisement or sometimes in political speech. Idle rhetoric and propaganda techniques shouldn't fool us into philosophical convictions. For a report to be convincing, it must name solid reasons why we should share the belief that it adequately presents something as being the case. Readers of philosophical treatises have a tendency to be obsessed with asking for reasons. That is why the sentences in a philosophical treatise can't simply report about something but have to *argue* for it. In a philosophical treatise, the argumentation replaces (more or less) the role of the plot or story-line in a narration. By arguing for something, philosophical treatises sometimes establish a truth which is not to be observed or witnessed outside of its report in that very treatise. If a 'true' story tells you about something, the tale always implies that you could have *witnessed* the incident it is telling you about, if only you had been there. With many philosophical matters, there is nothing to be witnessed of whatever a treatise argues for outside of that very treatise or other treatises.

Narrations can report about something as being the case. Philosophical treatises always report about something as being the case and elucidate why readers should believe their reports to be true.[3] Philosophical elucidations usually employ strategies of argumentation, systematisation, plausibilisation, exemplification or illustration. These strategies serve to justify objectivity claims. Objectivity claims vary in degree and type: A treatise might argue that its claims are very likely the case or that they are undeniably the case. A claimed 'necessity' can be of an empirical or *a priori* nature. Objectivity claims sometimes are presented as relative to other claims, sometimes defended as the absolute truth. The strategies used for justifying objectivity claims are also meant to warrant that the *presentation* of what is supposedly the case remains adequate. Philosophical treatises shouldn't just reflect on what is the case but also on how to present it in order to make it fully manifest. Therefore, all strategies for justifying objectivity claims are to be used methodically – at least as far as possible. The method is supposed to guarantee that all the persuasive techniques and strategies used in a philosophical treatise serve their purpose of making a case for something in a manner likely to convince potential readers. Fashions, conventions, ideologies or other standards as to what is considered to be convincing change in the course of history just as standards for 'good' literature change. Poetic craft is an essential feature of literary texts – a feature which in philosophical treatises is replaced by a method: Geometrical, dialectical, phenomenological, analytical, hermeneutic or deconstructive methods serve to characterize entire schools of thought.

Thus, the four main features of a philosophical treatise are:

a) A philosophical treatise is a text that *reports* about something.

b) Whatever it reports about, *is supposed to be the case* (is supposed to be factual, not fictional).

c) It *argues* for the supposition that whatever it reports about is the case.

d) The strategies of this argumentation are reflected and consequently more or less determined by a method which has to be adequate for the purpose of the argumentation.

---

[3] Some treatises might aim at restricting themselves to raising questions without making a case for something. But even then, implicit claims seem unavoidable. However, my claim that every philosophical treatise states something as being the case does not result in any kind of metaphysical realism. In such a treatise as anywhere else, the articulation and comprehension of subject matters might be depending on subjective epistemological conditions, partly or entirely. As long as any such articulation is not supposed to be imaginary, phantasized or in another way invented, it cannot avoid reporting about something as being the case.

If my indeed very sketchy characterisation of the philosophical trea-tise in opposition to genres of literary texts holds to be true, a few note-worthy consequences for philosophy are to be considered. As already pointed out, the philosophical treatise seems to be the only genre left in today's professional philosophy. Therefore, the four main features strongly correlate to the average expectation of average readers. But the genre is not just limited and determined externally – for example by rea-der expectations, conventions, traditions or other factors. Each text genre is determined by the *intentions* of the texts it comprises. The form of the text genre is a consequence of what the text is intending to express. This intention of expressing something is the *meaning* of the text, its semantic core. Saying that texts mean something is saying that they are an attempt at expression. And whatever texts attempt to express will also have to re-ly on the wider structure of semantic patterns determined by their genre. Even though there might be no rigid or impenetrable boarders between genres – poems, novels, treatises can only intend to express what their respective genres allow. The form of a text necessitates certain contents and vice versa. These mutual limitations between form and content are obviously not set in stone. Every poet can modify the genre of the poem by writing a poem, every philosopher can modify the genre of the philo-sophical treatise by writing one. But each text genre has the function of constituting an appropriate framework for a specific set of possible mea-nings. Whatever a text can possibly attempt to express depends on its genre – just as the expressional range of genres depends on what kind of textual expression they comprise.[4]

There is an intrinsic interdependence between the meaning of a text and the text's genre. Consequently, it seems as a merely accidental by-product if a philosophical treatise produces an effect similar to the one that contexts of meaning in literary texts attempt to produce. Philosophi-cal treatises attempt at convincing that they report adequately about matters of fact – that is the primary if not only effect they intend – as far as I can see, their whole semantic structure which indicates them as be-longing to the genre of the philosophical treatise doesn't support any other assumptions. Even from a radical sceptic's point of view one would probably have to agree that this primary intention of the genre prevails: Any standard of objectivity as intended by the genre of the phi-

---

[4] My claim is not that genres constitute some kind of Platonic idea. A connection be-tween the range of meanings any given text may have and its genre can be main-tained without any such assumption. The connection consists in a *functional interde-pendence* of genre and text for the purpose of producing a specific set of possible meanings.

losophical treatise can be suspected to be entirely illusionary – and yet any such suspicion cannot reasonably deny the *intention* of the genre but only point out illusion to be the genre's life sustainment. The function of the genre is to support the intention of the texts it comprises – thus, these intentions shape the form of the genre. In that sense our initial catch phrase 'form follows function' does apply. But an inversion of that catch phrase 'function follows form' would also apply: The form of a text as determined by the text's genre only supports a specific set of possible meanings. Writing a text of a specific genre implies being limited to the range of possible meanings it supports: If your text is recognisably a philosophical treatise, the form of that genre will predetermine what range of meanings your text can possibly comprise. The text's function of serving an author's intentions to express specific semantic content necessarily follows the form of the chosen genre.

Philosophical discourse proceeds by producing and exchanging texts which all follow more or less the demonstrated pattern of the philosophical treatise. This pattern is formally characterised by an interdependence of form and function of the text and its genre. Function and form of the genre are not intended to procure the same effects that readers will expect from a literary text. Despite all this, I do think that philosophical treatises and literary texts can converge into an identity of the effect they have on the reader, independently of all the points mentioned so far. Each philosophical treatise can be the object of other philosophical treatises – individually or in combination with other philosophical treatises or other objects. The interpretation of philosophical treatises seems to be a core business of present day professional philosophy – a business that proceeds by producing philosophical treatises. These treatises about treatises show all of the essential features of their genre: They report about something claiming it as being the case, they argue for their report and reflect their argumentation by following a method.

Quite frequently, interpretations of philosophical treatises fail in a characteristic way, thereby revealing something about the nature of philosophical thought and its intrinsic relation to works of literary art. Most likely every philosopher who ever endeavoured to deliver an interpretation of a philosophical treatise or a set of philosophical treatises has had similar experiences. When interpreting a text, your job is to express what the text you deal with presumably means, what its claims are and how it argues for them. Presumably most of us will have made the experience that sometimes there seems to be more to the philosophical treatises we interpret than just what they claim and how they argue for it. Sometimes the words and phrases can gain a kind of presence in our mind that exceeds their central function of referring to something beyond the text – the one function we as professional philosophers are trained to focus on when interpreting a philosophical treatise. It's as if the language of the text we deal with started to speak for itself. It's as if the words and sentences were referring to themselves by indulging in their semantic horizons. In this reading experience, our focus of attention shifts to the literary quality of a philosophical text in search of which we probably didn't start reading it. Our mind rests on the words, on the full and in most cases chaotic spectrum of their meanings and connotations. It's as if the language of the text were to make us forget the intentions of its genre. Strangely enough, this is the kind of experience we expect to have when reading literary texts but which is also possible when reading philosophical treatises even though the genre is all but made to procure that kind of experience.

According to Hans-Georg Gadamer who uses the term of the "eminent text" to describe this effect, we can only experience it in literary texts.[5] I respectfully disagree with that restriction. I believe that philosophical treatises sometimes can procure this experience of being thrown back to the sheer, estranging beauty of their language even though or even *because* they don't intend it. Paradoxically, the fact that the genre predetermines the texts it comprises to something else seems to support that we sometimes appreciate philosophical treatises for a kind of experience we should be looking for in poetry or narrative literature. When interpreting a philosophical treatise, our focus of attention usually rests on getting a grasp of what it means and of how that intention is supported by a methodically coherent argumentation. We all know that this is not an easy business. Interpreting the crucial passages in treatises by Aristotle, Kant, Hegel, Heidegger, Sellars, Derrida and many others can be painstakingly tedious. Our work is hard and often frustrating. And we probably want it to be that way. Or, as Ernst Bloch once put it:

---

[5] "This is how words gain their *full presence to themselves* only in a literary text. They don't only give a presence to what's being said, but also to themselves in their apparent acoustic reality. [So gewinnt das Wort im literarischen Text erst seine volle *Selbstpräsenz*. Es macht nicht nur Gesagtes präsent, sondern auch sich selbst in seiner erscheinenden Klangwirklichkeit.]" Gadamer, Hans-Georg: *Text und Interpretation* (1983), in: Idem: *Wahrheit und Methode. Ergänzungen, Register*, Tübingen [2]1993, p. 352.

> There is no royal highway, no comfortable shortcut to philosophy [...]; any
> such easy satisfaction would save us from the commitment and the trouble
> and therefore be of as little glory as masturbation.[6]

In the course of our scrupulous work of interpreting absurdly complex
philosophical treatises, we are a somewhat like those torture victims who
start sympathising with their torturers: We start liking the treatises we
have struggled with. We start finding them adorable not only because of
their brilliant thought. Often enough, we find ourselves somewhere in-
between comical relief and catharsis. And that's when we start deriving
pleasure from the language of philosophical treatises. Once we are
through with getting a grasp of them, their sober or mannerist terminolo-
gies, their simplicity or complexity of style, their daring neologisms, the
lines and twists of reflection and argumentation, the ambivalence or
clearness of their statements, the frequent boldness of their syntactic patterns – once we're through, all of these familiar elements of philosophical treatises are reduced and amplified to the overwhelming but wry
splendour of their language.[7]

Whenever this experience occurs, all the intentionalities involved in
the procedural structures of the text, its production and reception seem to
disappear. As pointed out earlier, due to the essential features of its genre
a philosophical treatise can never attempt at creating the effect a literary
text is supposed to create. Any reader who starts reading a philosophical
treatise hoping for that kind of effect would be as ill-advised as any
author writing a philosophical treatise with the intent of producing the
effect expected from a literary text. On average, neither the author nor
the reader of a philosophical treatise nor the treatise itself can be alleged
the intent of producing or experiencing the effect that is expected from a
literary text. And yet, philosophical treatises can have that effect. If my
claim is correct, I still have some explanations to give unless I want to
claim some sort of familiar miracle. How can it be that the reading of a

---

[6] "Es gibt keine via regia, keine bequeme Abkürzung zur Philosophie [...]; solche
Art der Befriedigung wäre ja auch, als Ersparung des Einsatzes und der Schwierigkeiten, so wenig ehrenvoll wie die Onanie". Bloch, Ernst: *Subjekt-Objekt. Erläuterungen zu Hegel*, Frankfurt a. M. 1971, p. 34.

[7] It is, of course, quite possible and by no means uncommon to enjoy the beauty of
the language in a philosophical treatise *before, during and after* working on its interpretation. The *consequential* outline as sketched in this and the following passages
(according to which the enjoyment follows the work of interpretation) corresponds
the likely *intentional* order of a reader's intentions and expectations as determined by
genre conventions of the philosophical treatise. This intentional order does not have
to correspond with the chronology of reader experiences.

philosophical treatise can produce an effect that none of the agents involved – author, text, reader – had reason to intend?

As already demonstrated, form and function of a philosophical treatise are intrinsically interdependent. The philosophical treatise is a semantic pattern in which all components are relative to one another: The form of the genre is relative to the function of the texts it comprises; the text's function is only recognisable and therefore only 'functions' in relation to its form or genre. The function of a philosophical treatise is to report about something and methodically argue for it as being the case. Therefore, the treatise is formed as a complex structure of thoroughly relative components. And not just the treatise as a text, but also all the agents involved in its production and reception have a similar status of relativity. The author of the treatise is only recognisable as an author in relation to the treatise and its reader without whom the treatise couldn't be recognised as a treatise written by an author. Nobody could be recognisable as reader of a philosophical treatise without the treatise and its author. Between author, text and reader, a process of recognising and being recognised takes place. However, the components of this process are not in a thoroughly mutual relation to one another, since a text is recognised as such and doesn't recognise anything. After all, a philosophical treatise is not a person; as a text, it is the *object* of the process, reader and author are the subjects.

However, things might not be quite as evident when one considers it possible to have the same kind of reading experience with philosophical treatises as one might have with those literary texts that Gadamer calls "eminent". The essential feature of this experience is that the text stops meaning anything outside of itself. The language of the text is all there is left. It's as if the text spoke for itself to only speak of itself. At the end of his famous logical-philosophical treatise, Wittgenstein summons his readers to accept that all the elucidations of his text only serve to prove it as nonsensical. The reading of the logical-philosophical treatise is supposed to serve its own transgression and the transgression of the reader's desire to interpret it philosophically: In a famous metaphor, the reader is asked to "throw the ladder away" – the "ladder" being the text's self-negating function of reporting about and arguing for its own nonsensic nature.[8] In the kind of reading experience I am referring to, it certainly doesn't seem as if *we* were the ones who throw the ladder away. It's as if the text's

---

[8] "Meine Sätze erläutern dadurch, daß sie der, welcher mich versteht, am Ende als unsinnig erkennt, wenn er durch sie – auf ihnen – über sie hinausgestiegen ist. (Er muß sozusagen die Leiter wegwerfen, nachdem er auf ihr hinaufgestiegen ist.)" (TLP 6.54).

language did it for us. It's as if the text spoke *for* itself to speak *of* itself, as if it threw away the ladder to its own reference to something apart from itself. The text becomes visible as the auto-revelatory process of its own function of meaning something. And this only happens when we start reading without interpreting what we are reading. Our usual desire to distinguish what a text is supposed to mean constantly shifts our attention away from the text itself to what the text is supposed to mean. The text's function of meaning something usually makes the text and its language disappear behind what it refers to, behind what it supposedly means. When readers of philosophical treatises dare to be oblivious of their function of finding out what the text means, the text itself, in its basic function of meaning something (no matter what) becomes their focus of attention. In the course of becoming fully conscious of the text's function of meaning something, the reader stops functionalizing it for his or her purpose of trying to find out what it actually means. The text as such only gains presence to us when we stop using it properly, when we stop treating it as an object meant to mean something. And when that occurs, the kind of attention a text receives is not the same as if it were still an object of interpretation. Only then the auto-revelatory structure of the text becomes perceptible. This perception elevates the text to a status which is different from that of an indifferent object, different from that of simple 'reading material'. When a philosophical treatise supports being read without the intention of wanting to know what it means, it stops disappearing behind its supposed meaning. But in the same process, as soon as the text stops disappearing, the reader disappears with it. Especially in the case of a philosophical treatise, reading a text without trying to find out what it means implies a loss of one's functional identity as a reader (of philosophical treatises). It's as if the text read itself through our minds or as if we were reduced to being the text's voice. In this reading experience of forgetting about one's original intention to grasp what a text is saying, the reader stops navigating the reading process. Instead of trying to determine how and what is being read by pursuing his interprettational interests, the reader gives in to the text and its language. The text becomes the subject of the process, the reader becomes the conscious medium in which the auto-revelation of the text is to take place.

This reading experience may be rare. It may be even particularly rare when we are reading philosophical treatises. However, the fact that it can occur against all the odds of ordinary reader intentions and against the features of the genre is not as miraculous as it may seem at first. Our trained and methodical intention of understanding philosophical treatises doesn't simply stop as we perhaps get tired by our own interpretational work in the process of reading. Interpretation is a conscious process of intending to understand a text's meaning, a strenuous and exciting process. By interpreting a text we intend to reach an effortless understandding, one that grasps the meaning of the text without having to interpret it. We want to be able to read and understand Hegel's *Science of Logic* or Wittgenstein's *Logical-Philosophical Treatise* as easily as a newspaper report about current affairs. If we work long enough on some treatises, we can actually reach a level of comprehension that allows us to read and understand them without constantly having to interpret what we are reading. Even though the work of interpretation is hardly to be avoided with most philosophical treatises, the aim of that work is to make interpretation superfluous. When we can follow a text without having to interpret it, understanding becomes seemingly effortless. Our intention of wanting to understand what the text means doesn't disappear – but when the work of interpretation is no longer necessary to achieve it, it is readily forgotten in the process of reading. And that's when we might be likely to allow ourselves a reading of a philosophical treatise that allows the text to gain another presence for us than that of an object of interpretation, of a text intended to mean something. If we manage to forget about our struggle to understand what a philosophical treatise means, the words and phrases might reveal themselves in a quality that is not to be reduced to their function of reporting about something and arguing for it as being the case. And the experience of that quality might come indistinguishably close to the experience we can have with literary texts.

Even though this experience may be rare, even though some might argue that it doesn't take place at all or doesn't take place when we are reading philosophical treatises – I suspect that it is one of the hidden motivations for developing a professional interest in philosophy. Of course, as philosophers we are all on a quest for truth. We have to acknowledge that there seems less and less to do for us, the more individual sciences take over the avant-garde of human knowledge, each science in its respective field. Even the human mind which until a few decades ago used to be our undisputed domain, is now being usurped not only by psychology – it is also frequently mixed up with the brain and hence claimed to be a domain of neurosurgery or other evolving disciplines. As philosophers we know that all of these disciplines need us, even though their representatives don't always seem to know. However, given the ancient glory of our profession, we sometimes seem to get frustrated by the little echo our treatises seem to produce outside of our own circles. If that is true, and if it is also true that the pleasure of the described reading experience is one of our hidden motivations for dedicating ourselves to this profession of philosophy, enlarging our genre repertoire might be an option. Even though the genre of the philosophical treatise may provide the most adequate form for the function of reporting about something while arguing for it as being the case, why don't we try other, more literary genres for the same purpose? Just for the sake of the experiment, why don't we e. g. make an effort at recultivating the narrative art of the 'philosophical myth'? It might enhance the popularity of our discipline in the general public as well as our pleasure with reading and writing philosophical texts. Does philosophical discourse need a 'form follows function'-doctrine? I think we already have one – that of a professional discourse which refuses to consider texts of other genres than that of the philosophical treatise. I think professional philosophy would be well-advised to include and promote a larger, more experimental repertoire of text genres. We live by a strict 'form follows function'-doctrine and might be better advised adopting an 'Anything goes'-attitude as far as the choice of text genres is concerned. Poetry and thought can be reconciled only if philosophical thought allows itself to extend into poetry.

Literature

Bloch, Ernst: *Subjekt-Objekt. Erläuterungen zu Hegel*, Frankfurt a. M. 1971.
Gadamer, Hans-Georg: *Text und Interpretation* (1983), in: Idem: *Wahrheit und Methode. Ergänzungen, Register*, Gesammelte Werke Bd. 2, Tübingen [2]1993, S. 330-360.
Wittgenstein, Ludwig: *Werkausgabe*, 8 Bde., Frankfurt a. M. 1995.

Tobias Dangel (Heidelberg)

Zur ontologischen Struktur des Kunstwerks

Im Mittelpunkt des modernen Interesses an der Schönheit steht die Frage nach der inneren Beschaffenheit der ästhetischen Erfahrung. Denn bei dieser handelt es sich um den spezifischen Erfahrungsmodus ästhetischer Gebilde[1] – einen Erfahrungsmodus, der sich einerseits von der objektiv-wissenschaftlichen Gegenstandserfahrung unterscheidet und der andererseits mehr als ein bloß privates Gefühl des Wohlgefallens ist. Kant hat die Eigenart einer solchen Erfahrung paradigmatisch erfaßt, wenn er in der *Kritik der Urteilskraft* feststellt: „*Schön* ist das, was ohne Begriff allgemein gefällt." (KU B 32) Was immer uns Kant mit dieser Formel auch noch sagen wollte, sicher ist, daß er die Erfahrung der Schönheit nicht für privat, sondern für subjektiv-allgemein hält. Sie soll auf der Reflexion des Subjekts beruhen, die als ein freies Spiel der Kräfte, d. h. als ein Spiel zwischen Einbildungskraft und Verstand, ein Moment in jedem Erkenntnisvorgang, mithin eine Reflexions-Lust und darum intersubjektiv mitteilbar ist. Doch was mit der Fokussierung auf den epistemologischen Ursprungsort der ästhetischen Erfahrung weithin aus dem Blick geraten ist, ist die Frage nach der ontologischen Verfaßtheit derjenigen Gebilde, an denen sich die ästhetische Erfahrung vorzüglich einstellt, nämlich der Kunstwerke.

Beides, die ästhetische Erfahrung und die ontologische Verfaßtheit der Werke, kann freilich nicht unabhängig von oder gar in Opposition zueinander thematisiert werden. Vielmehr verweisen Erfahrung und Verfaßtheit wechselseitig aufeinander. Denn zum einen hat die ästhetische Erfahrung das objektive Werk, dessen Erfahrung sie ist, zu ihrer Voraussetzung. Sie ist vollständig auf seinen Gehalt bezogen. Und zum anderen

---

[1] Vgl. zum kunsttheoretischen Begriff des Gebildes Gadamer, Hans-Georg: *Wahrheit und Methode. Grundzüge einer philosophischen Hermeneutik*, Tübingen ⁶1990, S. 116 ff.; ferner zur Bedeutung des Phänomens der ästhetischen Erfahrung für die moderne Reflexion auf die Kunst Bubner, Rüdiger: *Über einige Bedingungen gegenwärtiger Ästhetik*, in: Ders.: *Ästhetische Erfahrung*, Frankfurt a. M. 1989, S. 9-51 sowie Menke, Christoph: *Die Souveränität der Kunst. Ästhetische Erfahrung nach Adorno und Derrida*, Frankfurt a. M. 1991, bes. S. 19-46.

bekundet sich die ästhetische Signifikanz eines Werks immer nur in der Erfahrung, die sich an ihm entzündet. Angesichts dieser Konstellation sollte einer Verständigung über die Beschaffenheit der ästhetischen Erfahrung eine Verständigung über die Struktur der Werke vorausgehen, so daß eine Theorie der ästhetischen Erfahrung letztlich auf einer Theorie der ontologischen Struktur des Kunstwerks aufzuruhen hätte.

Meine folgenden Überlegungen werden sich daher allein auf die Verfaßtheit der Werke beziehen, nicht aber auf die dieser Verfaßtheit korrespondierende ästhetische Erfahrung. Das mag zwar auf den ersten Blick als eine künstliche Trennung erscheinen, ist in der Sache aber umso zweckmäßiger, weil dergestalt eine Struktur aufgedeckt wird, die es erlaubt, die ästhetische Erfahrung vom Werk oder allgemeiner vom Objekt her zu verstehen.

Insofern es sich bei den folgenden Ausführungen um den Versuch handelt, die ontologische Struktur von Kunstwerken zu begreifen, ist es hilfreich, in einem ersten Schritt an einige Distinktionen des Aristoteles zu erinnern und diese zum Ausgangspunkt dafür zu nehmen, worauf man Acht geben muß, wenn man das Spezifische der Struktur ästhetischer Gebilde erfassen möchte. Aristoteles hat an verschiedenen Stellen seines Œuvres, vor allem aber in der *Poetik*, wichtige Bestimmungen für eine mögliche Ontologie der Kunst bereitgestellt, die man nicht ohne Not ignorieren sollte. Es ist übrigens auffällig, daß in den neueren Kunsttheorien Aristoteles wieder zunehmend ins Spiel gebracht wird. Offenbar weiß man die Leistungsfähigkeit der aristotelischen Bestimmungen *in aestheticis*, zu denen ja keineswegs nur die berüchtigte Kategorie der μίμησις gehört, auch und gerade angesichts der avancierten Werke der Moderne neu für sich zu entdecken und für ein philosophisches Begreifen der Kunst fruchtbar zu machen.[2] In einem zweiten Schritt geht es darum, den Unterschied zwischen den technischen Werken und den Werken der Kunst aus ontologischer Perspektive zu umreißen. Dabei zeigt sich, daß die Werke der Kunst im emphatischen Sinne Individuen bzw. individuelle Ordnungen sind, während die technischen Werke als bloße Exemplare angesehen werden müssen. Die Frage, wie der Zusam-

---

[2] Siehe Danto, Arthur: *Die Verklärung des Gewöhnlichen. Eine Philosophie der Kunst*, Frankfurt a. M. 1991, S. 111 ff. und S. 131 ff. Vgl. zur Aktualität und Tiefendimension der kunsttheoretischen Reflexion in der *Poetik* auch den umfassenden Kommentar von Schmitt, Arbogast: *Aristoteles Poetik*, Aristoteles Werke in deutscher Übersetzung Bd. 5, Berlin 2008, bes. S. 45-128; ferner Kablitz, Andreas: *Mimesis versus Repräsentation: Die Aristotelische Poetik in ihrer neuzeitlichen Rezeption*, in: Höffe, Otfried (Hg.): *Aristoteles Poetik*, Klassiker Auslegen Bd. 38, Berlin 2009, S. 215-232.

menhang von Material und Regeln im Werk zu fassen ist, dient hierfür als Leitfaden. In einem dritten und letzten Schritt wird sich zeigen, daß und inwiefern ästhetische Gebilde um ihrer Individualität willen nur ihren eigenen Regeln folgen dürfen, worin zugleich ihre Autonomie begründet liegt und wodurch jedes wirkliche Kunstwerk zu einer je einmaligen Ordnung der Freiheit wird.

I

Folgt man Aristoteles' Grundeinteilung des Seienden, dann gehört die Kunst einer eigenständigen ontologischen Sphäre an – einer Sphäre, die sich grundsätzlich von derjenigen unterscheidet, bei der es sich um die Sphäre der Natur (φύσις) handelt. Denn was allen Werken gemeinsam ist, kann in dem einfachen Umstand gesehen werden, daß sie etwas von Menschenhand Hervorgebrachtes sind. Offenbar gehört die Kunst im weitesten Sinne in den Kontext des Handelns. Aber für Aristoteles verhält sich nicht alles Handeln strukturgleich. Handeln läßt sich differenziert betrachten, nämlich in Abhängigkeit davon, wie es um das Ziel bzw. den Zweck (τέλος) des Handelns in Bezug auf das Handeln selber bestellt ist. Das Handeln kann seinen Zweck einerseits in seinem Handlungs- oder Tätigkeitsvollzug haben oder andererseits in etwas, das zwar durch den Tätigkeitsvollzug hervorgebracht wird, dem aber, sobald es hervorgebracht ist, ein eigener Bestand eignet.[3] So besteht z. B. die Wirklichkeit des Zwecks, ein glückliches Leben zu führen, in gar nichts anderem als im wirklichen Vollzug des glücklichen Lebens, während dagegen die Arbeit an einem Haus nur als ein Mittel zur Verwirklichung des Hauses dient und von diesem als einem äußeren Zweck abhängig ist. Die Wirklichkeit des Hauses ist von der sie hervorbringenden Tätigkeit prinzipiell verschieden, was man unmittelbar daran ersehen kann, daß das Haus auch dann noch besteht, wenn die Arbeit am Haus abgeschlossen ist. Die an dieser Sachlage sich orientierende Unterscheidung, die den Zusammenhang zwischen der Wirklichkeit des Zwecks und dem diesen Zweck hervorbringenden Tätigkeitsvollzug des Handelns berücksichtigt, hat Aristoteles als die Unterscheidung zwischen πρᾶξις und ποίησις gefaßt. D. h., Aristoteles unterscheidet zwischen einem Handeln in *sensu stricto* und einem von diesem Handeln abzugrenzenden Ma-

---

[3] Vgl. z. B. Aristoteles: EN 1094a 1-8.

chen. Wenn nun die Kunst im weitesten Sinne in den Kontext des Handelns gehört, dann nur insoweit als dieses Handeln ein Machen ist.[4]

Das Resultat des Machens ist immer ein Gemachtes als ein Werk, für das Aristoteles das griechische Wort ἔργον verwendet. Insofern der Tätigkeitsvollzug der Kunst das Hervorbringen eines ἔργον im Sinne der ποίησις ist, kann man völlig zurecht sagen, daß alle Kunstwerke Machwerke sind. Wie aber läßt sich ein solches Machen sowie das dem Machen korrespondierende Machwerk näherhin verstehen? Zwei Bestimmungen, die der klassischen Metaphysik entnommen sind, helfen uns hier weiter. Bei diesen Bestimmungen handelt es sich um die der Einheit und der Vielheit. Denn das Grundsätzlichste, was man über das Machen sagen kann, ist doch wohl, daß es sich um eine Tätigkeit handelt, durch die eine Vielheit in eine Einheit überführt wird. Die gemachte Einheit, um die es hierbei geht, ist die Einheit eines Werks oder generell die Werkeinheit. Hingegen ist das, was unter der Vielheit gedacht wird, der Stoff bzw. das Material, das allein durch seine Bearbeitung in den durchgängigen Zusammenhang eines Werks integriert zu werden vermag. Da es sich bei der Vielheit in der Bedeutung des Materials um eine formale Bestimmung, genauer um einen Reflexionsbegriff handelt, ist es zunächst ganz gleichgültig, ob das, was als das Material eines Werks gedacht wird, etwa der Sprache entnommen ist, um in ein Werk der Dichtkunst überführt zu werden, ob es sich um verschiedene Tonhöhen und Tondauern handelt, die sich zu einer Symphonie vereinigen lassen oder vielleicht um Farben, deren Arrangement eine Gemälde zu ergeben vermag. Videoinstallationen, Fotographien, Skulpturen, Dramen, Filme und vieles dergleichen mehr – will sagen: alle ästhetischen Gebilde – weisen eine solche für sie spezifische Materialität auf, aus der sie jeweils aufgebaut sind. Insofern durch die Materialität aber nur ein Aspekt an den ästhetischen Gebilden herausgehoben wird, sind letztere freilich immer ‚mehr‘ als ihr bloßes Material. Dieses Mehr besteht nun in nichts anderem als in der Durchformung des Materials zu der Einheit eines Werks, so daß es immer diese Einheit von Material und Form ist, die den Gehalt eines Werks als ein sinnvolles Ganzes ausmacht. Entsprechend hat Aristoteles in seiner *Poetik* die σύστασις τῶν πραγμάτων, worunter er den „Zusammenstand" des Materials zu der Einheit eines Werks ver-

---

[4] Zur Unterscheidung von πρᾶξις und ποίησις bei Aristoteles siehe Dangel, Tobias: *Mimesis. Aristoteles' Bestimmung der Kunst in der* Poetik, in: Halfwassen, Jens/Gabriel, Markus (Hg.): *Kunst, Metaphysik und Mythologie*, Heidelberg 2008, S. 231-256.

steht, für die maßgebliche Qualität eines Kunstwerks gehalten, auf die eine Ontologie desselben ihre Aufmerksamkeit vorzüglich richten muß.[5] Es liegt nun der Verdacht nahe, daß im Rahmen einer Ontologie der Kunst mit dem Werkbegriff eine kunsttheoretische Kategorie mobilisiert wird, die hoffnungslos veraltet ist. Waren es nicht gerade die Avantgardebewegungen, die spätestens seit dem frühen 20. Jahrhundert mit dem Werkbegriff radikal und, wie es scheint, unwiderruflich gebrochen haben? Man braucht nur an die Readymades von Marcel Duchamp oder etwa an das Musikstück *4'33* von John Cage zu denken, um einen solchen Verdacht für nicht ganz unbegründet zu halten. Denn wie soll man Werke, deren Sinn es ist, ihre eigene Werkeinheit zu unterlaufen oder gar konsequent zu negieren, vermittels des klassischen Werkbegriffs überhaupt noch adäquat verstehen können. Desweiteren arbeitet die Gegenwartskunst gezielt mit Techniken der Fragmentarisierung, der Improvisation oder auch mit aleatorischen Versatzstücken, die allesamt auf eine ins Werk selbst versetzte Kontingenz abzwecken und die die Frage nach der Einheit des Werks geradezu als obsolet erscheinen lassen. Die modernen Werke drängen – gebrochen, wie sie sind – auf die Offenheit ihres Gehalts, während der klassische Werkbegriff gerade dessen Abgeschlossenheit zu intendieren scheint.[6] Aber man sollte an dieser Stelle behutsam vorgehen und den Werkbegriff nicht allzu voreilig verabschieden. Denn trotz nachvollziehbarer Bedenken muß es sich bei einem ästhetischen Gebilde, wie flüchtig und die Selbstnegation seines Gehalts demonstrierend es auch immer sein mag, um eine gemachte Einheit in der Vielheit handeln, wenn es von etwas, was es nicht ist und was keinen Teil von ihm bildet, unterscheidbar bleiben soll. Ein Bild, das etwa die Unmöglichkeit des sinnhaften Ausdrucks in der Kunst zu seinem Thema hat und insofern auf seine Selbstaufhebung abzweckt, ist immer noch verschieden von den Betrachtern, die sich vor ihm versammeln. Nur unter der Bedingung seiner Einheit verfügt ein ästhetisches Gebilde über diejenige Identität mit sich, die vorausgesetzt werden muß, wenn es als

---

[5] Vgl. Aristoteles: Poet. 1450b 21-23.

[6] Immer noch vorbildlich ist Dieter Henrichs Diagnose zur Situation der Kunst in der Moderne, wenn er schreibt: „So kann die Kunst der Gegenwart sich in ihrer Wahrheit nur halten, indem sie sich als Kunst zurücknimmt und doch nicht aufhört, Kunst zu sein. […] Sie muß Form und Formbruch in einem sein und durch diese Einheit ihre beiden Bedeutungselemente gegeneinander oszillieren lassen. […] So wird die Anstrengung der Kunst der Gegenwart zu der scheinbar paradoxen Anstrengung der Form gegen sich selbst. Formstrukturen sollen entstehen, welche die Bedeutungsassoziationen von Form zerstören und doch zugleich vollendete Form sind." Henrich, Dieter: *Kunst und Kunstphilosophie der Gegenwart*, in: Ders.: *Fixpunkte. Abhandlungen und Essays zur Theorie der Kunst*, Frankfurt a. M. 2003, S. 152.

distinktes Gebilde überhaupt ästhetisch thematisierbar sein soll. Der Werkbegriff ist als Strukturbegriff offenbar so umfassend, daß er auch noch auf Gebilde angewendet werden kann, die sich gegen ihre eigene Werkeinheit und somit gegen den Grund ihrer Identität richten. Das wird häufig nicht gesehen und hat der These von der Antiquiertheit des Werkbegriffs Vorschub geleistet.[7]

Wie umfassend der Werkbegriff aber tatsächlich ist, kann man auch unter Rückgriff auf den Sinnbegriff verdeutlichen. Denn jedes ästhetische Gebilde stellt als ein Werk eine Sinneinheit dar, die als solche nur unter der Bedingung aufgehoben werden kann, daß sie *in toto* aufgehoben wird. Sinneinheiten, die einen solchen totalen Aufhebungsprozeß an ihnen selber vollziehen, kann es verständlicherweise aber gar nicht geben. Ein Kunstwerk, das als Sinneinheit der Unsinn wäre, wäre überhaupt keine Sinneinheit und damit auch kein Kunstwerk mehr. Das besagt jedoch nicht, daß ein Kunstwerk nicht eine solche Sinneinheit sein kann, die sich gegen sich selber wendet und so den Unsinn als die Negation des Sinns zur Darstellung bringt. Die Darstellung des Unsinns in der Kunst ist nicht schon selber Unsinn, sondern sie bleibt eine Sinneinheit und darüber ein Sinngeschehen der Kunst. In gleicher Weise sind Kunstwerke, die auf die Auflösung ihrer Werkeinheit abzwecken, immer noch einheitlich verfaßte Werke. Anderenfalls wären sie gar nicht. Der Werkbegriff ist ebenso inklusiv wie der Sinnbegriff; d. h., ästhetische Gebilde, die an ihnen selber die Auflösung ihrer Einheit vorführen, fallen weiterhin unbeschadet unter den Werkbegriff wie auch die Darstellung des Unsinns ein Sinngeschehen der Kunst sein kann, auf die sich der Sinnbegriff uneingeschränkt anwenden läßt. Eine Untersuchung zur ontologischen Struktur des Kunstwerks braucht auf den klassischen Werkbegriff, wie er sich vorbildlich bei Aristoteles ausgebildet findet, nicht zu verzichten.

---

[7] Eine solche Antiquiertheitsthese wird nachdrücklich von Rüdiger Bubner vertreten. „Den Verrat an der Idee des Werks betreiben schließlich mit voller Absicht jene aktionistischen Praktiken, die wie das Happening Kunst in einen Vorgang übersetzen wollen oder wie gewisse Schöpfungen der neuesten Musik nichts als eine Kette wechselnder Vollzüge inaugurieren oder auch mittels mechanischer Vorkehrungen statt des ‚Werks‘ nur einen permanenten Prozeß in Gang bringen. […] Die angedeuteten Tendenzen dienen in unserem Zusammenhang der Veranschaulichung der These, daß die Krise des Werkbegriffs ein wesentliches Signum der modernen Epoche ist." Bubner, Rüdiger: *Über einige Bedingungen gegenwärtiger Ästhetik*, a.a.O., S. 33.

II

Wenn ein ästhetisches Gebilde der Kunst eine zum Werk verfaßte Einheit in der Vielheit ist, stellt sich die Frage, woraus die Einheit dieses Gebildes eigentlich resultiert bzw. wodurch die Integration des Materials zu einem gehaltvollen Werk gelingt. Die Einheit ist mit dem bloßen Material ja noch nicht gegeben und auch das Machen als solches kann nicht als der Grund seiner Einheit angenommen werden, weil es nur der Vollzug einer Tätigkeit ist, durch die das Werk ja allererst zu seiner Einheit gebracht werden soll. Um dies leisten zu können, ist auch das Machen auf ein Prinzip seiner Einheit angewiesen, das nicht im Machen selbst liegen kann. Woher stammt also die Einheit des Werks, deren Herstellung das Machen ist? Sobald man etwas herzustellen beabsichtigt, bedarf es für gewöhnlich einer Vorstellung oder eines Begriffs dessen, was – aristotelisch gesprochen – das τέλος der ποίησις ist. Wer keine Vorstellung von dem hat, was es ins Werk zu setzen gilt, ermangelt in seinem Machen derjenigen Bestimmtheit, die notwendig ist, um überhaupt ein bestimmtes Etwas herstellen zu können. Die Vorstellung oder der Begriff der Sache fungiert somit als der zu verwirklichende Zweck, in dem das Machen den Grund seiner Bestimmtheit und d. h. den Grund seiner Einheit hat. Dabei ist der Begriff der Sache als der für das Machen bestimmende Zweck zugleich der Begriff von einem Ganzen, der die Idee einer Einheit in der Vielheit enthält und der letztlich als die Idee des Werks selber betrachtet werden kann. Die Werkeinheit läßt sich auf den ersten Blick also auf den Begriff von einem Ganzen als der Vorstellung des Werks zurückführen.

Das ist allerdings noch nicht präzise genug. Denn damit der Begriff von einem Ganzen die Einheit eines Werks zu gründen vermag, bedarf es auch der Regeln, durch deren Befolgung sich eine Vielheit von Teilen zu der Einheit eines Ganzen synthetisieren läßt dergestalt, daß die Leistung der Synthesis tatsächlich die Verwirklichung des Zwecks bzw. des im Begriff gedachten Ganzen ist. Der Gedanke von der Einheit und Ganzheit des Werks führt also auf den Regelbegriff. Erst durch die Regeln ist festgelegt, inwiefern in einem Ganzen nicht nur Teil an Teil anschließt, sondern inwiefern Teil auf Teil auch wirklich folgt. D. h., die Synthesis der Teile zu einem Ganzen muß nach einer angebbaren Vorschrift verlaufen. Im Werk stehen nicht nur überhaupt alle Teile in Relation zueinander sowie zum Ganzen, sondern sie sind auch funktional aufeinander bezogen. Die Folge der Teile ist nicht beliebig, sondern immer folgt eines auf eines nach einer Regel, wodurch die Teile zu der Einheit eines Ganzen geordnet werden. Durch die Regeln sind die funktionalen Beziehungen zwischen den vielen Teilen determiniert, woraus dann die Einheit und Ganzheit des Werks resultiert. Werke müssen demnach nicht bloß als gemachte Einheiten angesehen werden, sondern vielmehr als gemachte Einheiten, deren einheitliche Verfaßtheit auf Regeln basiert. Als regelgeleitete Einheiten in der Vielheit handelt es sich bei allen Werken der Kunst um Ordnungen bzw. Systeme.[8]

Mit dem Begriff eines Ganzen als dem zu verwirklichenden Zweck sind aber nicht nur die Regeln gegeben, die die Synthesis anleiten, sondern es ist auch weitgehend festgelegt, welches Material für die Herstellung eines Werks überhaupt zur Anwendung kommen kann. Denn es ist ja nicht jedes Material für die Verwirklichung eines Zwecks geeignet. Es hängt vom Material ab, ob sich die vorgegeben Regeln der Synthesis auf es anwenden lassen oder nicht – Regeln, die aber unmöglich nicht angewendet werden können, wenn das Material in diejenige funktional gegliederte Ordnung eingefügt werden soll, die der zu verwirklichende Zweck ist. Ein Konflikt zwischen dem Material und den für das Werk konstitutiven Regeln ist in einer Ordnung durchaus denkbar. Das Material kann sich hinsichtlich des zu verwirklichenden Zwecks als dysfunktional erweisen.

Zu einem funktionalen Konflikt zwischen Material und Regeln im Werk kann es jedoch nur dann kommen, wenn die Regeln dem Material gegenüber unabhängig und somit äußerlich sind. Solche äußeren Regeln bleiben in ihrem Verhältnis zum Material offenkundig abstrakt. Aber trotzdem muß das Material, um in die Einheit eines Werks integriert werden zu können, den abstrakten Regeln folgeleisten. Das Material kann sich den Regeln nicht verweigern, wenn es als Material zum Werk gehören soll. Oder anders gewendet: Die Regeln müssen auf das Material anwendbar sein und d. h., das Material muß sich unter die für die Einheit des Werks konstitutiven Regeln subsumieren lassen. Das Material hat sich den abstrakten Regeln mehr oder weniger zu fügen oder es ist für das Werk überhaupt funktionslos und somit gar nicht dessen Material.

Werke, die die bislang beschriebene Struktur erfüllen, sind Ordnungen bzw. Systeme, die auf der Subsumption eines Materials unter eine

---

[8] Ich schließe mit meiner Analyse der Werkstruktur an Heinrich Rombach an, wenn er schreibt: „Allen Funktionalitäten ist gemeinsam, daß sie als Funktion nur „Bestimmtheit" meinen und nur als Bestimmtheit faßbar sind oder wenigstens faßbar gedacht werden können und daß Funktionen nur in Mannigfaltigkeiten möglich sind. Sie verklammern sich gegenseitig zu Systemen oder Strukturen und fordern ein ‚Schliessen', das das Ganze in sich zu einer Vollständigkeit bringt." Rombach, Heinrich: *Strukturontologie. Eine Phänomenologie der Freiheit*, Freiburg/München [2]1988, S. 27.

endliche Anzahl äußerer Regeln beruhen. Der Begriff eines Ganzen wird mit den Regeln zum Maßstab oder Gelingenskriterium für das Werk, an dem letzteres sich ausrichten muß, um dasjenige Werk zu sein, welches es gemäß seinem Begriff sein soll. Das Werk hat in seinem Begriff die Norm, hinter der es zurückbleiben oder die es sogar gänzlich verfehlen kann. D. h., jedes Werk ist mehr oder weniger gelungen oder mißlungen, stimmt mehr oder weniger mit seinem Begriff überein. Es kann aber auch im Ganzen scheitern, wenn es seinem Begriff gar nicht entspricht und diesen verfehlt. Die Subsumption des Materials unter äußere Regeln zum Zweck der Verwirklichung der Ordnung, die das Werk ist, muß daher als eine abstrakte Herrschaft eines endlichen Sets an Regeln über ein Material angesehen werden, das seinerseits den Regeln gegenüber äußerlich bleibt. D. h., selbst wenn sich das Material im Werk den Regeln unterordnet, bleiben Material und Regeln grundsätzlich voneinander trennbar.

Die Schwierigkeit, die sich an dieser Stelle einstellt, besteht nun darin, daß die Kunstwerke als ästhetische Gebilde zwar durchaus im Sinne funktional gegliederter Ordnungen zu verstehen sind, daß sie aber trotzdem eine gegenüber den bisherigen Ausführungen modifizierte Struktur aufweisen müssen. Denn wenn man Kunstwerke ausschließlich als regelgeleitete Einheiten betrachten wollte, wäre man über ein technizistisches Werkverständnis noch gar nicht hinausgelangt. Das *experimentum crucis* einer Theorie der Kunst, die der ontologischen Struktur ästhetischer Gebilde nachfragt, besteht folglich darin, den Unterschied zwischen den funktionalen Werken der Technik und den in ihrer Funktionalität ästhetischen Werken der Kunst auf den Begriff zu bringen. Daß die ästhetischen Gebilde nicht nur in Technik nicht aufgehen, sondern im Verhältnis zur Technik geradewegs eine μετάβασις εἰς ἀλλὸ γένος darstellen, liegt auf der Hand. Denn wenn die technische Verfaßtheit der Werke in der Subsumption des Materials unter äußere Regeln besteht, sind alle technischen Werke grundsätzlich reproduzierbar. Es müssen nur wiederholt dieselben Regeln bei der Synthesis eines geeigneten Materials zur Anwendung kommen, um dieselbe Ordnung herzustellen. Bei technischen Werken handelt es sich daher immer um bloße Exemplare einer Ordnung, die unter den für sie konstitutiven Begriff von einem Ganzen fallen. Dergestalt können numerisch verschiedene Werke problemlos identische Ordnungen sein. Anders verhält es sich jedoch bei Kunstwerken. Diese sind weder reproduzierbar noch sind sie überhaupt Exemplare. Vielmehr haben wir es bei ihnen mit Werken zu tun, die in einem emphatischen Sinne ästhetisch interessante Individuen sind.

Wenn man die Abgrenzung der Kunst von der Technik über die Individualität ästhetischer Gebilde zu motivieren versucht, läßt sich natürlich einwenden, daß auch die technischen Werke den Charakter von Individuen haben. Denn selbst wenn es sich bei ihnen um ein und dieselbe Ordnung handelt, sind sie ja nicht einerlei, sondern weiterhin numerisch verschiedene Entitäten. Der Grund für ihre Verschiedenheit liegt im synthetisierten Material. So wären etwa zwei baugleiche Tomatensuppendosen der Marke Campbell's, aus denen sich bekanntlich bedeutende Kunstwerke machen lassen, schlichtweg nicht aus demselben Material hergestellt und eben darin verschieden. Ähnlich hatte ja schon Aristoteles in seiner *Metaphysik* den Materialaspekt (ὕλη) als *principium individuationis* für all diejenigen Entitäten angesetzt, die eine Einheit von Materie und Form sind.[9] Denn während der Formaspekt in verschiedenen Entitäten ein und derselbe sein kann, was deren Artgleichheit zur Folge hat, bleibt nur die Verschiedenheit der jeweiligen Materie, damit sich artgleiche Entitäten dennoch numerisch voneinander unterscheiden können. Verstünde man die Individualität eines Werks ausschließlich von seinem Materialaspekt her, wären die technischen Werke ebenso Individuen wie die Kunstwerke. Daß ein solcher Einwand aber nicht trägt, liegt daran, daß sich die Werke der Kunst von den Werken der Technik unterscheiden wie das Individuum vom Exemplar. D. h., die Individualität, die für Kunstwerke konstitutiv ist und an der sich die ästhetische Erfahrung überhaupt erst entzündet, läßt sich weder allein auf dessen Materialität noch allein auf dessen formgebende Regeln zurückführen, die nicht nur bei den technischen Werken, sondern auch bei den ästhetischen Gebilden der Kunst immer vorkommen, insofern auch die ästhetischen Gebilde Ordnungen sind. Soll es sich bei Kunstwerken nun um Individuen im Unterschied zu bloßen Exemplaren handeln, kann sich deren Individualität allein aus dem spezifischen Zusammenspiel zwischen dem Material und den Regeln ergeben. Ein solches Zusammenspiel muß in der Kunst aber grundsätzlich anders gedacht werden als im Falle der Technik. Denn in der Kunst darf das Material gerade nicht unter von aussen an es herangetragene, mithin abstrakte Regeln subsumiert werden, weil es ansonsten seine ästhetisch interessante Individualität verlöre und als bloßes Exemplar zur Technik regrediierte. Wenn in ästhetischen Gebilden um ihrer Individualität willen das Material äußeren Regeln nicht unterworfen sein darf, muß es sich bei ihnen um Ordnungen handeln, die von einer anderen strukturellen Verfaßtheit als die technischen Werke sind.

---

[9] Vgl. Aristoteles: Met. 1034a 5-8.

III

Die Frage nach der ontologischen Struktur des Kunstwerks, die sich zur Frage nach dessen Individualität verdichtet, hängt direkt mit der Frage nach der Heteronomie oder Autonomie zusammen. Dabei möchte ich die These vertreten, daß überhaupt nur die autonomen Werke vollgültige Individuen sein können, ja daß die autonome Verfaßtheit des Werks eine Bedingung dafür ist, daß es zur Kunst und nicht zur Technik gehört. Wie ist das näher zu verstehen? Der Autonomiegedanke steht im Zentrum des theoretischen Selbstverständnisses der ästhetischen Moderne. Er ist gegen die Heteronomie in der Kunst gerichtet, wie sie paradigmatisch im Gedanken einer Regelpoetik zum Ausdruck kommt und als deren Erfinder meistens Aristoteles mit seinen Überlegungen zur Dichtkunst angesehen wird. Dabei muß eine Regelpoetik als der Versuch gelten, die ästhetische Produktion hinsichtlich der Auswahl ihrer Themen und deren „richtiger" Behandlung zu normieren, d. h. ihr verbindliche Regeln vorzuschreiben.[10] Die Heteronomie/Autonomie-Opposition bildet bekanntlich auch die Grundlage für die *querelle des anciens et des modernes* im absolutistischen Frankreich Ludwigs XIV., die von der Académie française ausgestrahlt und die neueren kunsttheoretischen Debatten maßgeblich beeinflußt hat. Sie galt der Emanzipation der ‚Modernen' von der verpflichtenden Vorbildlichkeit der Antike in der Kunst. Aber erst im 20. Jahrhundert wurde die Autonomie radikalisiert dergestalt, daß sich die künstlerische Produktion von allen thematischen und formalen Vorgaben befreit hat. Seit dieser Befreiung – und sie dauert bis auf den heutigen Tag an – ist die Kunst ganz auf sich allein gestellt und muß sich in jedem

---

[10] Interpreten, die Aristoteles' *Poetik* im Sinne einer Regelpoetik verstehen wollen, können sich vor allem auf das 1. Kapitel berufen, wo Aristoteles einen programmatischen Aufriß gibt, der die *Poetik* nicht nur auf rezeptions-, sondern auch auf produktionsästhetische Überlegungen verpflichtet: „Von der Dichtkunst selbst und von ihren Gattungen, welche Wirkung (δύναμιν) eine jede hat und wie man die Handlungen (μύϑους) zusammenfügen muß, wenn die Dichtung gut (καλῶς) sein soll, [...] wollen wir hier handeln, indem wir der Sache gemäß zuerst das untersuchen, was das erste ist." Aristoteles: Poet. 1447a 8-13. Eine regelpoetische Deutung der *Poetik* wird neuerdings aber zunehmend kritisiert. So vertritt etwa Otfried Höffe die Ansicht, daß Aristoteles in seiner *Poetik* eine konsequente Untersuchung zur *Autonomie* der Dichtkunst verfolgt habe, woraus sich auch seine Aktualität unter modernitätsbedingten Vorzeichen ergebe. Vgl. Höffe, Otfried: *Einführung in Aristoteles' Poetik*, in: Ders. (Hg.): *Aristoteles Poetik*, a.a.O., S. 1-27. Zur Mimesis-Problematik bei Aristoteles siehe auch Dangel, Tobias: *Mimesis. Aristoteles' Bestimmung der Kunst in der Poetik*, a.a.O., bes. S. 241-255.

Werk gleichsam neu erfinden.[11] Die Tendenz zur Ungegenständlichkeit in der Kunst als einer Art Befreiung vom Objekt läßt sich erst durch diese Wende hin zur radikalen Autonomie nachvollziehen. Doch die Heteronomie/Autonomie-Opposition, die für die Entwicklung der ästhetischen Produktion der Moderne so wichtig geworden ist, folgt einer anderen Problemlage als die Unterscheidung zwischen Heteronomie und Autonomie im Rahmen einer Untersuchung zur ontologischen Struktur des Kunstwerks. Denn wenn die technischen Werke die heteronomen sind und die künstlerischen Werke die autonomen, weil nur die künstlerischen Werke ästhetisch signifikante Individuen zu sein vermögen, müssen selbst diejenigen vormodernen Gebilde ihrer Struktur nach autonom sein, die sich aus moderner Perspektive dem Verdacht der Heteronomie ausgesetzt sehen und hinsichtlich derer die avancierten Werke der Moderne eine gezielte Absetzungsbewegung vollzogen haben. Ästhetische Gebilde, die, gemessen am künstlerischen Selbstverständnis der Moderne, heteronom scheinen, müssen aus ontologischer Perspektive immer noch autonom sein, wenn sie überhaupt in einem relevanten Sinne Kunstwerke sein sollen. Mit anderen Worten: Die ontologische Perspektive erlaubt es, ästhetische Gebilde auch aus vormodernen Zeiten als Individuen und somit als autonome Werke zu begreifen – Werke, für die die moderne Heteronomie/Autonomie-Opposition gar keine Bedeutung für die ihnen zugrundeliegenden künstlerischen Produktionsweisen gehabt hat. Während etwa für Duchamps Installation *Fountain* der Gedanke einer radikalen Autonomie eine Rolle gespielt haben dürfte, gilt dies mit an Sicherheit grenzender Wahrscheinlichkeit nicht für ein Werk wie die Aphrodite von Knidos des Praxiteles. Trotzdem könnte es sich aus ontologischer Perspektive bei beiden Werken um autonome Gebilde handeln. Der Grund hierfür liegt darin, daß die ontologisch gewendete Frage nach der Heteronomie bzw. der Autonomie eines Werks nicht von den in der Kunst behandelten Themen und der Form ihrer ästhetischen Verarbeitung abhängig gemacht wird, die beide ihrem Wesen nach historisch sind und durch die ein Werk seine Stelle in der Geschichte der Kunst hat. Sie betrifft vielmehr die seinsmäßige Verfaßtheit der Werke selber, ist also auf ihre Struktur bzw. auf ihren Ordnungszustand bezogen. Gerade wenn man die Frage nach der Autonomie der Werke von ihrer ontologischen Struktur her versteht, wird unmittelbar einsichtig, warum auch

---

[11] So diagnostiziert schon Friedrich Schlegel in seinem Gespräch über die Poesie von 1800: „Aus dem Inneren herausarbeiten das alles muß der moderne Dichter, und viele haben es herrlich getan, aber bis jetzt nur jeder allein, jedes Werk wie eine neue Schöpfung von vorn an aus dem Nichts." Schlegel, Friedrich: *Gespräch über die Poesie*, in: Ders.: *Kritische Schriften und Fragmente*, Bd. 2, Paderborn 1988, S. 201.

Werke aus früheren Epochen noch heute unser ästhetisches Interesse zu wecken vermögen. Sie erscheinen in ihrer Durchformung eben als ein in sich vollkommenes Individuum. Entsprechend kann man sich Hans-Georg Gadamer anschließen, wenn er feststellt: „Das Wunder der Kunst, die rätselhafte Vollendung, die den gelungenen Schöpfungen der Kunst anhaftet, ist über alle Zeiten hinweg sichtbar."[12]

Wie bereits gesagt wurde, verhalten sich Technik und Kunst zueinander wie Exemplar und Individuum oder, wie wir ergänzen können, wie Heteronomie und Autonomie. Die exemplarischen Werke der Technik sind heteronom verfaßt, die individuellen Werke der Kunst hingegen autonom. Dabei ist die Heteronomie der Technik begründet in der Art der Regeln sowie ihrer Anwendung auf das Material. Denn es hatte sich gezeigt, daß die Regeln, die die Synthesis technischer Werke anleiten, dem Material gegenüber äußerlich sind, so daß die Anwendung der Regeln auf das Material immer nur in der Subsumption desselben unter die Regeln besteht. Man kann daher auch sagen, daß alle Werke, die bloß äußeren Regeln folgen, heteronome Werke sind. Als heteronome Werke sind sie je Exemplare eines vorgegebenen Begriffs von einem Ganzen, wodurch sie ihre Individualität einbüßen. Wie die Art der Regeln und ihre Anwendung auf das Material auf Heteronomie führen können, so können sie aber auch Autonomie zur Folge haben. Dabei ergibt sich in Übereinstimmung mit der obigen Analogie, daß diejenigen Regeln, die die Autonomie eines Werks zu begründen vermögen, dem Material gegenüber nicht mehr äußerlich sein dürfen. Vielmehr müssen sie die inneren Regeln des Werks selber sein. Werke, denen ihre Regeln nicht äußerlich, sondern innerlich sind, folgen aber offenbar nur ihren eigenen Regeln. Die eigenen Regeln sind solche, die im Werk durch das Werk selbst gegeben sind und aus denen sich die Individualität der Einheit des Werks im Unterschied zu der Einheit eines bloßen Exemplars herleitet. Weil die inneren Regeln die je eigenen Regeln eines Werks sind, geht mit der Individualität untrennbar auch dessen Autonomie einher. Doch versteht sich die Rede von ‚inneren Regeln', durch die ein Werk allererst zu einem ästhetischen Gebilde der Kunst wird, keineswegs von selbst. Sie bedarf der Erläuterung.

Jedes Kunstwerk, insofern es gemacht ist, ist ebenso wie ein technisches Werk eine Ordnung, dessen Einheit auf Regeln beruht, die die funktionalen Beziehungen der Teile zur Verwirklichung eines Ganzen vorschreiben. Doch folgte es Regeln, die sich dem Material gegenüber ausschließlich äußerlich und abstrakt verhielten, wären es nur ein bloßes Stück Technik. Anders als die technischen Werke, die freilich

---

[12] Gadamer, Hans-Georg: *Wahrheit und Methode*, a.a.O., S. 63.

höchst komplexe Einheiten sein können, eignet Kunstwerken etwas, was aller Technik abgeht, nämlich Geist. Und es ist dieser Geist, der durch die Befolgung werkimmanenter Regeln evoziert und erfahrbar wird. Man kann daher auch sagen, der Gehalt eines ästhetischen Gebildes ist sein Geist. Er ist die Mitte zwischen der Abwesenheit aller Regeln, die eine schlechthinnige Geistlosigkeit wäre, und der technischen Verfaßtheit als der abstrakten und reproduzierbaren Herrschaft der Regeln über ein Material. Der Geist eines Kunstwerks konstituiert sich also dadurch, daß die Regeln, denen es folgt, nicht in einem abstrakten, sondern in einem konkreten Verhältnis zum Material stehen und diesem innerlich sind. Dabei impliziert ein solcher konkreter Zusammenhang von Material und Regeln, daß sich in der Kunst anders als in der Technik die Regeln vom Material nicht mehr loslösen und unter Absehung vom Material bestimmt angeben lassen. Wer die Regeln, die ein Kunstwerk befolgt, nachvollziehen möchte, muß sie entsprechend unter Berücksichtigung der Eigenart des Materials zu rekonstruieren versuchen. Nur demjenigen, der sich auf eine solche materiale Rekonstruktion der Regeln eines Werks einläßt, vermag sich der Geist eines ästhetischen Gebildes überhaupt zu erschließen.[13]

Ein Charakteristikum innerer Regeln ist es, daß sie aufgrund des konkreten Zusammenhangs mit ihrem Material nicht allgemein sind und entsprechend auch nicht auf viele verschiedene Werke angewendet werden können. Sie sind weder lern- noch lehrbar. Im Unterschied zu abstrakten Regeln, die immer allgemein sind, sind innere Regeln singulär. Sie sind nur an demjenigen Werk manifest, dessen Regeln sie sind. D. h., sie sind immer nur die Regeln eines einzigen ästhetischen Gebildes und somit dessen eigene Regeln. Ausschließlich in einem Gebilde, das solche singulären Regeln befolgt, wird das Material nicht unter die Regeln subsumiert, wie umgekehrt auch nicht die Regeln unter das Material, sondern Material und Regeln stimmen innerlich zusammen. In eben diesem Zusammenstimmen gründet der spezifisch ästhetische Geist eines Kunstwerks. Zu einer solchen Zusammenstimmung, die sich mit Friedrich

---

[13] Ähnlich äußert sich Gadamer, der in dem Umstand, daß das spielerisch verfaßte Werk sich selbst das Maß gibt, ein notwendiges Moment dafür erblickt, daß das Werk überhaupt als ein ästhetisches Gebilde soll begegnen können. „Aber sofern es Gebilde ist, hat es gleichsam sein Maß in sich selbst gefunden und bemißt sich an nichts, was außerhalb seiner ist. So ist die Handlung eines Schauspiels – darin gleicht sie noch ganz der Kulthandlung – schlechterdings als etwas in sich selbst Beruhendes da. Sie läßt kein Vergleichen mit der Wirklichkeit als dem heimlichen Maßstab aller abbildlichen Ähnlichkeit mehr zu." Gadamer, Hans-Georg: *Wahrheit und Methode*, a.a.O., S. 117.

Schiller auch als ein werkimmanenter Konsens der Teile verstehen läßt,[14] kommt es in einem Werk genau dann, wenn die Regeln der Eigenart des Materials gerecht werden, indem sie dessen Eigenart in sich aufnehmen und ihre Allgemeinheit durch das Material berichtigen lassen. In ästhetisch signifikanten Werken fügt sich das Material nicht den Regeln wie im Falle technischer Werke, sondern die Regeln lassen der Eigenart des Materials ihre Freiheit, indem sie sich selbst dieser Eigenart anschmiegen und darüber zu den eigenartigen Regeln des Werks werden.[15]

Die Annahme von inneren Regeln, durch die alle Teile untereinander und mit dem Ganzen in Konsens stehen, scheint Unvereinbares miteinander vereinen zu wollen, nämlich die Einzelheit und die Allgemeinheit in den Regeln selber. Die Annahme solcher Regeln kann daher als eine Provokation angesehen werden, weil für gewöhnlich doch nur die Allgemeinheit ein Charakteristikum der Regeln ist, während das Einzelne vermeintlich immer nur unter sie subsumiert wird. Regeln werden auf das Einzelne angewendet, sie sind nicht selber einzeln. Bei Kunstwerken kommt man aber offenkundig nicht umhin, Einzelheit und Allgemeinheit in den Regeln selber zusammenzudenken, wenn die Regeln tatsächlich das Eigene des Materials sein sollen. Daß die Regeln, die ein Kunstwerk befolgt, singulär sind, ist desweiteren auch der Grund dafür, daß sie, ohne ihrer Einzelheit verlustig zu gehen, nicht reibungslos auf den Begriff gebracht werden können. Denn einerseits widerstehen sie aufgrund ihrer dem Material zugewandten Eigenart der Allgemeinheit der Begriffe. Sie sind nicht-diskursiv. Und andererseits, insofern sie überhaupt Regeln sind, verbürgt sich in ihnen eine Rationalität, die zu ihrer Verbegrifflichung einlädt. D. h., die Einzelheit der Regeln eines Kunstwerks ist der Diskursivität nicht schlichtweg entgegen. In diesem prekären Verhältnis von Einzelheit und Allgemeinheit in den Regeln eines ästhetischen Gebildes mag man mit Adorno den Rätselcharakter der Kunstwerke angelegt sehen:

> Alle Kunstwerke, und Kunst insgesamt, sind Rätsel; das hat von altersher die Theorie der Kunst irritiert. Daß Kunstwerke etwas sagen und im gleichen Atemzug es verbergen, nennt den Rätselcharakter unterm Aspekt der Sprache.[16]

---

[14] Vgl. Friedrich Schillers Brief an Körner vom 23. Februar 1793 in *Schillers Werke*, Bd. 26, Weimar 1992, S. 212.

[15] Vgl. dazu auch Adorno, wo es heißt: „Ästhetische Einheit empfängt ihre Dignität durchs Mannigfaltige selbst. Sie läßt dem Heterogenen Gerechtigkeit widerfahren." Adorno, Theodor W.: *Ästhetische Theorie*, Frankfurt a. M. 1973, S. 285.

[16] Adorno, Theodor W.: *Ästhetische Theorie*, a.a.O., S. 182.

Die begriffliche Rekonstruktion der inneren Regeln eines Kunstwerks
vermag nie restlos zu gelingen und dennoch lädt jedes Kunstwerk zu
einer solchen Rekonstruktion ein aufgrund des einfachen Umstandes,
daß in seinen Regeln, insofern sie überhaupt Regeln sind, Rationalität
verbürgt ist. Der spezifische Geist eines Werks ist weder bloß irrational
noch läßt er sich begrifflich ganz fassen. Eine solche nicht-diskursive
Rationalität in der Kunst scheint rätselhaft.[17]

In dem Verhältnis von Einzelheit und Allgemeinheit, das zwar zur
Verbegrifflichung der Regeln eines Kunstwerks einlädt und sie zugleich
doch auch wieder unterbindet, wird der spezifische Geist eines Kunstwerks erfahrbar. Er hat seinen Grund in dem jeweiligen Zusammenstimmen oder Konsentieren von Material und Regeln, worin die Individualität seiner Einheit besteht. In diesem Geist zeigt sich, was man als die ästhetische Rationalität der Werke verstehen kann, nämlich eine Rationalität, die der Eigenart des Materials gerecht wird. Eine besonders treffliche
Beschreibung einer solchen ästhetischen Rationalität bzw. des spezifischen Geistes eines Kunstwerks findet sich in Richard Wagners *Meister-
singern*, wenn er im 2. Akt seinen Hans Sachs über von Stolzings Lied,
mit dem letzterer sich die Meisterehre zu verdienen versucht und das lei-
der nicht den in der Tabulatur der Meisterzunft vorgeschriebenen Regeln
folgt, sinnieren läßt:

> Und doch, 's will halt nicht gehen. – Ich fühl's – und kann's nicht verstehn; –
> kann's nicht behalten, – doch auch nicht vergessen; und faß ich es ganz, –
> kann ich's nicht messen. – Doch wie auch wollt' ich's fassen, was uner-
> meßlich mir schien? Kein' Regel wollte da passen, und war doch kein Fehler
> drin.[18]

Hans Sachs begegnet in von Stolzings Lied einem ästhetischen Gebilde,
das ebenso individuell wie autonom ist. Es erscheint ihm einerseits un-
ermeßlich, weil es sich unter keine der tradierten Regel so recht bringen

---

[17] Während ich den spezifischen Geist eines Werks als die innere Einheit von Einzelheit und Allgemeinheit bzw. von Material und Regeln ontologisch zu verstehen versuche, wird der Geist eines ästhetischen Gebildes in Kants *Kritik der Urteilskraft*, die
trotz ihres grundsätzlich anderen Ansatzes auf ähnliche Ergebnisse führt, vermittels
ästhetischer Ideen begründet, die für Kant ihren Ursprung in der Einbildungskraft
haben: „unter einer ästhetischen Idee aber verstehe ich diejenige Vorstellung der Einbildungskraft, die viel zu denken veranlaßt, ohne daß ihr doch irgend ein bestimmter
Gedanke, d. i. *Begriff* adäquat sein kann, die folglich keine Sprache völlig erreicht
und verständlich machen kann." (KU B 193)
[18] Wagner, Richard: *Die Meistersinger von Nürnberg*, in: *Richard Wagners Dichtungen und Schriften. Jubiläumsausgabe in zehn Bänden*, Bd. 4, Frankfurt a. M. 1983, S.
147.

lassen will. Und andererseits fühlt er, daß das Lied trotz Unregelmäßigkeit doch auch nicht falsch ist. Es enthält keinen Fehler und die Anordnung der Teile zu einem Ganzen erscheint konsequent und nachvollziehbar, gewissermaßen logisch-korrekt. Aber sobald Sachs die Anordnung in ihrer Ganzheit zu fassen versucht, um so den Geist des Liedes zu begreifen, entzieht sie sich ihm wieder. Was Wagner hierdurch zum Ausdruck bringt, ist, daß von Stolzings Lied unter keine allgemeine Regel fällt, die sich von dem Material oder Inhalt des Liedes losgelöst angeben läßt, und dennoch völlig konsequent, mithin richtig ist. In von Stolzings Lied scheint alles zu passen. Wagners These von einer Regellosigkeit in der Ordnung, in der dennoch alle Teile konsequent zusammenstimmen, läßt sich nur verstehen, wenn die Ordnung so gedacht wird, daß sie ausschließlich ihren eigenen Regeln folgt, d. h. wenn die Konsequenz in der Ordnung dem Rhythmus des Materials selbst entnommen und darin individuell und autonom ist. Eine bemerkenswerte Stelle aus Schillers *Kallias-Briefen* mag den Gedanken von einer Befolgung innerer Regeln ebenfalls verdeutlichen. So schreibt Schiller an Körner:

> Eine Versifikation ist schön, wenn jeder einzelne Vers sich selbst seine Länge und Kürze, seine Bewegung und seinen Ruhepunkt gibt, jeder Reim sich aus innerer Notwendigkeit darbietet und doch wie gerufen kommt – kurz, wenn kein Wort von dem andern, kein Vers von dem anderen Notiz zu nehmen, bloß seiner selbst wegen dazustehen scheint und doch alles so ausfällt, als wenn es verabredet wäre.[19]

Kunstwerke, die aufgrund der Singularität ihrer Regeln vollgültige Individuen sind, verfügen über eine werkimmanente, ästhetische Rationalität. Folglich verhalten sich in der Kunst die Individualität und die bloße Irrationalität der Werke reziprok zu einander: Je individueller ein Werk ist, umso rationaler ist es, je irrationaler, umso weniger individuell. Die vollgültigen Individuen sind daher von höchster Rationalität, d. h., die immanente Anordnung ihrer Teile zu der Ganzheit eines Werks ist durch und durch konsequent. Ästhetisch signifikante Werke erlauben sich keine Schnitzer. Denn ein Schnitzer läge genau dann vor, wenn sich eine Unstimmigkeit als ein werkimmanenter Widerspruch zwischen verschiedenen Teilen einstellte oder wenn ein Teil bzw. mehrere Teile im Werk schlichtweg überflüssig wären. Überflüssig aber ist, was nicht konsequent mit allen anderen Teilen zusammenhängt bzw. was sich wegnehmen läßt, ohne daß dadurch die Zusammenstimmung der anderen Teile gestört würde. Mit anderen Worten: Die individuellen Werke sind in sich

[19] Schiller, Friedrich: *Schiller Werke*, Bd. 26, a.a.O., S. 214.

schlechterdings notwendige Einheiten. Nichts in ihrer Ordnung ist widersprüchlich oder zufällig. Die Einsicht, daß es sich bei den gelungenen Werken um genau diejenigen handelt, die in sich konsequent und stimmig sind, mithin ihre eigene Notwendigkeit ästhetisch vorführen, ist keineswegs neu. Sie findet sich in aller Deutlichkeit schon von Aristoteles ausgesprochen, wenn er von den gelungenen Werken einfordert, daß die Anordnung ihrer Teile (σύστασις τῶν πραγμάτων) gemäß der Wahrscheinlichkeit oder Notwendigkeit (κατὰ τὸ εἰκὸς ἢ τὸ ἀναγκαῖον) zu erfolgen habe,[20] woran sich m. E. zwanglos anknüpfen läßt. Stimmigkeit, Konsequenz, mithin der notwendige Zusammenhang der Teile müssen als formale Kriterien für das Gelungensein eines ästhetischen Gebildes angesehen werden. Sie laufen zusammen im Gedanken einer ebenso zwingenden wie genuin ästhetischen Eigenlogik des Werks. Insofern die Frage, ob ein Werk gelungen ist, als die Frage nach seiner Stimmigkeit immer nur aus dem je einzelnen Werk selber heraus beantwortet werden kann, weil die Regeln, die es befolgt, nur seine eigenen sind, kann man die Frage nach dem Gelungensein auch als die Frage nach seiner Individualität auffassen. Dabei sind die gelungenen Werke als vollgültige Individuen, die in sich notwendig sind, objektive Gebilde. In sie mischt sich keine Willkür von seiten des Künstlers ein. Vielmehr verschwindet der Künstler ganz in seinem Werk. Sobald sich jedoch die Willkür im Werk geltend macht, nämlich in Form von werkimmanenten Widersprüchen, Hypertrophie oder abstrakter Regularität wird es unstimmig, maniriert oder technisch. Die willkürlichen Werke, die die Subjektivität des Künstlers zu erkennen geben, sind die mißlungenen Werke. Sie erreichen nicht diejenige objektive ästhetische Individualität, die für ein gelungenes Kunstwerk konstitutiv ist. Sie leiden Mangel an innerer Autonomie und sind nicht an ihnen selber die Verwirklichung einer Ordnung der Freiheit.[21]

---

[20] Vgl. Aristoteles: Poet. 1451a 11-15 und 1451a 36-38.

[21] Es darf daran erinnert werden, daß Hegel in seinen *Vorlesungen über die Ästhetik* die hier angeführte Differenz seinerseits als eine zwischen subjektiver Manier und echter Originalität bestimmt hat. „Manier in diesem Sinne betrifft dann nicht die allgemeinen Arten der Kunst [...],– sondern Manier ist eine nur diesem Subjekt angehörige Konzeption und zufällige Eigentümlichkeit der Ausführung, welche sogar bis dahin fortgehen kann, mit dem wahren Begriff des Ideals in *direkten Widerspruch* zu geraten. Von dieser Seite her betrachtet, ist die Manier das Schlechteste, dem sich der Künstler hingeben kann, indem er sich nur in seiner beschränkten Subjektivität als solcher gehen läßt. Die Kunst aber hebt überhaupt die bloße Zufälligkeit des Gehalts sowohl als der äußeren Erscheinung auf und macht daher auch an den Künstler die Forderung, daß er die zufälligen Partikularitäten seiner subjektiven Eigenart in sich austilge." (TWA Bd. 13, S. 376 f.)

IV

Mit der individuellen und autonomen Verfaßtheit ästhetischer Gebilde, die sich aus der Befolgung werkimmanenter Regeln ergibt und die als der stimmige Zusammenhang der Teile zu einer synthetischen Einheit und Ganzheit erfahrbar wird, ohne daß sich die Logik dieses Zusammenhangs reibungslos auf einen Begriff bringen ließe, geht eine Änderung ihres Ordnungszustands gegenüber technischen Werken einher, den zu erfassen das Ziel einer Untersuchung zur ontologischen Struktur des Kunstwerks sein muß. Dabei läßt sich eine solche Änderung überhaupt erst durch die Annahme innerer Regeln verstehen, die als singuläre immer die Regeln eines je einzelnen Gebildes sind. Doch folgt aus der Singularität der Regeln nicht, daß nicht auch die autonomen Werke der Kunst ebenso wie die heteronomen Werke der Technik als funktional gegliederte Ordnungen zu verstehen sind. Vielmehr bleibt auch in den Kunstwerken trotz ihrer Individualität und Freiheit der funktionale Zusammenhang der Teile gewahrt, durch den die Teile ja immer erst aufeinander bezogen sind und zu einem Ganzen gehören. Die Synthesis ist auch in der Kunst regelgeleitet, insofern alle Teile zueinander sowie zum Ganzen in einer Beziehung stehen dergestalt, daß die Wirklichkeit des Ganzen eine Leistung der Anordnung der Teile ist. Will man also die spezifische Andersheit des Ordnungszustands von Kunstwerken gegenüber den Werken der Technik auf eine Formel bringen, darf man nicht allein von der Frage nach ihrer Funktionalität ausgehen, sondern man muß fragen: Ist das Verhältnis von Regeln und Material subsumtiv oder nicht? Angesichts dieser Unterscheidung kann man sagen, daß die technischen Werke subsumtive Ordnungen sind, während die Ordnung von Kunstwerken in Anlehnung an Adorno konstellativ ist. Werke, die aus dem Befolgen innerer Regel hervorgehen, können daher generell als Konstellationen angesehen werden. Der Konstellationsbegriff gehört ebenso wie der Begriff des Werks und der Begriff der Ordnung zu den Strukturbegriffen und er ist unter den Strukturbegriffen genau derjenige, der am besten mit der ontologischen Verfaßtheit von Kunstwerken fertig wird.[22]

Konstellative Ordnungen zeichnen sich nämlich dadurch aus, daß in ihnen die Asymmetrie, die in technischen Werken zwischen dem Ganzen und seinen Teilen sowie den Teilen untereinander herrscht, zugunsten

---

[22] Die Bedeutung des Konstellationsbegriffs für eine Analyse der Struktur von Kunstwerken wird auch in der wichtigen Abhandlung von Guido Kreis herausgestellt: *Kunstwerke als autonome Ordnungen*, in: *Kunst, Metaphysik und Mythologie*, a.a.O., S. 295-313.

ihrer Symmetrie überwunden ist. In einer konstellativen Ordnung kommt keinem Teil ein Vorrang vor irgendeinem anderen Teil zu, wie auch der Begriff des Ganzen bzw. die Idee des Werks nicht ontologisch ‚früher' als seine Teile ist. Wenn aber weder ein Teil des Ganzen noch das Ganze selber ‚früher' ist, tritt an die Stelle der Abhängigkeit und der Unterordnung eine für das Werk konstitutive Beiordnung der Teile. Mit anderen Worten: Konstellative Ordnungen sind nicht hypotaktisch, sondern parataktisch.[23]

Es wäre allerdings falsch, wollte man aus der ontologischen Symmetrie der Beiordnung den Schluß ziehen, daß nun die Ganzheit irgendwie den Teilen gegenüber nachrangig ist. Das ist nicht der Fall. Denn in konstellativen Ordnungen verhält es sich so, daß die Teile und das Ganze ontologisch ‚gleichzeitig' sind. Eben hierin liegt die Symmetrie. D. h., mit den Teilen ist das Ganze gesetzt sowie auch mit dem Ganzen die Teile, ohne die das Ganze nicht sein könnte. Mehr noch! Nimmt man den Gedanken der ontologischen ‚Gleichzeitigkeit' ernst, ist sogar schon mit jedem einzelnen Teil als solchem jeder andere Teil mitgesetzt sowie die Einheit aller Teile in der Ganzheit. In einer konstellativen Ordnung schießen die Teile zu einer Ganzheit zusammen dergestalt, daß in jedem Teil alle anderen Teile sowie das Ganze immer schon mitanwesend sind, so daß, bildlich gesprochen, jeder Teil in sich alle Teile widerspiegelt und selber nur in der Widerspiegelung der Teile sein Bestehen hat. Die Einheit einer konstellativen Ordnung wird darüber zu einer notwendigen Einheit, wie oben schon herausgestellt wurde, weil jeder Teil um seiner selbst willen die Forderung nach allen anderen Teilen enthält, derer er bedarf, um genau derjenige Teil sein zu können, der er in der jeweiligen Ordnung ist. D. h., in einer Konstellation kommt kein Teil ohne alle anderen Teile aus, sondern alle Teile rufen sich wechselseitig herbei. Kein Teil ist für das Ganze gleichgültig. Alle Teile sind in der Ordnung und für die Ordnung gleichwichtig. Jeder Teil ist Teil nur durch alle Teile. Von hieraus wird noch einmal deutlich, inwiefern ausschließlich konstellative, nicht aber subsumptive Ordnungen in jenem emphatischen Sinne Individuen zu sein vermögen, wie es bei Kunstwerken wirklich der Fall ist. Denn wollte man in einer Konstellation auch nur einen einzigen Teil ändern, müßte sich alle anderen Teile und darüber das Ganze ändern und an die Stelle der einen Konstellation träte eine neue, weil sich nun andere Teile wechselseitig herbeiriefen. In einer Konstellation kann kein Teil ausgetauscht oder ersetzt werden, ohne alle Teile auszutauschen

---

[23] Zur Funktion der Parataxis als Formprinzip der Kunst siehe Adorno, Theodor W.: *Parataxis. Zur späten Lyrik Hölderlins*, in: Ders.: *Noten zur Literatur*, Frankfurt a. M. 1974, S. 447-491.

oder zu ersetzten, so daß die kleinste Veränderung auf ein neues Individuum bzw. auf eine neue Konstellation führte. Dies ist bei der subsumptiven Ordnung technischer Werke aufgrund der für sie konstitutiven Asymmetrie im Verhältnis von Teil und Ganzem, die die Austauschbarkeit und Ersetzbarkeit der Teile ermöglicht, hingegen nicht der Fall. Heinrich Rombach hat diesen Sachverhalt prägnant herausgearbeitet, wenn er über Konstellationen als einen besonderen Ordnungs-Typus feststellt:

> Alles zeichnet sich in allem ab. Nichts, das nicht überallhin wirkte. Die absolute Simultaneität der Wechselbedingtheit führt dahin, daß die kleinste Änderung an einer Stelle der Struktur *unmittelbar* zu Änderungen aller Stellen führt.[24]

Wenn Kunstwerke keine Exemplare sind, sondern im emphatischen Sinne Individuen, dann nur deshalb, weil ihre Ordnung konstellativ ist.

Dabei ist es gerade die durch die Beiordnung der Teile hervortretende Individualität eines Ganzen, die uns zu verstehen erlaubt, warum zwei unterschiedliche Aufführungen z. B. von Mozarts *Requiem* uns zu der Beurteilung veranlassen können, daß die eine Aufführung ein wirkliches Ereignis der Kunst ist, während die andere die Kunst verfehlt, weil sie nicht jenes Maß an innerer Autonomie erreicht, um zu einem wirklich ästhetischen Gebilde zu werden. Folglich handelt es sich bei den beiden Aufführungen nicht bloß um zwei qualitativ verschiedene Interpretationen eines und desselben Kunstwerks, sondern vielmehr ist nur die geglückte Aufführung überhaupt Kunst im strengen Sinne, während die mißglückte Aufführung genau deswegen eine mißglückte ist, weil es in ihr zu einem Dissens in der Anordnung der Teile kommt, an dem die Individualität des Werks Schaden nimmt.[25] Dieser Konzeption gemäß ist desweiteren auch denkbar, daß es mehrere geglückte Aufführungen eines Musikstücks gibt, die, obwohl in ihnen vielleicht unterschiedliche Ge-

---

[24] Rombach, Heinrich: *Strukturontologie*, a.a.O., 33.

[25] Zu einem ähnlichen Ergebnis in Bezug auf musikalische Aufführungen kommt auch Albrecht Wellmer, dem ich mich hier anschließe: „Wenn es also in der musikalischen Produktion und Rezeption um das ästhetisch Gelungene so geht wie z. B. im philosophischen Diskurs um das Wahre, dann ist das ästhetisch Mißlungene das Nichtige, dasjenige, das der Idee der Kunst nicht genügt. Dann kann es aber in der musikalischen Aufführungspraxis, jedenfalls unter ästhetischen Gesichtspunkten, nicht primär um die adäquate Interpretation von Notentexten gehen; vielmehr geht es in ihr (primär) um die Produktion gelungener (oder doch ästhetisch bedeutsamer) Musikwerke." Wellmere, Albrecht: *Das musikalische Kunstwerk*, in: *Falsche Gegensätze. Zeitgenössische Positionen zur philosophischen Ästhetik*, Frankfurt a. M. 2002, S. 148.

wichtungen bei der Bedeutung und der Funktion der Teile für das Ganze vorgenommen werden, in sich völlig stimmig sind und darüber zu aufeinander irreduziblen konstellativen Ordnungen werden, die eigenständige Kunstwerke sind. D. h., es gibt ebenso viele Kunstwerke, die Aufführungen von Mozarts *Requiem* sind, wie es geglückte Aufführungen von Mozarts *Requiem* gibt. Dabei läßt sich allgemein natürlich nicht angeben, worin ihr jeweiliges Geglückt-Sein genau besteht, weil ihr Geglückt-Sein jeweils aufs Neue am Einzelfall geprüft werden muß.

Durch den Gedanken eines sich wechselseitigen Bedingens aller Teile wird noch einmal deutlich, wie der konkrete Zusammenhang zwischen dem Material eines Kunstwerks und seinen inneren Regeln zu verstehen ist. Oben war ja die Rede davon, daß sich die Regeln eines Kunstwerks der Eigenart ihres Materials anschmiegen, um so als die eigenartigen Regeln mit dem Material in singulärer Weise zusammenstimmen zu können. Was zunächst von der Regel her gedacht war, um deren Singularität zu erklären, kann umgekehrt auch im Ausgang vom Material reformuliert werden. Dann gilt nämlich, daß in einer konstellativen Ordnung das Material sich selbst die Regel gibt, die es befolgen muß, um mit allem anderen zusammenstimmen zu können. Denn wenn sich in einer Konstellation alles wechselseitig bedingt und herbeiruft, sind mit dem Material die Regeln der Ordnung gesetzt, denen sich das Material ganz von selbst fügt, wie auch durch die Regeln der Ordnung selber das Material festgelegt ist. Die inneren Regeln des Werks sind die Regeln seines Materials sowie das Material des Werks nur das Material seiner Regeln ist. Im Werk ist das Material das Eigene der Regeln und umgekehrt gilt dies auch von den Regeln für das Material. Wird im Werk das Material verändert, verändern sich die Regeln, denen das Material von sich aus folgt. Wird hingegen eine Regel im Werk modifiziert oder durch eine neue ersetzt, erzwingt dies den Wechsel des Materials *in toto*, damit die neue Regel überhaupt diejenige Regel sein kann, die sie in der neuen Ordnung ist. Konstellative Ordnungen sind folglich solche, die sich nur durch innere Regeln konstituieren, d. h. durch Regeln, die das Material in sich aufgenommen haben und somit die Regeln des Materials selber sind. Der Gedanke einer möglichen Trennung von Regeln und Material wird angesichts der Struktur von Kunstwerken sinnlos.

Wenn nun jedes Kunstwerk als eine konstellative Ordnung angesehen werden muß, die individuell und autonom ist, weil sie keiner Regel folgt, die nicht ihre eigene ist und die nicht ein jeder ihrer Teile sich selber und dem Ganzen gibt, ist jedes Kunstwerk eine in sich geschlossene ästhetische Totalität, die objektiv ist. Jeder Teil ruft durch sich selbst jeden anderen Teil mit Notwendigkeit herbei, um derjenige Teil sein zu können, der er ist. Alle Teile bestimmen sich wechselseitig dazu, sich wechselseitig zu bestimmen und gewinnen dadurch ihre Funktion und Bedeutung für die Verwirklichung der Einheit des Ganzen. Sie weisen sich wechselseitig die Stellen zu und sind dergestalt einander beigeordnet. In einem Kunstwerk bilden das Material und die Regeln sowie die Teile und das Ganze eine konkrete Einheit. Kein Teil kann aus dem Ganzen herausgelöst oder verändert werden, ohne daß er und mit ihm das Ganze zugrundegeht. Nimmt man die innere Totalität der Kunstwerke mit dem Gedanken der konkreten Einheit aller ihrer Teile zusammen, dann verwirklichen Kunstwerke offenbar genau diejenige Struktur, die die klassische Metaphysik als konkrete Totalität begriffen hat. Jedes Kunstwerk muß folglich als eine individuelle Verwirklichung der Struktur der konkreten Totalität betrachtet werden, mithin als eine durchgehend sich selbst bestimmende Singularität, die Geist ist. Jedes gelungene Kunstwerk ist darum in sich ebenso individuell wie autonom oder, mit anderen Worten: Die Seinsweise der Kunst ist ein Vollzug der Freiheit.

Literatur

Adorno, Theodor W.: *Ästhetische Theorie*, Frankfurt a. M. 1973.

Adorno, Theodor W.: *Parataxis. Zur späten Lyrik Hölderlins*, in: Ders.: *Noten zur Literatur*, Frankfurt a. M. 1974, S. 447-491.

Aristoteles: *De arte poetica liber*, hg. von Ingram Bywater, Oxford [2]1911.

Aristoteles: *Ethica Nikomachea*, hg. von Ingram Bywater, Oxford 1894.

Aristoteles: *Metaphysica*, hg. von Werner Jaeger, Oxford 1957.

Aristoteles: *Poetik*, übers. und hg. von Manfred Fuhrmann, Stuttgart 1982.

Bubner, Rüdiger: *Über einige Bedingungen gegenwärtiger Ästhetik*, in: Ders.: *Ästhetische Erfahrung*, Frankfurt a. M. 1989, S. 9-51.

Dangel, Tobias: *Mimesis. Aristoteles' Bestimmung der Kunst in der* Poetik, in: Halfwassen, Jens/Gabriel, Markus (Hg.): *Kunst, Metaphysik und Mythologie*, Heidelberg 2008, S. 231-256.

Danto, Arthur: *Die Verklärung des Gewöhnlichen. Eine Philosophie der Kunst*, Frankfurt a. M. 1991.

Gadamer, Hans-Georg: *Wahrheit und Methode. Grundzüge einer philosophischen Hermeneutik*, Tübingen [6]1990.

Hegel, Georg W. F.: *Vorlesungen über die Ästhetik*, in: *Werke*, Bd. 13, hg. von Eva Moldenhauer und Karl M. Michel, Frankfurt a. M. 1970.

Henrich, Dieter: *Kunst und Kunstphilosophie der Gegenwart*, in: Ders.: *Fixpunkte. Abhandlungen und Essays zur Theorie der Kunst*, Frankfurt a. M. 2003, S. 126-155.

Höffe, Otfried: *Einführung in Aristoteles' Poetik*, in: Ders. (Hg.): *Aristoteles Poetik*, Klassiker Auslagen Bd. 38, Berlin 2009, S. 1-27.

Kablitz, Andreas: *Mimesis versus Repräsentation: Die Aristotelische* Poetik *in ihrer neuzeitlichen Rezeption*, in: Höffe, Otfried (Hg.): *Aristoteles* Poetik, Klassiker Auslagen Bd. 38, Berlin 2009, S. 215-232.

Kant, Immanuel: *Kritik der Urteilskraft*, Werkausgabe Bd. 10, hg. von Wilhelm Wieschedel, Frankfurt a. M. 1974.

Kreis, Guido: *Kunstwerke als autonome Ordnungen*, in: Halfwassen, Jens/Gabriel, Markus (Hg.): *Kunst, Metaphysik und Mythologie*, Heidelberg 2008, S. 295-313.

Menke, Christoph: *Die Souveränität der Kunst. Ästhetische Erfahrung nach Adorno und Derrida*, Frankfurt a. M. 1991.

Rombach, Heinrich: *Strukturontologie. Eine Phänomenologie der Freiheit*, Freiburg/ München ²1988.

Schiller, Friedrich: *Schillers Werke*, Bd. 26, hg. von Edith Nahler, Weimar 1992.

Schlegel, Friedrich: *Gespräch über die Poesie*, in: Ders.: *Kritische Schriften und Fragmente*, Bd. 2, hg. von Ernst Behler und Hans Eichner, Paderborn 1988, S. 186-222.

Schmitt, Arbogast: *Aristoteles* Poetik, übers. und erl., Aristoteles Werke in deutscher Übersetzung Bd. 5, Berlin 2008.

Wagner, Richard: *Die Meistersinger von Nürnberg*, in: *Richard Wagners Dichtungen und Schriften. Jubiläumsausgabe in zehn Bänden*, Bd. 4, hg. von Dieter Borchmeyer, Frankfurt a. M. 1983, S. 107-212.

Wellmer, Albrecht: *Das musikalische Kunstwerk*, in: Kern, Andrea/Sonderegger, Ruth (Hg.): *Falsche Gegensätze. Zeitgenössische Positionen zur philosophischen Ästhetik*, Frankfurt a. M. 2002, S. 133-175.

Susana Oliveira (Lisbon)

Death, Shadows and Maidens:
Sleeping Beauties in Art and Distress

Mourning and mortuary practices and objects where common through-out the 19th century and matched the romantic inclination towards death related subjects. The period's iconography testifies this almost obsessive tendency in manifold depictions and uses of particular features, relics, portraits and souvenirs of dead persons and the remains of their personal life stories. The core of these pratices was to possess and hold the distinctive and unique traces, an adornian non-identical, of the individual. Although nowadays similar behaviour frequently occurs towards deceased personalities, such social pratices were abandoned whenever a common person is concerned. Mass scale death, as well as the increasing media display of real and/or staged individual death since the First World War, consequently damaged the social and psychologic framework within which such personal death representations were still conceivable and accepted.

Contemporary visual arts, however, resuscitated some forms and symbols of these 19th century practices to reinstate the debate on the individual body and identity, on individual and collective death images, its meanings and implications.

This paper traces back a possible lineage of these artistic forms, by means of a chain of events, pictures and descriptions about individuals' deaths, their circumstances, symbols and remainders, still reverberating inside our present time and culture.

Around the year 1880, the lifeless body of a young woman was taken out from the river Seine in Paris. Moved by the beauty of the unknown woman's face, an officer of the Parisian mortuary made a death mask, of which plaster copies soon spread to the burgeois *salons*, to private homes and to literature, specially in the first decades of the 20th century (fig. 1).

fig. 1: Albert Rudomine,
*Death mask of the unkown
from the Seine* (1927)

"L'Inconnue de la Seine", as Nabukov called her, or the "Mona Lisa Noyé" to Albert Camus, was a gloomy ideal. Her seraphic beauty, with such a deceiving smile, as Rainer Maria Rilke putted it in *Die Aufzeichnungen des Malte Laurids Brigge* (1910) would only be surpassed by Greta Garbo.[1] One hundred years later, over the pale face of Laura Palmer, among plastics and waterweeds, another fable was built surviving in the same way in the last century's iconic gallery.[2] Yet, the *inconnue*'s preserved features were bound to a very different fate:

In a cold December evening of 1960, the medicine doctor Archer S. Gordon, known for his extensive pioneer research in the field of cardiopulmonary resuscitation, was surprised by the invitation to meet a Norwegian toy maker, Asmund Laerdal, and his most recent invention. At that time, there was still no effective method for CPR training and a device to teach and exercise such techniques was in need. A big doll, named Rescue Anne or Resusci-Anne, rested on a table next to the toy-maker and was later described by Dr. Gordon in the following words:

> Resusci-Anne was a life like, life-size manikin dressed in a blue ski outfit. Her face had the unblemished smoothness of a model. It was crowned with natural appearing honey blond hair. Her features were tranquil and entrancing, closed eyelids, a quiet yet puzzling expression, an unfathomable smile, sad yet happy.[3]

[1] The informations on the story of the unknown from the Seine were obtained mainly from Chrisafis, Angelique: *Ophelia of the Seine*, in: *The Guardian Weekend magazine* 1. December 2007, pp. 17-27. (retrieved 2. December 2007, from arts.guardian. co.uk/art/visualart/story/0,,2219993,00.html) and Zeidler, Anja: *Influence and Authenticity of L'Inconnue de la Seine. A Reader's Guide to William Gaddis' The Recognitions*. (retrieved 2. December 2007, from www.williamgaddis.org/recognitions/inconnue/index.shtml)

[2] *Twin Peaks*, Mark Frost and David Lynch, ABC Telev. 1990.

[3] Gordon, Archer S.: *A Death Mask to Help Save Lives (The Story of Resusci-Anne)*. (retrieved 2. December 2007, from www.forensicgenealogy.info/images/archer-gordon-story-of-resusci-anne.pdf)

Laerdal then told Gordon that, as the manikin evolved, the beauty of a death mask he once had seen on a wall struck him. It was the mask of the unknown from the Seine and her beauty, taken by death in her youth, seemed to him to be the ideal face to teach students how to save lives. Since her introduction for CPR training, an estimated one hundred million people throughout the world have been practicing on seventy thousand copies of Resusci-Anne. Countless lives have been saved.

However, in spite of being kissed numberless times for rescue training, her face conceals until today the mystery of her identity, the cause of her death and even of the authenticity of her own death mask.[4]

Furthermore, her story brings back a subject which has an even more intricate past: the Death and the Maiden theme has very old mythological roots and its branches reach as far as the contemporary artistic scene, as I aimed to show here.

Since the abduction of Persephone by Hades the theme embodies the clash between Eros and Thanatos and acquired new forms and meanings. By the end of the 16th century, mostly in central and northern Europe, it was diversely combined with *danse macabre* and other medieval representations of Death. Broadly, the Death and the Maiden theme was meant to emphasize a dark bound between women, sexuality and death that was absent in most of the Christian *memento mori* iconography. The *memento mori* or *vanitas* artistic forms, in the Christian context, served to illustrate the fleetingness and emptiness of earthly joys and achievements. The Death and the Maiden theme overstates this same idea associated with the proud yet vain beauty of a young woman and thus offers a good moral pretext to depict and show female nudity (fig. 2).

fig. 2: Hans Baldung, *Death and the Maiden* (ca. 1510), oil on panel, Kunsthistorisches Museum Vienna (Austria)

Thus Death, Maidens and shadows from this paper's title metaphorically interrelate in more ways than one could at first presume (fig. 3).

---

[4] And, in fact, in Paris or at *e-bay* it can still be bought an *inconnue* death mask for around one hundred Euros.

An original death mask, allegedly obtained from the corpse itself, has an indexical nature, a feature shared with a person's cast shadow. Furthermore, the girl of the Seine mask, like any other mask of this kind, is a duplicate object of the individual but with peculiar features also found in shadow figurations. Masks and shadows are incomplete because they are only a part or a fragment of a person, yet they are animated by a trace or an expression of life preserved from a past moment.

The episode of the young Dibutades outlining on a wall the cast shadow of her lover's face is a perfect illustration of this relation. In *The Devil's Elixir*, E.T.A. Hoffmann rewrote the story of Pygmalion, transforming the statue of Galactea in a painting that becomes alive for the painter Francesko. Thus, to the painting created by the outline of a lover's shadow, just like in Dibutades, Hoffmann added a devilish death sign to suggest that art, as Freud suspected, may present uncanny and threatening aspects.

fig. 3: Lotte Reiniger, *Death and the Maiden* (undated), collage and gouache on paper, © VG Bild-Kunst, Bonn 2011

Nevertheless, it is not for its artistic quality that the mask of the drowned woman of the Seine is so disturbing and weird, characteristics shared with shadows that now it deserve a more attentive look.

In this dead young woman's story there is a sense of illegitimate appropriation. It is a morbid trade of an inorganic object produced from a private personal body. The mask is a living dead, a *zombie*, if I may say so. From the Seine to Rescue Anne, it discloses the possibility of a metaphoric and literal bringing to life of an inanimate fragment under whose closed eyelids the eyes seem to move, in the words of Rilke.

One of the most significant remains of Pompeii is a petrified fragment of a young woman's breast, found under a porch of Diomedes' house, later described by Chateaubriand:

> Après avoir passé la porte, on rencontre la maison de campagne si connue. Le portique qui entoure le jardin de cette maison est composé de piliers carrés, groupés trois par trois. Sous ce premier portique, il en existe un second: c'est là que fut étouffée la jeune femme dont le sein s'est imprimé dans le morceau

de terre que j'ai vu à Portici: la mort, comme un statuaire, a moulé sa victime[5].

Human hands shaped the death mask of the Seine whilst a brutal natural phenomenon preserved the breast of the Pompeii maiden.[6] As fragments, both objects are anatomical still-lives.[7] The fragment appears as an aphorism but, according to Anthony Vidler, it also releases "a kind of meta-historical potentiality by virtue of its incompletion, forming part of an imaginary dialogue, a chain or crown of fragments"[8].

For this author, the archaeological excavation offers an analogy for the psychoanalytical process of which Pompeii is an utmost example because it reveals what was literally buried alive to a preserved condition, in a domestic and familiar realm. The homely and the strange converge in Pompeii and make it the locus of many 19th century literary and artistic works, uncanny in much the same way as the story of the drowned girl haunted the European imagination by the end of that century.

About that time, around 1895, Wilhelm Conrad Rontgen noticed an abnormal brightness coming out from a light source he could not identify – the most remarkable of its qualities was the capacity to penetrate a great variety of opaque materials, like wood, cardboard, rubber and even human flesh. But the most surprising was that these rays did not only pass through those objects but also left a shadow of their inner parts printed on a photographic plate.

If the value of X-ray as a scientific instrument was immediately granted, its potential uses were rather upsetting as far as the private scope was concerned (many might remember when Hans Castorp realized his own mortality by watching the shadow of his hand bones in an X-ray apparatus).[9] Its divulgation at the time as a sort of photography was not of great help, as it mixed up and confused the representative specifications

---

[5] Chateaubriand, François-René: *Voyage en Italie*, 11. January 1804. (retrieved 14. November 2007, from www.poesies.net/chateaubriandvoyageenitalie.txt)

[6] This young woman may have died under the debris from the Vesuvius eruption. It was also believed, after Pliny the Younger, that his uncle Pliny the Elder, who gave us Dibutades in his *Naturalis Historica*, had also died in this 76 BC eruption. It is now almost established that he probably collapsed from heart failure during the tragedy, but several miles away from its location. His name would be adopted in vulcanology to classify very violent eruptions.

[7] And it is interesting to notice the formal yet meaningful contrast between the French term 'nature-morte' and the English 'still life'.

[8] Vidler, Anthony: *The Architectural Uncanny. Essays in the Modern Unhomely*, Cambridge (Mass.) 1992, p. 50.

[9] Cf. Mann, Thomas: *Der Zauberberg* (1924), in: *Gesammelte Werke*, vol. 3, Frankfurt a. M. 1974.

of each of them, both photography and radiography. On the other hand, X-ray images dismissed the presence and individual contact with patients, thus betraying the principles of faithfulness, truth and immediacy of both medicine practice and photographic images.[10]

A common feeling of invasion of one's privacy and lack of discretion arises from these shadowy images, from the translucency of the X-rayed body to the printed, exhibited and multiplied body fragments.

The Corinthian maiden Dibutades is safe in spite of her loss. The cast shadow she outlined is a partial but somehow comforting image, because it was preserved from life and not from death like those of the Seine and Pompeii. And this latter is particularly tragic because the exact moment of death is made permanent in the remains of a breast, an anonymous fragment loaded with meaning.

In classical Greece, the archaic *eidolon* named the soul leaving the corpse as an almost unperceivable shadow, a double. "The image is the shadow and the shadow was one of the usual names for the double"[11], as Régis Debray puts it.

fig. 4: Yoshito Matsushige, *The Human Shadow etched in stone*, (Hiroshima August 1945), photograph

In Pompeii, the petrified bodies of people and animals in the most common and everyday attitudes and situations look like rough shadows in three dimensions or plaster moulds for sculptures. They have little resemblance with real bodies, caught by the pyroplastic flush and violently deprived of features and definition. They are also doubles of themselves, dark empty shells of which only shape and disposition remain from their interrupted lives.

Many centuries later, a most powerful force also surprised a citizen who was waiting for the opening of the Sumitomo Bank in Hiroshima. Sitting on the entrance steps, looking towards the hypocentre situated 250 metres away, he/she was instantaneously burnt down by the heat

---

[10] Keller, Corey: *The Naked Truth or the Shadow of Doubt? X-Rays and the Problematic of Transparency*, in: *Invisible Culture. An Electronic Journal for Visual Culture* 7 (2004).

[11] Debray, Régis: *Vie et mort de l'image. Une histoire du regard en occident*, Paris 1992, pp. 19 f.

rays. Only what seems to be his or her cast shadow remained visible during the ten years that followed the explosion.[12]

These kinds of phenomena were thus registered and interpreted at the time but this particular photograph (fig. 4) became better known because it dealt with a real person suddenly vanished. This shadow is a blur, an indistinct mark so airy that its communicational efficiency depends on its verbal description, either as a witness of the real event, as a ghostly presence or as a photographic specimen in itself.

> Sidewalks and walls against which, some time ago, the shadows of certain victims were cast by the blow of the bomb. Strange photographic evidence of the event that these shadows, these negative bodies, these ghosts imprinted over a town suddenly turned into an immense sensitive plate.[13]

In this other photograph, a 'burnt' shadow lays at a woman's feet (fig. 5). It is part of a film sequence where a naked young woman, with childish shoes, stumbles on the ground until she gets rid of her cast shadow and looks at it afterwards as the mark of someone else's body. Many other works by the photographer Francesca Woodman, who identified herself with the Victorian heroines and at the age of 22 threw herself of her New York loft window,[14] explore the relationship of body with shadows and reflections, between her presence and rapport with space and material ambiguity.

fig. 5: Francesca Woodman, *Untitled* (1981), film still, Providence, Rhode Island, Col. Paolo Vicentini, Milano

In this *Untitled* series by the Portuguese artist Helena Almeida, a black pigment cast shadow vanishes at the artist's feet (fig. 6), in a narrative inversion of the film sequence where Woodman builds up a body of shadow. Although Helena Almeida is far from belonging to this cast of mortified maidens, one cannot help to recognize the formal and ontological affinity between these dark fallen angels.

---

[12] These steps were removed to give place to new buildings and are now in display at the Hiroshima Peace Memorial Museum. The photographic records made immediately after the Hiroshima and Nagasaki bombings were only disclosed to the public by the North-American authorities after 1967.

[13] Lavoie, Vincent: *Les aveuglements de la photographie. Hiromi Tsuchida et Hiroshima*, in: *La recherche photographique* 17 (1994), p. 42.

[14] According to Chris Townsend in *Francesca Woodman*, London 2006, pp. 20-27.

X-rays images exposed very clearly the relationship between the body, its mortal nature and photography. It was from a photographic image that the drowned woman's mask was multiplied, that the Hiroshima's shadows got known all over the world, just like the Pompeii images – what makes them shadows of a shadow, doubles of a double. Even modest Dibutades evokes the principle of orthogonal projection under the action of light, essential for photographic devices. On the other hand, the interest for hazardous events and the concern for what is specific and fragmentary are some of the typical photography behaviours, ever since mentioned by the first photographs' viewers. The accident, the catastrophe, the tragedy are particularly adequate to photography's disposetion and power to fix what is occasional, unexpected, what is fatal and unique.

It is not a coincidence that photography, sustained by its alleged objectivity and transparency as a faithful document of reality, has focused, since the Crimean War (1853 and 1856, the first war to be photographed), but especially since the American Civil War (1861-1865), on the remains, the leftovers and the bodies on the battlefield as one of its main subjects.[15]

fig. 6: Helena Almeida,
Untitled (1996), Lisboa

It must be noticed that it was not photography that instilled this confidence in the appearance of a person or a scene as the image of the self and its circumstances, or the relationship between image and real model. But photography offered, and goes on offering, an immediate technology that perpetuates and intensifies the illusion of being in touch with a dead or absent subject, summoning up his presence in the minds of the living. Photographic terminology took over words like in the Portuguese and Italian word for film – *pelicola* and *película*, literally 'small or thin skin' – and thus shows the strong capacity of a figure of speech to transform images into substance.

---

[15] Cf. Hüppauf, Bernd: *Modernism and the Photographic Representation of War and Destruction*, in: Deveraux, Leslie/Hillman, Roger (Eds.): *Fields of Vision. Essays in Film Studies, Visual Anthropology, and Photography*, Berkeley/London 1995, pp. 94-124. Besides, the fact that photographic devices then were rather heavy, complicated and slow might explain the preference for still and inactive scenes.

In an article published in *The Photographic and Fine Arts Journal* of July 1858 one could read the following paragraph: "How sublime the idea that men, by means of a simple process, can manipulate the light from the sky to catch and fixate the ephemeral shadow of life, even when it escapes slowly over the pale face of death."[16]

The portrait was also one of first photography subjects after its technical consolidation. The rhetorical insistence on its direct and truthful depiction has a political as well as visual sense. Motivations, however, were mainly commercial ones: in order to compete in a market of painted portraits available only to a few, photographers assumed the existing pictorial conventions while offering a portraiture service with economical advantages for customers who wished to perpetuate their image and resemblance.

On the other hand, death, in all its circumstances, was a pictorial subject itself and two sub-themes were particularly expressive: the mortuary portrait, of dying or dead people, and the portrait of people in mourning or posthumous portraits.

Most of these mortuary painted portraits had their origin in private orders, by death bed, made by families and their use was restricted to them, except when there were public personalities involved. In case of the posthumous or mourning portrait, pictures were made as if the depicted person was still alive, including sometimes dissimulated death symbols. From a certain moment onwards, most of these portraits were based on a daguerreotype, as the woman of the Seine mask. Understood as an acceptable social practice, they were often exhibited in the social part of homes and even in public places.

The painter Paul Delaroche created a transcendent and uncommon image of this sort, a drawing of his dead wife Louise. She lays in profile and both her mouth and right eye remain slightly open as if she were asleep. Her elevated head rests on two pillows, her hair falls to her shoulder and drape diagonally across her bosom. Her pale skin and her lifeless body indicate that she is deceased. According to John Lambertson, rather than represent the sordid details of death by fever, Delaroche conveyed Christian triumph over death, as a halo emerges to encircle his wife's beautiful head.

These forms of death tribute through posthumous portraits seem rather weird nowadays but we must keep in mind that it was common during a time of diverse and multiple causes of death, such as tuberculosis, infant death, syphilis and other incurable maladies. Prejudices associa-

---

[16] Quoted in Ruby, Jay: *Secure the Shadow. Death and Photography in America*, Cambridge (Mass.) 1995, p. 66.

ted to these pictures, now regarded as pathological, morbid or simply of bad taste, are a part of our growing need to deny and dismiss death. Scared by the ruthlessness of the AIDS, flu epidemics and undefeatable cancer forms, we live in an era of aseptic and distant death, in cold hospital rooms, whereas violent death has a growing presence in the *media,* mainly artificial and scenic death produced for mass audiences. But it is always more and more the death of the *other.*

For Friedrich Kittler, with photography, the dead began to abandon writing as a means to perpetuate their memory among the living, where they had dwelled for such a long time. With photography they could show and reproduce themselves by technical processes. Media became "flight devices to the other world and back"[17].

Yet we usually do not interpret a painting of the dead as such, when we now look at *Marat's Death*[18] by David or any descent from the Cross or even at the private mortuary painting. The 19th century painting of this kind existed at the time together with photography and *post-mortem* photography.

"The Substance Fades, Let Nature imitate what Nature made" – this was one of the first advertising slogans for photography and was used as the *motto* for Jay Ruby's research for his work *Secure Death. Death and Photography in America.* It is not easy to look at the *post-mortem* pictures in this book, most of them portraits of dead children as if they were asleep, some of them in the arms of their mourning mothers, in some other cases with open eyes painted on their closed eyelids. In case of dead adults, sometimes *cartes de visite* (low-cost cardboard prints) were made to announce the obit, with captions such as *I sell the shadow to support the substance.* Other varieties of the kind were the pictures of people in mourning, of relatives with the dead person, of death wakes, of funerals and memorial photography, used until today in printed publications and as grave decorations.

The English poetess Elisabeth Barrett described her reaction to a *post-mortem* daguerreotype, in a letter to a friend, the writer Mary Russell Mitford, which shows that relationship and comparison with painting:

---

[17] Kittler, Friedrich A.: *Gramophone Film Typewriter*, Stanford 1999, pp. 42 f.

[18] This famous work of art by David (1793) depicts the revolutionary Jean-Paul Marat, the *ami du peuple*, after being stabbed in the tub by Charlotte Corday. According to Marina Warner in *Phantasmagoria. Spirit Visions, Metaphors, and Media into the Twenty-first Century*, Oxford 2006, pp. 35-40, the painter himself later authorized Philippe Curtius and Marie Tussaud, wax artists so popular then that they "received the corpses' heads directly from the guillotine", to make a death mask from Marat's corpse. This particular scene is still in display both at the Madame Tussauds Museum in London and at the Musée Grévin in Paris.

It is not only for the resemblance that it is precious – but for the association and sense of closeness involved in the thing [...] the fact that the deceased own shadow is forever fixated! [...] I would rather have this souvenir from a dearest love one then the finest work from the noblest artist.[19]

According to Jay Ruby, the co-existence of private mortuary painting and *post-mortem* photography in the same period seems to suggest that motivations to order one or the other would be different, not to speak of social and economical differences. The photographer was more limited than the painter: whereas painting seemed to give life back to the dead person, photography could do nothing but represent it as a sleeping person. But, on the other hand, it possessed the quality of immediacy and proximity that Barrett praised enthusiastically over pictorial representations.

In *post-mortem* photography, ideology and technology converge in that same sense to demonstrate the possibility of death as the last sleep –

fig. 7: Sam Taylor-Wood,
Bram Stoker's Chair V
(2005), C-type print

and that is made obvious in the case of children where there are no coffins or mortuary objects but toys and other objects related to them. Yet, the wish to retain an image of the deceased while denying death is an insurmountable paradox.

The work of the British artist Sam Taylor-Wood (1967-) seems to reflect this fundamental contradiction. Her series of photos and films are set in the contemporary artistic context, out of any social mortuary purpose, yet her own experience of disease and death is not to be despised. As it is said in the text for the catalogue of the her exhibition *Still Lives,* at the Baltic Centre for Contemporary Art in 2006, the artist's work presents the coexistence of sexuality and its denial, of agony and ecstasy, as well as of life and death, but allows the alternative that she might just be asleep, unconscious or dreaming.[20]

[19] Ruby, Jay: *Secure the Shadow*, loc. cit., p. 49.
[20] Cf. Ward, Ossian: *Time gentlemen please*, in: Taylor-Wood, Sam: *Still Lives*, Göttingen 2006, p. 66.

In the series *Self Portrait Suspended* (2004) and *Bram Stoker's Chair* (fig. 7), Taylor-Wood was hung by a complicated system of leather straps and cables which allowed her, in spite of all the discomfort and suffering, to perform the poses without apparent effort. These cables where afterwards digitally removed so that the figure seems to hover freely in space. Dracula's body does not cast a shadow as the piece of furniture in *Bram Stoker's Chair* which seems to hold up, as by miracle, the human figure.

About this series, Taylor-Wood says:

> I think with the suspended self-portraits there is also a sense of an ephemeral state, being present and grounded at the same time. [...] It's like leaping into the unknown. The idea is that there is this other world which is keeping everything sustainable, without knowing what it is.[21]

The explanation of the make-off of her work doesn't make it a less intriguing one – there is a suggestion of impotence and loneliness about the material world which, in spite of the mythical and literary allusion of the title, doesn't obey to a linear rhetoric narrative with a less anguishing outcome. The idea, constant in her work, of lack of weight or hope, a sort of black humour and melancholy and the immanent presence of mortality are inscribed through the seemingly immediate privilege of photography.

As Martin Jay stated, photographic pictures "by interrupting violently the usual time flow, introduce a *memento mori* into the visual experience"[22].

In the previous Taylor-Wood's work *Sleep* (2002) an undressed androgynous body lays in profile on a white bed like Rescue Anne doll once was (fig. 8). What looks like a *post-mortem* photograph is not necessarily denied by the title for we accept sleep as a euphemism for death. About this work, Taylor-Wood states that the subject

> has a breath because there's a slight double image of the chest so you can see two nipples, just about, so, it's the same thing when you look at it and, initially, it looks like you are trying to represent death but then there's the shadow of life[23].

---

[21] Sam Taylor-Wood interviewed by Annushka Shani in Taylor-Wood, Sam: *Still Lives*, loc. cit., p. 131.

[22] Jay, Martin: *Downcast Eyes. The Denigration of Vision in Twentieth-Century French Thought*, Berkeley 1994, p. 135.

[23] Sam Taylor-Wood interviewed by Annushka Shani, loc. cit., p. 136.

The 19th century *post-mortem* photography was a pungent exercise of the possibility of a last look at a dear lost person and Taylor-Wood's work touches this hopeless wound. The last sleep, the eternal sleep, longs for a last glance. The last breath. The last breath of life.[24] Breathing is what separates the last sleep from apparent death, Rescue Anne from the CPR lives. It is *the* evidence of life. Its presence transforms the scene in an anti-*memento mori*, which denies the reality of death.

The oldest wax figure still in display at the London Madame Tussauds Museum is called *The Sleeping Beauty*.[25] It was made in 1795 and it is identified there as Madame du Barry, Louis XV's mistress, but it was seemingly made after the portrait of an unknown aristocratic lady, also victim of the guillotine. In the transition to the 20th century, a mechanical device

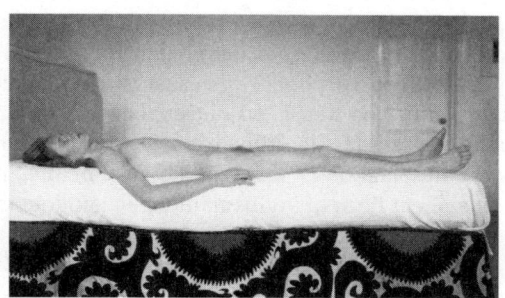

fig. 8: Sam Taylor-Wood, *Sleep* (2002), photograph

was inserted inside her chest so to make it go up and down at the rhythm of a natural breathing.[26] Around her bed, three other Victorian wax figures watch her languid and automatic sleep, in the antechamber to the museum central room where many other figures, whose names and deeds made them deserve being perpetuated in coloured wax, have survived death in the collective memory. But neither the last sleep nor look, nor even wax, can fulfil the immortality they pledged, only to suspend in time an individual and transient appearance.

Joseph Beuys drew two shadowy figures in 1959 on an envelope bearing the seal of an international organization of Auschwitz survivors. Both characters look like X-ray pictures, tenuous bodies on the verge of

---

[24] Ibid.

[25] Many fairy tales contain this ambiguity between sleep and death such as *The Sleeping Beauty* and *Snow White*, keeping their beauty intact while sleeping or almost dead at their own bed or inside a glass coffin, both written by Perrault and later by the brothers Grimm.

[26] *On the Threshold: Sleeping Beauties*, in: Warner, Marina: *Phantasmagoria*, loc. cit., pp. 47-57.

disappearing, holding each other burnt cast shadow. They display their personal stories through unidentifiable figures.

When the project for the Holocaust Memorial in Berlin (2005) was presented, the architect Peter Eisenman lamented that no one can be sure of having an individual death anymore. The sleeping beauties enclosed a promise of eternity in the still expression of their unique faces. But soon an era of mass and large-scale death began which can no longer be represented nor personified. Over and over again, names and faces are repeated and multiplied and quantified into faceless numbers. Hence the architect stated that, in his monument "there is no aim, no purpose, no entrance or exit point"[27], because such a collective experience of death can neither be translated nor explained. Nothing can breathe life into it and assure a last look for we are beyond the point where understanding or representation is possible. Yet this architectural work is an open vault for a silent form of vitalism, more an antidote then a memorial for the catharsis of forgetting and our own mortality.

The subject of dead maidens is difficult and dark but also powerful as metaphor. If its scope raised questions about art, philosophy and science as strategies to survive the contemporary threat of destruction and anonymous death, maybe then beauty, knowledge and culture may ultimately still be found in such forms of decay and sorrow.

Literature

Chateaubriand, François-René: *Voyage en Italie*, 11. January 1804. (retrieved 14. November 2007, from www.poesies.net/chateaubriandvoyageenitalie.txt)

Chrisafis, Angelique: *Ophelia of the Seine*, in: *The Guardian Weekend magazine* 1. December 2007, pp. 17-27. (retrieved 2. December 2007, from arts.guardian.co. uk/art/visualart/story/0,,2219993,00.html)

Debray, Régis: *Vie et mort de l'image. Une histoire du regard en occident*, Paris 1992.

Gordon, Archer S.: *A Death Mask to Help Save Lives (The Story of Resusci-Anne)*. (retrieved 2. December 2007, from www.forensicgenealogy.info/images/archer-gordon-story-of-resusci-anne.pdf)

Hüppauf, Bernd: *Modernism and the Photographic Representation of War and Destruction*, in: Deveraux, Leslie/Hillman, Roger (Eds.): *Fields of Vision. Essays in Film Studies, Visual Anthropology, and Photography*, Berkeley/London 1995, pp. 94-124.

---

[27] Peter Eisenman in *Realisierungsentwurf. Engeres Auswahlverfahren zum Denkmal für die ermordeten Juden Europas*, leaflet of Deutsches Historisches Museum, Berlin 1998.

Jay, Martin: *Downcast Eyes. The Denigration of Vision in Twentieth-Century French Thought*, Berkeley 1994.

Keller, Corey: *The Naked Truth or the Shadow of Doubt? X-Rays and the Problematic of Transparency*, in: *Invisible Culture. An Electronic Journal for Visual Culture* 7 (2004).

Kittler, Friedrich A.: *Gramophone Film Typewriter*, Stanford 1999.

Lavoie, Vincent: *Les aveuglements de la photographie. Hiromi Tsuchida et Hiroshima*, in: *La recherche photographique* 17 (1994), pp. 38-46.

Mann, Thomas: *Der Zauberberg* (1924), in: *Gesammelte Werke*, vol. 3, Frankfurt a. M. ²1974.

Ruby, Jay: *Secure the Shadow. Death and Photography in America*, Cambridge (Mass.) 1995.

Taylor-Wood, Sam: *Still Lives*, Göttingen 2006.

Townsend, Chris: *Francesca Woodman*, London 2006.

Vidler, Anthony: *The Architectural Uncanny. Essays in the Modern Unhomely*, Cambridge (Mass.) 1992.

Warner, Marina: *Phantasmagoria. Spirit Visions, Metaphors, and Media into the Twenty-first Century*, Oxford 2006.

Zeidler, Anja: *Influence and Authenticity of L'Inconnue de la Seine. A Reader's Guide to William Gaddis' The Recognitions*. (retrieved 2. December 2007, from www.williamgaddis.org/ recognitions/inconnue/index.shtml)

Raoul Walisch (Heidelberg)

Ästhetik und transformierter Sinn.
Rilkes *Ur-Geräusch*

I

Der Text, auf den ich mich im Folgenden beziehe, ist der kleine Prosa-Text Rilkes mit dem Titel *Ur-Geräusch*. Dieser Text entzieht sich aus verschiedenen Gründen eines schnellen Zugangs und bleibt darüber hinaus auch nach einläßlicher Beschäftigung an einigen und sogar zentralen Stellen dunkel. Im Folgenden versuche ich mich dem Text durch eine ästhetisch-poetologische Lesart zu nähern.

Gattungstheoretisch stellt der Text *Ur-Geräusch* eine besondere Eigentümlichkeit dar. Einerseits ist er von Rilke sehr biographisch gestaltet: Die momentane Schreibgegenwart Rilkes, aus der der Text konzipiert ist, wird im Druck mit angeführt. So schließt die kleine Skizze durch Angabe der geographischen und zeitlichen Schreibgegenwart; genannt werden Schreibort, -monat, -tag und -jahr am Schluß des Textes: „Soglio, am Tage Mariae Himmelfahrt 1919"[1]. Schon diese Konkretisierung enthält Interpretationspotential, da durch die Nennung des Datums der biographische Kontext evoziert wird, in dem die vorangemachten Ausführungen zu verorten wären; vorstellbar in Analogie eines Briefes oder eines anderen persönlichen Schriftstücks. So meldet sich der Verfasser des Textes auch explizit in der subjektiven Ich-Form zu Wort.[2] Und auch inhaltlich ist der Text, der übrigens zweigeteilt ist, – eine graphisch markierte und inhaltliche Zäsur befindet sich genau in der Mitte des Textes nach sieben Absätzen – stark biographisch-faktisch gehalten. Aus der zum Schluß besiegelten Schreibgegenwart heraus wird eine zeitlich weit zurückreichende und darüber hinaus sich weit erstreckende biographische Rückblende gestaltet. Dabei schreitet der Text chronologisch voran, indem er mit einer Erinnerung an die Schulzeit ansetzt, einen

---

[1] KA IV, S. 704.

[2] Einzige Ausnahme, die somit als Bruch gerade interpretationsrelevant sein wird, ist der markante und auffällige Wechsel in die auktoriale Schilderung im allerletzten Absatz des Prosa-Textes.

Sprung von „vierzehn oder fünfzehn Jahren"[3] in die Zeit des Besuchs von Anatomievorlesungen an der École des Beaux-Arts in Paris macht um dann einen Zeitsprung „wiederum mehr als anderthalb Jahrzehnte"[4] zu vollziehen, bis er in der Schreibgegenwart ankommt. Der zeitlich-biographische Rahmen, auf den Bezug genommen wird, kann somit auf eine Erstreckung von mehr als 30 Jahren rekonstruiert werden.[5] Darüber hinaus kennzeichnet sich der erste Teil durch eine beinahe an naturwissenschaftliche Genauigkeit grenzende Schilderung der Herstellung und des Funktionierens des Phonographen und eine ebenso eindringliche anatomische Beschreibung des menschlichen Schädels bis hin zu dem sich anschließenden Experiment.

Die Ausführungen des zweiten Teils sind dagegen eher theoretischer Natur. Diese Ausführungen beziehen sich auf nichts weniger als auf die Entstehungsbedingungen des „vollendete[n] Gedicht[s]"[6] und sind durch ihre abstrakte Allgemeinheit gekennzeichnet. Die gemachten Ausführungen des zweiten Teils erschweren schon allein durch ihre extreme Verknappung eine Interpretation maßgeblich. Sie stehen somit diametral zu den biographisch-faktischen Ausführungen des ersten Teils. Die Unterscheidung der beiden Teile auf inhaltlicher Ebene ist sehr befremdlich: dort die biographische Rückblende bis hin zur Ausführung des vorgeschlagenen Experiments, hier die ästhetisch-poetologischen Ausführungen zum vollendeten Gedicht. Dennoch werden auch diese kunstvoll mittels biographischen Versatzstücken ergänzt. So erinnert sich auch dieser Teil an eine Zeit, in der die Lektüre arabischer Gedichte stattfand, als auch an eine Frau, der der Verfasser seine Überlegungen vorgetragen hatte; beide Verweise stellen sich als eine Erwähnung einer bestimmten biographischen Situation dar, deren genaue Ausformulierung aber im

---

[3] KA IV, S. 700.

[4] Ebd., S. 701.

[5] Der biographische Hintergrund kann folglich auch faktisch überprüft werden. So belegen z. B. Tagebucheintragungen vom November 1902 in Paris Rilkes Bemühen, an Anatomievorlesungen teilzunehmen, was dann auch am 24. November 1902 zum ersten Mal gelingt. Vgl. die Eintragungen vom 15., 18. und 24. November 1902 in Rilke, Rainer M.: *Tagebuch Westerwede – Paris 1902*, Frankfurt a. M./Leipzig 2000. Empirisch stimmen die Angaben im *Ur-Geräusch* somit mit der Biographie Rilkes überein. Aus der angegebenen Schreibgegenwart 1919 liegt der Besuch der Anatomievorlesungen in Paris tatsächlich „mehr als anderthalb Jahrzehnte" zurück. Rilke ist damals 26 bzw. 27 Jahre alt; zieht man von diesen wiederum die „vierzehn oder fünfzehn Jahre" ab, dann entspricht auch dies Rilkes Schulzeitalter. Vgl. auch den Kommentarteil in KA IV, S. 1043.

[6] KA IV, S. 702.

Text ausgespart wird.[7] Diese allgemeineren biographischen Hinweise des zweiten Teils haben somit auch Verbindungscharakter zwischen den sich inhaltlich divergierenden beiden Teilen. Damit zeigt sich auch ein zweites Charakteristikum dieses Prosa-Textes. Die Verknüpfung dieser scheinbar lose nebeneinanderstehenden beiden Teile wird dann im letzten Absatz des Textes hergestellt. Mit diesem Verweis zeigt sich ein drittes Charakteristikum der Prosa-Skizze. Denn der Text erschöpft sich gerade nicht in dem Anschein einer biographisch-faktischen Erzählung und einer anschließenden poetologischen Ausführung zum vollendeten literarischen Kunstwerk. Der Text ist, wie sich herausstellen wird, selbst höchst künstlerisch gestaltet und ist folglich auch ein Kunstwerk. Das Zusammennehmen der hier kurz skizzierten drei Charakteristika des Textes, seine Faktizität – sei es in der Schilderung des faktischen Funktionierens des Phonographen, des anatomischen Blicks auf den Schädel oder die Verweise auf die empirische Biographie des Verfassers –, die theoretisch-abstrakten poetologischen Ausführungen zum vollendeten Gedicht und der Status des Textes als literarischer Text erschweren somit maßgeblich die gattungstheoretische Bestimmung des *Ur-Geräusch*-Textes. Das *Ur-Geräusch* ist somit paradoxerweise gleichzeitig biographische Schilderung, poetologischer Aussagetext und selbst Dichtung. Eine eindeutige und ausschließliche Zuordnung zu einer der drei Kategorien wird somit gleichzeitig durch die jeweils andere komplementiert. Wie sich dies bis ins sprachliche Detail erstreckt, kann über die bereits erwähnte Datierung „Soglio, am Tage Mariae Himmelfahrt 1919" aufgezeigt werden. Denn ebenso wie die Datierung auf den biographisch-konkreten Aspekt des Textes verweist, verweist sie gleichzeitig thematisch auf die poetologisch-ästhetische Dimension des Textes zurück. Wenn die Rolle der Sinne beim Verfassen des „vollendete[n] Gedicht[s]" thematisiert werden, und sie dafür die Welt auf eine „übernatürliche" Ebene heben müssen, die „eben die des Gedichtes ist"[8], dann zeigt sich, daß die Himmelfahrt hier nicht nur Datumsangabe ist, sondern auch thematisch gelesen werden will: Ist doch die Mariä Himmelfahrt die leibliche Aufnahme – Emporhebung – Marias in den Himmel, was symbolisch der Erhebung aus der sinnlichen in die übersinnliche Ebene entspricht.[9] Höchst

---

[7] Der Kommentarteil der kommentierten Rilke-Ausgabe verweist auch hier auf mögliche konkrete biographische Ereignisse. Vgl. KA IV, S. 1043.

[8] Ebd., S. 703.

[9] Zur Himmelfahrt und Mariä Himmelfahrt sei etwa auf die Artikel „Himmelfahrt" und „Mariologie" verwiesen in Galling, Kurt (Hg.): *Die Religion in Geschichte und Gegenwart. Handwörterbuch für Theologie und Religionswissenschaft*, Bd. 3, Tübingen 1959, S. 333-335 und Bd. 4, Tübingen 1960, S. 767-770.

kunstvoll koinzidieren in der Datumsangabe die drei angeführten Gattungsbestimmungen des Prosa-Textes.

Der Titel *Ur-Geräusch* ist dabei nicht von Rilke gewählt. Als er das titellose Manuskript[10] an Katharina Kippenberg sendet, die Frau seines Verlegers Anton Kippenberg vom Insel-Verlag, spricht Rilke nicht vom Ur-Geräusch, sondern vom „Experiment". Es ist Katharina Kippenberg, die den Titel, der eine Formulierung des Textes wieder aufgreift, für den bevorstehenden Druck auswählt. So erscheint das Experiment unter dem Titel *Ur-Geräusch* in dem von Katharina Kippenberg geleiteten *Inselschiff* im Oktober 1919.[11] Rilke hat, wie wir den einschlägigen Briefpassagen entnehmen können, dem von ihr ausgewählten Titel nicht widersprochen, wenn auch andere und spätere Briefaussagen belegen, daß er zeitlebens gewisse Vorbehalte gegen den Titel hegte.[12]

---

[10] Ein Abdruck der ersten Seite der Handschrift aus der Sammlung Kippenberg befindet sich in Schnack, Ingeborg: *Rilkes Leben und Werk im Bild,* Frankfurt a. M. ³1977.

[11] Vgl. KA IV, S. 1042.

[12] Katharina Kippenberg hatte Rilke vor der Drucklegung sechs verschiedene Titelvorschläge per Telegramm zukommen lassen. Dieses Telegramm hat Rilke aber versehrt erreicht, so daß ihm die Vorschläge entgangen sind und er folglich nicht auf diese reagierte bzw. reagieren konnte. Als Rilke sich anschließend brieflich erkundigt, ist der Titel, der eine Formulierung des Textes aufgreift, von Katharina Kippenberg festgelegt und das Manuskript liegt ferner bereits im Druck. Vgl. hierzu die wichtige Äußerung Rilkes an Katharina Kippenberg vom 15. September 1919: „Ein völlig entstelltes Telegramm hat mich umso ratloser gemacht, als es beantwortet sein wollte; ich vermute, es enthielt Vorschläge zu einer Überschrift für das ‚Experiment' (bleiben wir nicht vielleicht bei diesem Titel?), nur waren sie alle zum unkenntlichsten Klumpen zusammengeschmolzen. Ich zweifle immer wieder, ob dieser Aufsatz es verträgt, veröffentlich zu werden? Bitte, erwägen Sie das im genauesten Gewissen"; und den Antwortbrief der Empfängerin an Rilke vom 28. September: „Daß das Telegramm verstümmelt ankam, mit sechserlei Vorschlägen, ist schade, doch werden sie hoffentlich gegen den gewählten Titel ‚Ur-Geräusch' nichts einzuwenden haben. [...] Dies sage ich alles auf ihren letzten Brief, der kam, als bereits gedruckt war." *Rainer Maria Rilke – Katharina Kippenberg: Briefwechsel,* Wiesbaden 1954, S. 377 f. und 379 f. Wenn Rilke dem Titel somit nicht ausdrücklich widersprochen hat, mag das in diesem Fall aber nicht heißen, daß er ihn nachdrücklich befürwortet hat. Die erwähnten Briefe belegen gerade, daß Rilke in die Drucklegung seines Manuskriptes nicht einbezogen war. Als Dieter Bassermann 1926 Rilke um eine Abdruckgenehmigung der Prosa-Skizze bittet, Rilke ihm diese auch erteilt, läßt er es sich nicht nehmen darauf hinzuweisen, daß der Titel nicht von ihm stamme: „Mein Ja dagegen gilt schon heute Ihren aufmerksamen Intentionen, die Leser Ihrer Zeitschrift gelegentlich mit meinem Aufsatz ‚Das Urgeräusch' (der Titel stammt nicht von mir) zu beschäftigen." Rilke, Rainer M.: *Briefe,* Bd. 2: 1914 bis 1926, Wiesbaden 1950, S. 526. Eine umfassende Zusammentragung von weiteren Äußerungen Rilkes zum *Ur-Geräusch* findet sich in *Rilke. Schweizer Vortragsreise 1919,* Frankfurt a. M. 1986, S. 118-125.

II

Im folgenden sollen zentrale ästhetisch-poetologische Momente des „Experiment"-Textes ausgearbeitet werden. Aus Darstellungsgründen wird somit zuerst der zweite, sehr knappe und abstrakte Teil dieser kleinen Skizze untersucht. Die hier vorgeschlagene Vorgehensweise mag darüber hinaus auch in der Komposition des Experiment-Textes ihre Berechtigung finden. So wie im Text im letzten Absatz die Verbindung zum ersten Teil erfolgt, so sollen auch die hier gemachten Ausführungen erst im Anschluß an den Durchgang des zweiten Teils sich denen des ersten Teils annehmen und diese dann auf die ästhetisch-poetologischen Erwägungen beziehen.[13] Als Ausgangspunkt dient der Begriff der Ästhetik im weitesten Sinn; wobei, dem Text folgend, die Ausführungen von der Ästhetik zu den poetisch-poetologischen Ausführungen hin voranschreiten.

Siehe auch Pasewalck, Silke: *„Die fünffingrige Hand"*. *Die Bedeutung der sinnlichen Wahrnehmung beim späten Rilke*, Berlin/New York 2002, S. 12.

[13] Der Aufsatz wird aufgrund seiner zwei scheinbar bezuglosen Teile oft nur hinsichtlich des einen oder anderen Teils gelesen. So wendet sich etwa Friedrich Kittler (*Grammophon, Film, Typewriter*, Berlin 1986, S. 69-81) beinahe ausschließlich dem ersten Teil zu. Lesarten, welche sich eher den poetologischen Aussagen des *Ur-Geräuschs* zuwenden, setzen dagegen den zweiten Teil absolut; so etwa Paek, In-Oek: *Rilke Poetik des ‚neuen' Sehens in den* Aufzeichnungen des Malte Laurids Brigge *und in den* Neuen Gedichten, Konstanz 1996. Eine solch einseitige Lesart mag im besten Fall eine interessante Lektüre liefern, jedoch erkauft sie sich eine unproblematische und stimmige Lesart dadurch, daß sie dasjenige, was die stimmige Lesart relativiert, ignoriert und verfehlt dadurch ihren Gegenstand. Die Komplexität besteht aber gerade darin, die Verknüpfung beider Teile interpretatorisch zu leisten. Silke Pasewalck hebt diesen Umstand mit Recht in ihrer Monographie hervor. Vgl. *„Die fünffingrige Hand"*, a.a.O., S. 9. Ihre Arbeit zielt darauf ab, eine Poetik der Sinne beim späten Rilke auszuarbeiten. Dafür bezieht sie sich als Einstieg auf das *Ur-Geräusch* als programmatisch poetologischen Text (S. 9-34), um anschließend den Gebrauch der jeweiligen Einzelsinne und ihre Verhältnis untereinander anhand von Beispielen aus literarischem und brieflichem Werk zu entfalten. Ihre Interpretation des *Ur-Geräuschs* legt damit den Schwerpunkt auf die Sinnlichkeit im Kontext der Poetik Rilkes; ihr Interesse zielt folglich auf die Poetik der sensuellen Sinne. Da der vorliegende Aufsatz, wenn auch wie Pasewalck eine poetologische Lesart beider Teile vollzieht, dann unterscheidet er sich jedoch darin, daß er sich nicht auf eine Poetik der Sinne beschränkt, sondern die Aussagen des Textes poetologisch ‚ausdrücklicher' nimmt. Dies ist jedoch kein Einwand gegen die Ausführungen Pasewalcks und ihre umsichtigen Ausführungen inklusive der Verweise auf weitere Stellen im Rilke-Werk bleiben für eine auf eine Poetik der Sinne ausgerichtete Forschung zentral.

Ein Diskurs über Ästhetik setzt sich vermutlich entweder explizit oder implizit mit mehreren Momenten auseinander, von denen einige als Begriffsklärung vorausblickend erwähnt seien.[14]

So verweist der Begriff der philosophischen Disziplin Ästhetik etymologisch auf den Begriff der Sinnlichkeit zurück, ist doch der Begriff ‚Ästhetik‘ ursprünglich auf den griechischen Namen für die Wahrnehmung durch oder mit den Sinnen und die Sinneswahrnehmung im Allgemeinen zurückbezogen. Und von dem mehrdeutigen Begriff ‚Sinn‘ will ich zuerst die fünf (äußeren) Sinne erwähnen: Sehen, Hören, Schmecken, Riechen und Tasten. Daneben gilt es aber auch in Erinnerung zu rufen und für die Auseinandersetzung mit dem *Ur-Geräusch* präsent zu haben, daß der Begriff ‚Sinn‘ auch in ein scheinbar davon divergierendes Begriffsfeld führt. Diese weitere Semantik von Sinn erstreckt sich auf Bedeutung, Ziel oder Zweck, etwa in der Rede vom Sinn einer Sache oder vom Sinn des Lebens. Verkürzt formuliert bedeutet somit ‚Sinn‘ sowohl einer der fünf Sinne der Wahrnehmung als auch Bedeutung selbst und in dieser verknappten Verallgemeinerung zeigt sich, daß im Begriff ‚Sinn‘ sowohl die Sinnlichkeit und das Intelligible-Geistige, die sinnliche Wahrnehmung und das reflexive Verhalten, angelegt liegen.[15]

Letztlich sei auch noch das Moment erwähnt, das bei Ästhetik ganz besonders mitschwingt, nämlich die Frage nach der Bestimmung von Kunst, ihrem Vermögen und ihrer Leistung, ihrem Zustandekommen (produktionsästhetisches Moment) und die Aufnahme von Kunst (rezeptionsästhetisches bzw. wirkungsästhetisches Moment). Hierdurch wird bei der Beschäftigung mit Ästhetik in Auseinandersetzung mit dem Kunstwerk die Frage nach dem Erkenntnis- oder Wahrheitsgehalt der Kunst selbst eröffnet; d. h., das Verhältnis zwischen Kunst und Welter-

---

[14] Zur Ästhetik – sowohl zur historischen Entwicklung als auch zur aktuelleren Debatte – sei verwiesen auf den Artikel „Ästhetik“ in *Ästhetische Grundbegriffe. Historisches Wörterbuch in sieben Bänden*, Bd. 1, Stuttgart/Weimar 2000, S. 308-400.

[15] Zu ‚Sinn‘ sei verwiesen auf die entsprechenden Einträge in *Deutsches Wörterbuch. Bedeutungsgeschichte und Aufbau unseres Wortschatzes,* Tübingen [10]2003, S. 913: „ahd. mhd. sin, verw[andt] mit ahd. sind ‚Weg, Reise‘ (sinnen, senden, Gesinde), urverwandt mit lat. sensus, sentire, die die gleiche Entwicklung vom physischen zum psychischen Erfahren genommen haben (wie auch erfahren)“ und in *Etymologisches Wörterbuch der deutschen Sprache*, Berlin/New York [24]2002, S. 849: „Die etymologischen Verhältnisse sind unklar. Einerseits steht das Substantiv neben dem starken Verb ahd. sinnan ‚reisen, sich begeben, trachten nach‘, afr. sinna ‚sinnen, beabsichtigen‘, ae. sinnan ‚wandeln, beachten‘, andererseits ist die Bedeutung ‚Sinn‘ früher bezeugt, als nach einer Entwicklung aus ‚trachten nach‘ zu erwarten wäre. Auch außergermanisch scheiden sich die Möglichkeiten in einerseits sentire ‚empfinden, wahrnehmen‘ […], andererseits air. sét, kymr. hynt ‚Weg‘ […].“

kenntnis wird mitthematisch. Diese Aspekte werden im folgenden zu berücksichtigen sein und zwar spezifisch im Hinblick auf Lyrik.

Bereits mit dem ersten Absatz des zweiten Teils führt der Text *in medias res*:

> In einer gewissen Zeit, da ich mich mit arabischen Gedichten zu beschäftigen begann, an deren Entstehung die fünf Sinne einen gleichzeitigeren und gleichmäßigeren Anteil zu haben scheinen, fiel es mir zuerst auf, wie ungleich und einzeln der jetzige europäische Dichter sich dieser Zuträger bedient, von denen fast nur der eine, das Gesicht, mit Welt überladen, ihn beständig überwältigt; wie gering ist dagegen schon der Beitrag, den das unaufmerksame Gehör ihm zuflößt, gar nicht zu reden von der Teilnahmslosigkeit der übrigen Sinne, die nur abseits und mit vielen Unterbrechungen in ihren nützlich eingeschränkten Gebieten sich betätigen. Und doch kann das vollendete Gedicht nur unter der Bedingung entstehen, daß die mit fünf Hebeln gleichzeitig angegriffene Welt unter einem bestimmten Aspekt auf jener übernatürlichen Ebene erscheine, die eben die des Gedichtes ist.[16]

Die produktionsästhetischen Ausführungen scheinen deutlich zu sein: Das Kunstwerk, genau genommen das Gedicht, entsteht in Auseinandersetzung mit der Welt und zwar in der Welt, wie sie der Dichter durch die fünf Sinne angreift und *wie* der Dichter dann diese einzelne fünf Bereiche wieder produktiv zum Verfertigen des Gedichts gebraucht. Die Sinne selbst sind bestimmt als Zuträger, und die Sinne sind untereinander noch einmal hierarchisch-graduell gegliedert. Es ist diese Hierarchisierung und die damit einhergehende Verwendung der Sinne bei den jetzigen Dichtern, die den Kritikpunkt betrifft: An erster Stelle steht der Augensinn, oder wie hier gesagt wird, das Gesicht; gefolgt wird das Gesicht von dem Gehör, das jedoch in seiner Leistungsfähigkeit schon sehr viel geringer ist. Auf die Stufe des Gehörs folgen dann alle übrigen Sinne, deren Leistungsfähigkeit wiederum geringer ist. Mit diesen Ausführungen ist somit der Blick auf die Strukturierung der Sinne untereinander für das vollendete Gedicht als relevant ausgewiesen. Gleichzeitig oder womöglich in anderer Hinsicht sind die Sinne auch aktiv am Zustandekommen des vollendeten Gedichts beteiligt, da sie in der sehr metaphorischen Formulierung der fünf Hebel, mit denen sie die Welt angehen, funktional bestimmt sind.

Gewichtig an dem Zitat ist das erste Postulat – wie es hier aus Darstellungsgründen genannt werden soll – an das vollendete Gedicht. Nach diesem Postulat entsteht das vollendete Gedicht dadurch, daß es gerade nicht nur einen Aspekt mittels eines Sinnbereichs entfaltet, sondern „das

---

[16] KA IV, S. 702.

vollendete Gedicht" kann „nur unter der Bedingung entstehen, daß die mit fünf Hebeln gleichzeitig angegriffene Welt unter einen bestimmten Aspekt auf jener übernatürlichen Ebene erscheine, die eben die des Gedichts ist". Das vollendete Gedicht entsteht aus einer Doppelbewegung: einerseits die *gleichzeitige* und *gleichrangige* Verwendung der Sinne untereinander (horizontale Bewegung), womit ein gewisses synästhetisches Moment beim vollendeten Gedicht intendiert ist. Andererseits gilt es aber auch die Emporhebelung der Welt durch die Sinne auf die übersinnliche Ebene (vertikale Bewegung) zu berücksichtigen, womit ein Bezug von den Sinnen zur geistigen Ebene intendiert ist. Wenn in diesem Aufsatz also von der Transformierung gesprochen wird, dann ist diese Doppelbewegung zu berücksichtigen. Damit liefert der Text die erste ästhetisch-poetologische Bestimmung, wie das Gedicht entsteht und was es ist; eine allgemeine Produktionsbestimmung wird durch eine allgemeine Wesensbestimmung ergänzt.

Wie die fünf Sinne dann in diesem Postulat spezifisch untereinander strukturiert sind, spart der Text an dieser Stelle noch aus und wird erst weiter unten näher ausgeführt. Ferner wird das vollendete Gedicht, auf das die sinnlich wahrgenommene Welt gehebelt werden soll, auf der übernatürlichen Ebene angesiedelt. Somit erscheint auch die zuerst sinnlich wahrgenommene Welt anschließend auf der – und im so veränderten Modus der – übersinnlich-geistigen Ebene im Gedicht. Damit wird, und hierauf sei nachdrücklich hingewiesen, der autonome Bereich des Gedichts eröffnet, der gerade nicht mehr mit dem Maßstab der Mimesis, hier verstanden als realistische Abbildung, zu messen ist. Das jeweilige einzelne Gedicht führt eine jeweils eigene Wirklichkeit mit sich, die der Text auch als „sublime Wirklichkeit des Gedichts"[17] qualifiziert. Bereits hier eröffnet der Text ein Spannungsverhältnis bis hin zu einer Zerreißprobe zwischen einerseits der Weltzugewandtheit mittels Sinnen und andererseits dem Gedicht in seiner Verfertigung über die so verwendeten Sinne, das aber wiederum keiner Abbildung oder Nachahmung der Welt gleichkommt. Wenn im Gedicht die Welt *erscheint*, wie der Text ausdrücklich sagt, dann heißt das nämlich gerade nicht, daß das Gedicht schlechter Schein ist und diesem Schein dann etwa eine Hinterwelt als wahrer Welt entgegenstehe. Wie dieses komplexe Verhältnis aber näher aufzufassen ist, bleibt eine Leerstelle.

Im Fortgang wendet sich die kleine Prosaskizze nun dem Verhältnis der Einzelsinne untereinander zu, ohne, obwohl doch thematisch zentral, Näheres zum Verhältnis der Sinne zur geistigen Ebene, zu erläutern. Dabei liefert der Text aber nicht unmittelbar theoretische Erörterungen,

[17] Ebd., S. 703.

sondern verweist auf eine Zeichnung, die als Verdeutlichung nützlich ist: „Indem ich mich so ausdrücke, habe ich schon die Zeichnung vor mir, deren ich mich, als eines angenehmen Behelfes, jedesmal bediente, sooft ähnliche Erwägungen sich aufdrängten."[18] Der gesamte Erfahrungsbereich wird auf dieser Zeichnung bildlich durch eine Scheibe dargestellt. Aufgeteilt ist diese durch die fünf Sinne, deren Einteilung im Kreis bildlich etwa Tortenstücken ähnelt: zum Kreismittelpunkt jeweils spitz zulaufende und dreieckähnliche Bereiche; geometrisch würde man von Kreissektoren oder Kreisausschnitten sprechen. Dem Augensinn kommt gegenüber den anderen vier Sinnen, in Übereinstimmung der graduellen Abstufung, der größte Kreissektor zu. Dabei grenzen die Einzelsinne aber nicht direkt aneinander, sondern zwischen ihnen befinden sich jeweils schwarze Kreisausschnitte, die nicht durch die Sinne erfaßt werden. Somit alternieren jeweils Sinn und schwarzer Bereich. Der auf der erwähnten Zeichnung dargestellte gesamte Weltzugang besteht folglich aus jeweils von einander abgetrennten erfahrbaren Sektoren, eben über den entsprechenden Sinn, und den jeweils zwischen ihnen liegenden unbekannten Sektoren. Statt die Zeichnung aber abzubilden, nimmt der Text eine Beschreibung vor:

> Stellt man sich den gesamten Erfahrungsbereich der Welt, auch seine uns übertreffende Gebiete, in einem vollen Kreise dar, so wird es sofort augenscheinlich, um wieviel größer die schwarzen Sektoren sind, die das uns Unerfahrbare bezeichnen, gemessen an den ungleich lichten Ausschnitten, die den Scheinwerfern der Sensualität entsprechen.[19]

Die Kombination dieser Aussage mit dem vorangegangenen ersten Postulat erlaubt die sich aus der Struktur der fünf Sinne im Weltzugang für die Bestimmung von Lyrik sich ergebenden Implikationen und spezifisch hinsichtlich des vollendeten Gedichts näher zu konturieren. Die Welt ist nicht *per se* erschlossen, sondern wird erst durch und mit den Sinnen erschlossen. Funktional betrachtet sind die Sinne Scheinwerfer, sie leuchten die an sich dunkle Welt aus und kraft ihrer erschließen sich lichte Ausschnitte der Welt. Dennoch bleibt die so fundierte Welterschließung über die Sinne begrenzt, da die Sinne nicht die ganze Welt zu erschließen vermögen, sondern nur Teilausschnitte der Welt liefern. Das Erstaunliche liegt gerade darin, daß die Summierung der Teilaspekte der

---

[18] Ebd. Eine solche Zeichnung Rilkes hat sich erhalten. Abgebildet ist sie z. B. in *Rilke. Schweizer Vortragsreise 1919*, a.a.O., S. 119, ebenso in Steiner, Jacob (Hg.): *Rilke und die Schweiz*, Zürich 1992, S. 19 und bei Pasewalck, Silke: *„Die fünffingrige Hand"*, a.a.O., S. 20. Die Zeichnung ist in der Tat für den Text erhellend.
[19] KA IV, S. 703.

einzelnen Sinne nicht den ganzen „Erfahrungsbereich der Welt" umfaßt.
Selbst das gleichzeitige Zusammennehmen der fünf Sinne ergibt noch
nicht die vollständige Welterfahrung, da die Sinne in ihrer Leistungsfähigkeit begrenzt sind. Zwischen ihnen liegen jeweils „schwarze Sektoren". Unter poetologischem Gesichtspunkt erfolgt hier eine wesentliche
Erweiterung des ersten Postulats und so rücken die „schwarzen Sektoren" in den Fokus der Abhandlung. Unausweichlich drängt sich die Frau-
ge nach der näheren Bestimmung dieser und dem angemessenem Umgang mit diesen auf. Wiederum spart der Text aber weitere und für ein
schlüssig nachvollziehbares diskursives Verständnis notwendige, Aussagen aus, wenn die Begründungen, warum es die schwarzen Sektoren im
Weltzugang der Sinne gibt, und warum es das „Unerfahrbare als die uns
übertreffende Gebiete" gibt, das die Sinne nicht sofort erfahrbar machen,
was mit dem ersten Punkt eng zusammenhängt, nicht thematisiert werden. Anstatt diese fehlenden Begründungen zu rekonstruieren, kann die
Interpretation des Textes aber vorausblickend und mittels Kombination
der gemachten Ausführungen, die Funktion von Dichtung deduzieren. In
Dichtung muß es möglich werden, das Unerfahrbare erfahrbar zu machen. Damit kommt dem Gedicht gleichzeitig ein bestimmtes Vermögen
zu, was so vielleicht nur das Gedicht vermag und der Verweis auf das
Erkenntnisvermögen von Dichtung führt gerade an die anfänglichen allgemeinen Ausführungen zur Ästhetik zurück. Daß mit der Einführung
der schwarzen Sektoren das erste poetologische Postulat wesentlich erweitert wird, ist augenscheinlich. Denn jetzt ist vom Dichter nicht nur
die gleichzeitige Verwendung der fünf Sinne gefordert, sondern darüber
hinaus dazukommend ein spezifischer Umgang mit den schwarzen Sektoren. Da das erste Postulat des vollendeten Gedichts die gesamte Welterfahrung im Gedicht zu realisieren intendiert, ist strukturell die Erweiterung vorgegeben. Nun müssen über die gleichzeitige Verwendung der
fünf Sinne auch die Bereiche der schwarzen Sektoren mit in die Überlegungen eingeholt werden. Das zweite Postulat für die Realisierung des
vollendeten Gedichts wird sich somit in Auseinandersetzung mit dem
Umgang der schwarzen Sektoren entwickeln. Ästhetik und Poetologie
greifen erneut immanent ineinander.

Methodisch werden zwei Modelle angeführt, wie diese jeweils mit
der Ausgangsposition des eben skizzierten Weltzugangs umgehen: der
Liebende und der Dichter. Das Hinzunehmen der Auseinandersetzung
der Liebenden mit diesem Weltzugang dient v. a. der Darstellung *ex ne-
gativo* für die im Text in Frage stehende Forderung an den Dichter.

Der Ort des Liebenden im Kontext dieser Sinnlichkeit besteht nun darin, daß er

sich unversehens in die Mitte des Kreises gestellt fühlt, dorthin also, wo das Bekannte und das Unerfaßliche in einem einzigen Punkte zusammendringt, vollzählig wird und Besitz schlechthin, allerdings unter Aufhebung aller Einzelheit.[20]

Dieser Mittelpunkt könnte nun vielleicht gerade so die Überwindung der Sektoren darstellen, jedoch nicht, indem die schwarzen Sektoren überbrückt werden, sondern indem der Liebende im Brennpunkt sowohl der Sinne als auch der den Sinnen entgehenden Bereichen liegt. Dieser Ort ist aber nicht der Ort der Lyrikproduktion, allgemeiner der Kunstproduktion. Er mag vielleicht subjektiv den ganzen Bereich der Welt erfahrbar machen, jedoch nicht darstellbar, da er die für eine Darstellung konstitutiven Elemente nicht mehr gesondert zur Verfügung stehen hat. Literaturgeschichtlich ist dieser Topos des Liebenden, hier als Ort innerhalb des Erfahrungsbereiches der Welt, im Kontext der Kunstproduktion, ein bekannter Topos und es sei nur an die berühmte Briefpassage vom 10. Mai aus Goethes *Die Leiden des jungen Werther* erinnert. Werther schreibt am 10. Mai, ein ekstatisches Naturerlebnis schildernd, das aber strukturimmanent auch eine Vorausspiegelung des Liebeserlebnisses mit Lotte ist, genau diese Erfahrung an seinen Briefkorrespondenten Willhelm:

Eine wunderbare Heiterkeit hat meine ganze Seele eingenommen, gleich den süßen Frühlingsmorgen, die ich mit ganzem Herzen genieße. Ich bin allein, und freue mich meines Lebens in dieser Gegend, die für solche Seelen geschaffen ist wie die meine. Ich bin so glücklich, mein Bester, so ganz in dem Gefühle von ruhigem Daseyn versunken, daß meine Kunst darunter leidet. Ich könnte jetzt nicht zeichnen, nicht einen Strich, und bin nie ein größerer Mahler gewesen als in diesen Augenblicken. […] [M]ein Freund! wenn's dann um meine Augen dämmert, und die Welt um mich her und der Himmel ganz in meiner Seele ruh'n, wie die Gestalt einer Geliebten; dann sehn ich mich oft und denke: ach könntest du das wieder ausdrücken, könntest du dem Papiere das einhauchen, was so voll, so warm in dir lebt, daß es würde der Spiegel deiner Seele, wie deine Seele ist der Spiegel des unendlichen Gottes![21]

Vor dem hier skizzierten Hintergrund läßt sich das Paradox – ohne es durch Hinsichtenunterscheidung auflösen zu müssen – wie Werther,

---

[20] Ebd.
[21] Goethe, Johann W.: *Sämtliche Werke. Briefe, Tagebücher und Gespräche*, I. Abt./ Bd. 8, Frankfurt a. M. 1994, S. 15. Das Verhältnis zwischen Kunst und Liebe wird dann auch in den Folgebriefen explizit thematisch: „nur mit seiner Liebe ist's am Ende, und wenn er ein Künstler ist, mit seiner Kunst" (S. 29) und „Was ich dir neulich von der Mahlerei sagte, gilt gewiß auch von der Dichtkunst […]." (S. 33).

gleichzeitig sich als niemals „größerer Mahler" betiteln kann und dennoch „nicht einen Strich" zeichnen kann, genauer fassen. In Beziehung zum Rilke-Text und in Übertragung auf die Skizze heißt dies: Die Versetzung in den Koinzidenzpunkt bringt somit gewissermaßen die vollständige Erfahrung, welche in der Kunst realisiert werden will, mit sich. Jedoch mit dem Zugeständnis, daß von diesem Ort aus die Produktion nicht realisierbar ist. Und auch in Rilkes Werk lassen sich etliche Parallelen finden, in denen die großen Liebenden in Analogie zum Dichter stehen; freilich in der bekannten modifizierten Konzeption der Liebesbeziehung in Rilkes Werk.

Demgegenüber kontrastiert die Forderung an den Dichter im Umgang mit den schwarzen Sektoren. Der Ort des Dichters im Weltzugang seiner Sinne besteht nicht in der Versetzung in den Koinzidenzpunkt, ihm „wäre mit dieser Versetzung nicht gedient, ihm muß das vielfältig Einzelne gegenwärtig bleiben, er ist angehalten, die Sinnes-Ausschnitte ihrer Breite nach zu gebrauchen [...]"; jedoch mit dem spezifischen Zusatz, auf den es hier ankommt:

> er ist angehalten, die Sinnes-Ausschnitte ihrer Breite nach zu gebrauchen, und so muß er auch wünschen, jeden einzelnen so weit als möglich auszudehnen, damit einmal seiner geschürzten Entzückung der Sprung durch die fünf Gärten in einem Atem gelänge[22].

Ohne das *Ur-Geräusch* in ein systematisches Korsett zwingen zu wollen, kann dennoch eine thesenartige Schematisierung aufgestellt werden, um dadurch die ästhetisch-poetologisch gewichtigen Aussagen zusammenzuführen. Zwei Aspekte, welche die Transformation der Ästhetik – d. h. die Veränderung der Sinnlichkeit – konturieren, bedürfen der Hervorhebung:

a) Der Weltzugang ist für den Dichter durch lichte und schwarze Sektoren bestimmt.

b) Da Ziel der Dichtung ist, eine Welt zu realisieren, die gerade durch Vollzähligkeit bestimmt, muß jeder einzelne Bereich soweit ausgedehnt werden, bis er – im Idealfall – den angrenzenden Sinnbereich berührt und so die schwarzen Sektoren überbrückt. Dies zielt auf eine simultane Verwendung der erweiterten Einzelsinne.

Die Konsequenzen, die hieraus interpretatorisch gezogen werden können, bedürfen einer kurzen Erörterung. Wenn die Sinne diese Funktion erfüllen, dann leuchten sie in die dunklen Sektoren und geben im Gedicht folglich etwas von diesem Unerfahrbaren wieder. Damit wird dem

---

[22] KA IV, S. 703.

Gedicht ein Erkenntnisvermögen zugesprochen. Was das Gedicht somit zu leisten vermag, ist offensichtlich. In ihm wird etwas von dem, was sonst nicht erfahrbar ist, erfahrbar und dargestellt; es nimmt die schwarzen Sektoren, die in gewisser Weise als blinder Fleck in der Welterkenntnis angesehen werden können, auf die Ebene des Gedichts. Jedoch wurde im Vorangegangenen das Gedicht als autonom bestimmt, da es auf der „übernatürlichen Ebene" verortet ist. Die sich interpretatorisch anschließende Frage, wie das Verhältnis zwischen den erweiterten Sinnen und den schwarzen Sektoren näher zu verstehen ist, bleibt ein wieteres Mal auf Textebene ausgespart. Beim Versuch, diese Leerstelle interpretatorisch auszufüllen, können zwei Möglichkeiten erwogen werden. Entweder werden die schwarzen Sektoren durch die erweiterten Sinne ausgeleuchtet. In diesem Fall würden die schwarzen Sektoren mittels transformierten Sinnen qualitativ verändert. Wenn sie ausgeleuchtet werden, sind sie nicht mehr schwarz. Eine stringente Weiterführung dieses Gedankens implizierte also eine Tilgung der schwarzen Sektoren als schwarze. Andererseits bestünde eine davon divergierende Lesart in der Möglichkeit, daß die erweiterten Sinne die schwarzen Sektoren als schwarze Sektoren auf der Ebene des Gedichts realisieren würden. Die Erweiterung der Sinne käme also nicht einem Ausleuchten gleich, sondern einem Erfassen der schwarzen Sektoren als schwarze. Da der Text aber keine Hinweise zu einer eindeutigen Entscheidung zugunsten der einen oder anderen Möglichkeit mitführt, kann oder muß dies hier unentschieden bleiben.

Darüber hinaus wird das eingangs erwähnte dritte Moment bei einem Diskurs über Ästhetik mit thematisch: der Erkenntnis- oder Wahrheitsgehalt von Kunst. Auch hier sei ein Verweis auf die Tradition der Bedeutung und des Verhältnisses von Ästhetik, Sinneswahrnehmung und Erkenntnis erlaubt, welches bei Rilkes Ausführungen mitschwingt. Denn es ist besonders auffällig, und wenn man so sprechen will, augenscheinlich, daß zwischen Ästhetik, Erkenntnis und Wissen ein korrelationales Beziehungsgefüge besteht. So ist bereits Platons Ideenbegriff eng mit dem Augensinn verknüpft (Idee verstanden als Hin*sicht*), und Aristoteles Eingangspassage zur *Metaphysik* bestätigt diesen Zusammenhang zwischen diesem Sinnesvermögen (denn auch bei ihm gibt es analog zu Platon eine Präferenz für den Augensinn) und der Erkenntnis eindrücklich.[23] Und

---

[23] „Alle Menschen streben von Natur (physei) nach Wissen (eidenai); dies beweist die Freude nach den Sinneswahrnehmungen (aistheseis), denn diese erfreuen an sich, auch abgesehen von dem Nutzen, und vor allen andern die Wahrnehmungen mittels der Augen. Denn nicht nur zu praktischen Zwecken, sondern auch wenn wir keine Handlungen beabsichtigen, ziehen wir das Sehen so gut wie allen andern vor, und

auch die etymologische Herleitung von „wissen" ist entstehungsge-
schichtlich mit dem Augensinn verwandt, wenn das Verb „wissen" mit
dem lateinischen „videre" verwandt ist und die ursprüngliche Bedeutung
von „ich weiß" von „ich habe gesehen" herzuleiten ist.[24]

Konnte mittels Entlanggehen der kleinen Skizze Rilkes somit einiges
über das Gedicht ausgearbeitet werden, sowohl produktionsästhetisch als
auch wesensästhetisch, so gilt es jedoch zu berücksichtigen, daß hier eine idealtypische Bestimmung vorliegt. Denn auch der Dichter sieht sich
– analog des Liebenden, aber anders gelagert – einer Gefahr ausgesetzt,
die näher bedacht werden muß:

> Beruht die Gefahr des Liebenden in der Unausgedehntheit seines Standpunk-
> tes, so ist es jene des Dichters, der Abgründe gewahr zu werden, die die eine
> Ordnung der Sinnlichkeit von der anderen scheiden: in der Tat, sie sind weit
> und saugend genug, um den größeren Teil der Welt – und wer weiß, wieviel
> Welten – an uns vorbei hinwegzureißen.[25]

Die Kunst der Lyrik besteht somit darin, diese schwarzen Sektoren zu
überbrücken, womit aber gleichzeitig die Gefahr benannt ist: nämlich
durch das, was in den schwarzen Sektoren liegt, also der Bereich, der
dem gewöhnlichen Weltzugang verschlossen ist, d. h. der größere Teil
der Welt und selbst ganze Welten, an dem Ausdehnungsprozeß der Sinne der Breite nach gehindert zu werden. Bei Rückfrage, was dies für die
ästhetisch-poetologische Bestimmung von Lyrik bedeutet, wenn das Gedicht unter diesen Bedingungen entsteht und in ihm „einmal seiner ge-
schürzten Entzückung der Sprung durch die fünf Gärten in einem Atem
gelingen sollte"[26] wird verständlich, warum das Resultat ein dem geläu-
figen Verständnis etwas Befremdendes und Querstehendes sein kann.
Denn wenn das Gedicht mittels transformiertem bzw. erweitertem Sinn
entsteht und das Gedicht das Unerfahrbare, als das uns Übertreffende, im
Rahmen des Gedichts erscheinen läßt, dann versteht es sich beinahe von
selbst, daß der Umgang mit dem Gedicht eine Herausforderung darstellt.
Von hier aus kann somit auch dem Charakteristikum der Hermetik von
Lyrik, wie sie v. a. bei der Lyrik der Moderne festgestellt wird, begegnet
werden. Hermetik des Gedichts ist nach den eben gemachten Ausführungen kein Übel, sondern vielleicht eine Notwendigkeit, deren Begründung

---

dies deshalb, weil dieser Sinn uns am meisten Erkenntnis (gnorizein) gibt und viele
Unterschiede (diaphorai) offenbart" (Met. 980a f.).
[24] Zur Bedeutungsentwicklung siehe *Duden. Das große Wörterbuch der deutschen
Sprache*, Bd. 10, Mannheim ³1999, S. 4537.
[25] KA 4, S. 703 f.
[26] Ebd., S. 703.

eben in der Funktion von Lyrik zu sehen ist. Denn es mag naiv erscheinen, wenn man davon ausgeht, daß das Gedicht in seiner Intention auch Aspekte der schwarzen Sektoren zur Darstellung bringen soll, in seiner Verfassung aber kein Zeugnis dieser schwarzen Sektoren mehr beinhaltet. Hermetik des Gedichts ist somit kein vom Dichter vor das Gedicht gehängte Schloß, um es esoterisch nur für einen eingeweihten Leserkreis bereitzustellen, Hermetik ist vielmehr Resultat der Konfrontation mit den „saugenden Abgründe[n]", dem „größeren Teil der Welt und der Welten", die gerade so zur Darstellung gelangen sollen. In Übereinstimmung mit der hier vorgeschlagenen Interpretation ließe sich Hermetik folgerichtig als „Sinndunkel" lesen.

III

Mit diesen Ausführungen hat der Text viel zu dem Verhältnis der Sinne untereinander ausgeführt; er zielte somit auf die horizontale Transformation. Ausgespart blieb jedoch die vertikale Transformation, die darin besteht, daß die Sinne in diesem gleichzeitigeren Gebrauch das so Angegriffene auf die „übernatürliche Ebene", die gerade der Ort des vollendeten Gedichts ist, übertragen sollen. Dies suggeriert die Rede von den Sinnen als „Hebel". Die interpretatorische Konsequenz muß dahingehend gezogen werden, daß die Sinne in einem besonderen Verhältnis zum Geistigen stehen. Zur Verbindung der Sinne untereinander muß die Erhebung ins Geistige hinzutreten, wenn das vollendete Gedicht entstehen soll.[27] Wie dies näher zu denken wäre, benennt der Text mit einer sehr metaphorischen Redeweise:

> Es möchte nicht voreilig sein zu vermuten, daß der Künstler, der diese (wenn man es so nennen darf) fünffingrige Hand seiner Sinne zu immer regerem und geistigerem Griffe entwickelt, am entscheidensten an einer Erweiterung der einzelnen Sinn-Gebiete arbeitet [...].[28]

Die Verbindung vom Sinnlichen zum Geistigen scheint darin begründet, daß den Sinnen selbst ein geistiges Vermögen zukommt – wenn anders die Rede vom „geistigeren Griffe" angemessen sein soll. Damit das vollendete Gedicht entstehen kann, müssen somit die Sinne nicht nur synästhetisch untereinander in Verbindung sein, und über die schwarzen Sek-

---

[27] Zur Erinnerung sei nur noch einmal auf den Aspekt der „Mariae Himmelfahrt" in der Datierung verwiesen, der stellvertretend für die Erhebung des Sinnlichen ins Übersinnlich-Geistige interpretiert wurde.
[28] KA IV, S. 704.

toren hinüberreichen, sondern die Sinne müssen auch zu einem „regeren und geistigeren" Vermögen ausgebildet und als dieses verwendet werden. Diese Steigerung der Sinne zum Übernatürlichen ist jedoch nicht durch die naturwissenschaftliche Technik zu erreichen,[29] indem die Sinne mittels der technischen Hilfsapparatur des Fernrohrs oder Mikroskops gesteigert würden. Bei diesen liegt zwar eine Steigerung vor, da beide ein „Symbol [sind] für das Vermögen, verborgene Kräfte oder Zusammenhänge zu erkennen" und in ihrer „Funktion der opt[ischen] Vergrösserung und d[er] Visualisierung einer ansonsten unsichtbaren Welt [dienen][30], jedoch fehlt dieser Steigerung die sinnliche Erfahrung. Wie so oft in dieser Prosa-Skizze liefert Rilke an zentralen Stellen, die zu ihrer Erhellung nötig wären, keine weiteren Angaben und so verweist er, im letzten Absatz des zweiten Teils auf die Ausführungen des ersten Teils, indem er das dort vorgeschlagene Experiment in einer rhetorischen Frage als „Mittel [...] unter so seltsam abgetrennten Bereichen die schließlich drängende Verbindung herzustellen"[31] als Möglichkeit in Betracht zieht. Wenn der Text somit auf den ersten Teil verweist und diesen als Mittel ausweist, wie die Transformation der Sinne geleistet werden kann, dann soll er hier auch hinsichtlich der beiden Bewegungen abschließend interpretiert werden. Dort hat Rilke, in einer biographischen Rückblende aus seiner Schulzeit, die Funktionsweise des Phonographen ausgeführt. Anschließend erwähnt er in einer weiteren biographischen Rückblende seine Faszination für den menschlichen Schädel, bei dem es v. a. die Kranznaht ist, die sein Interesse auf sich zieht. Dabei sieht er eine Ähnlichkeit:

> Ein solcher Blick [ein streifender Blick; d. Verf.] war es, den ich plötzlich in seinem Verlaufe anhielt und genau und aufmerksam einstellte. In dem oft so eigentümlich wachen und auffordernden Lichte der Kerze war mir soeben die Kronen-Naht ganz auffallend sichtbar geworden, und schon wußte ich auch, woran sie mich erinnerte: an eine jener unvergessenen Spuren, wie sie einmal durch die Spitze einer Borste in eine kleine Wachsrolle eingeritzt worden waren[32],

---

[29] „Die Frage entsteht hier, ob die Arbeit des Forschers die Ausdehnung dieser Sektoren in der von uns angenommenen Ebene wesentlich zu erweitern vermag? Ob nicht die Erweiterung des Mikroskops, des Fernrohrs und so vieler, die Sinne nach oben oder unten verschiebender Vorrichtungen in eine *andere* Schichtung zu liegen kommen, da doch der meiste Zuwachs sinnlich nicht durchdrungen, also nicht eigentlich ‚erlebt' werden kann." Ebd.

[30] *Metzler Lexikon literarischer Symbole*, Stuttgart/Weimar 2008, S. 100.

[31] KA IV, S. 703.

[32] Ebd., S. 701.

die ihn zu dem Experiment veranlaßt, auf das er sich am Ende des zweiten Teils bezieht:

> Die Kronen-Naht des Schädels (was nun zunächst zu untersuchen wäre) hat – nehmen wirs an – eine gewisse Ähnlichkeit mit der dicht gewundenen Linie, die der Stift eines Phonographen in den empfangenden rotierenden Zylinder des Apparates eingräbt. Wie nun, wenn man diesen Stift täuschte und ihn, wo er zurückzuleiten hat, über eine Spur lenkte, die nicht aus der graphischen Übersetzung eines Tones stammten, sondern ein an sich und natürlich Bestehendes –, gut: sprechen wirs nur aus: eben (z. B.) die Kronen-Naht wäre –: Was würde geschehen? Ein Ton müßte entstehen, eine Ton-Folge, eine Musik ... Gefühle ... ja, welches nur von allen hier möglichen Gefühlen? verhindert mich, einen Namen vorzuschlagen für das Ur-Geräusch, welches da zur Welt kommen sollte ...[33]

Hier soll es nicht darum gehen, dieses waghalsige Experiment auf seine Realisierbarkeit hin zu bedenken und seine Ausführung weiter dahingehend zu reflektieren. Rilkes außertextuellen Äußerungen zur Realisierung des Experiments sind höchst ambivalent,[34] und selbst wenn das hier vorgeschlagene Experiment in diesen Zeugnissen auf seine Realisierbarkeit bedacht wurde, lassen die Äußerungen des Textes doch eher eine Lesart zu, die die faktische Ausführung des Experiments zurücknimmt. Als entscheidenden Verweis für diese Lesart sind nicht nur die vielen textimmanenten Selbstzweifel und Zurücknahmen diesbezüglich zu sehen. Hinzukommt die explizite Zurücknahme der Realisierung bzw. die Erwähnung der Nicht-Realisierung des Experiments, die Rilke am Ende des Textes anführt und zugleich dies, als vom Leser zu Beachtendes, ausweist. Es ist gerade diese Stelle, die von der Ich-Schilderung – welche den ganzen bisherigen Text prägt – Abstand nimmt und jetzt in die distanzierende dritte Person Singular übergeht:

[33] Ebd., S. 702.
[34] Ein Faktum aus der Entstehungszeit der Skizze scheint für die Intention der Realisierung des Experiments zu sprechen: „2. November 1919: Rilke verbringt den Nachmittag bei Adolf Koelsch in Rüschlikon. Es wird davon gesprochen, das ‚Ur-Geräusch'-Experiment zu verwirklichen." Rilke, Rainer M.: *Chronik seines Lebens und seines Werkes*, Frankfurt a. M. 1990, S. 663. Vgl. auch die Aussagen an Katharina Kippenberg in Fußnote 36 und die weiteren brieflichen Äußerungen in *Rilke. Schweizer Vortragsreise 1919*, a.a.O., S. 118-125. Dagegen kann Rilkes Formulierung vom 5. April 1926 an Dieter Bassermann den Schluß nahe legen, daß er sich nicht wirklich oder nicht mehr für die Realisierung interessiert hat: „Schon einmal, vor Jahren, vernahm ich, daß jemand meine im ‚Urgeräusch'-Aufsatz vorläufig abgelegten Anregungen zum Ausgangspunkt von technischen Versuchen zu machen gedachte; ob dies geschehen ist, und mit welchem Ergebnis, ist mir nie bekannt geworden." Rilke, Rainer M.: *Briefe*, Bd. 2: 1914 bis 1926, a.a.O., S. 527.

Wenn er [der Versuch; d. Verf.] am Schlusse, mit der schon versicherten Zu-
rückhaltung, nochmals vorgeschlagen wird, so möge man es dem Schreiben-
den in einem gewissen Grade anrechnen, daß er der Verführung widerstehen
konnte, die damit gebotenen Voraussetzungen in den freien Bewegungen der
Phantasie willkürlich auszuführen. Dafür schien ihm der, während so vielen
Jahren übergangene und immer wieder hervortretende Auftrag zu begrenzt
und zu ausdrücklich zu sein.[35]

Mittels *captatio benevolentiae*, entgegen der Rhetoriktradition hier nicht
am Anfang, sondern am Ende des Textes, will Rilke also im direkten
Appell an den Leser diesen seinem skurrilen[36] Experiment gegenüber
wohlwollend stimmen.[37] Als Pfand für dieses Wohlwollen seitens des
Lesers führt der Verfasser sich selbst in seiner Integrität an, die gerade
darin besteht, daß „er der Verführung widerstehen konnte, die damit gebotenen Voraussetzungen in den freien Bewegungen der Phantasie willkürlich auszuführen".

Abschließend gilt es bei der ästhetisch-poetologischen Interpretation
dieser kleinen Prosa-Skizze folglich noch zwei Aspekte auszuführen:
Zu-erst soll das Experiment näher bedacht werden, indem der dezidierte,
auf poetische Sprachlichkeit und Dichtung zurückgreifende Hintergrund,
ausgearbeitet wird. Zweitens soll versucht werden, das Experiment auf
die Ausführungen zum zweiten Teil und die dort ausgeführten beiden
Transformationen des Sinns hin, die horizontale, synästhetische Bewegung und die vertikale, auf Steigerung der Sinne ins Geistige, im vollendeten Gedicht in Beziehung zu bringen. Dies scheint dem Gegenstand
angemessen um so eine ästhetisch-poetologische Lesart des *Ur-Geräusch*-Textes auszuarbeiten. Da gerade der ästhetisch-poetologische Aspekt im Fokus steht, sollen medientheoretische und akustische Überle-

---

[35] KA IV, S. 704.

[36] Rilke hat sich selbst die Frage nach der Skurrilität des Experiments gestellt, aber
gerade nicht eindeutig beantwortet. So heißt es in einem Brief an Katharina Kippenberg vom 17. August 1919: „In der Beilage, beste Freundin, ein Manuskript, vorges-
tern niedergeschrieben. Ich würde es gerne zunächst abgeschrieben haben; falls die
Anregung zum Experiment, die es sich anmaßt, nicht ganz skurril ist, möcht ichs
wohl in die Hände eines erfahrenen, zu solchem Versuche aufgelegten Menschen ge-
leitet wissen. Oder, was meinen Sie?" *Rainer Maria Rilke – Katharina Kippenberg:
Briefwechsel*, a.a.O., S. 369.

[37] Zur *captatio benevolentiae* siehe Groddeck, Wolfram: *Reden über Rhetorik. Zu einer Stilistik des Lesens*, Frankfurt a. M./Basel ²2008, S. 7 f.

gungen, zu denen sich womöglich Vielfältiges anführen ließe[38], unberücksichtigt bleiben.

Wird die Ausführung zuallererst eigentlich gelesen, dann zeigt sich eine frappante Analogie v. a. im Bereich der Bildlichkeit. Vermutlich ist es aber die Skurrilität des Experiments, die diese Ähnlichkeit im Bildbereich zunächst in den Hintergrund treten läßt. Rilkes Ausführungen im ersten Teil beziehen sich auf den Phonographen, nicht auf das Grammophon, und Rilke erläutert die Herstellungs- und Funktionsweise des Phonographen im ersten Absatz des ersten Teils recht ausführlich.[39] Entwicklungstechnisch[40] wird beim Phonographen, so wie er von Edison 1877 erfunden wurde, die Stimme über den Trichter auf eine beschreibbare *Walze* übertragen und von dieser dann wieder abgespielt. Dagegen wird beim Grammophon, das technisch eine Über- oder Weitererarbeitung darstellt und sich an Edisons Erfindung erst anschließt, der Ton auf eine und von einer *Platte* übertragen; weshalb das Grammophon auch noch mit dem sprechenden Namen Plattenspieler bezeichnet wird. Das, was dadurch beim Parlophon auf die Walze abgebildet wird, sind Ritzen oder Rillen; diese laufen oder erstrecken sich über deren Oberfläche. Berücksichtigt man, daß der Schädel in seiner Form in gewisser Weise walzenförmig ist, und die Kranznaht sich von einem Ohr nach oben über die Schädeldecke und wieder hinunter zum anderen Ohr erstreckt, und zwar als Rille, dann mag die Assoziation, entgegen einer ersten Vermutung, vielleicht gar nicht so abwegig sein. In ihrer Bildlichkeit überlappen diese beiden Bereiche deutlich. Beide Male handelt es sich um eine gewölbte Oberfläche mit graphischer Rille. Und so wird im *Ur-Geräusch*-Text von Rilke auch ausdrücklich die Analogie im Bildbereich als Auslöser für den Vergleich gemacht. Rilke schildert, wie er sich in Paris einen Schädel anschafft und „so manche Nachtstunde"[41] mit dessen Betrachtung verbringt. Es ist dann im Halbdunkel des Kerzenlichts, wo sich ihm die Analogie einstellt.[42] Es ist somit erst die „wahrgenommene Ähnlichkeit" aufgrund deren der „Absprung" zu dem „unerhörten Versuch"[43] unternommen wird und ihn begründet. Die verblüffende bildliche Ähnlich-

---

[38] Vgl. hierzu die Ausführungen Kittlers zum Grammophon bzw. Phonographen und zu Rilkes *Ur-Geräusch* in Kittler, Friedrich: *Grammophon, Film, Typewriter*, a.a.O., S. 36-63 und 69-81.

[39] Vgl. KA IV, S. 699 f.

[40] Eine historisch-technische Geschichte der Erfindung des Phonographen hin zum Grammophon findet sich etwa in Jüttemann, Herbert: *Phonographen und Grammophone*, Braunschweig 1979. Dort auch zahlreiche Abbildungen von Phonographen.

[41] KA IV, S. 701.

[42] Ebd.

[43] Ebd.

keit zwischen dem Medienträger Walze und dem Schädel ist es, die das
Austauschen des einen gegen den anderen, und daß dadurch, wie Rilke
sagt „dieser Stift [ge]täuscht [wird]", in Gang bringt. Die Motivation
kann somit in der bildlichen Entsprechung gesehen werden.

Interessant an der Bildlichkeit der Ausführungen ist jedoch weiterhin
der Umstand, daß sie nicht nur auf eine gegenständliche Analogie refe-
renzierbar ist. Liest man die Bildlichkeit auf ihre Ausdrücklichkeit, auf
die der Schluß des Textes ausdrücklich verweist[44], nämlich im wahrsten
Sinne des Wortes hinsichtlich der Ausdrücke, also der Sprachlichkeit,
dann muß eine weitere Ebene berücksichtigt werden. Der sprachlich-
dichterische Hintergrund ist in der Tat zu ausdrücklich, als daß er unter-
schlagen werden kann. So treffen sich Phonograph und Dichter auch
funktional im Bereich der Bildlichkeit: Ein Dichter, als Schreibender,
handelt analog des Phonographen, indem auch er Lautliches in Schriftzeichen festhält,[45] welche wiederum verlautbart werden können. Beide
benutzen einen „Stift"[46] und beide machen „Aufzeichnungen"[47] – eine
offensichtliche und bewußte Doppelbödigkeit in der Ausdrücklichkeit
der von Rilke verwendeten Begrifflichkeit. Ebenso ist das auditive Wie-
dergeben der Schriftzeichen für Rilke *de facto* genauso ein dichterischer

---

[44] „Dafür schien ihm der, während so vielen Jahren übergangene und immer wieder
hervortretende Auftrag zu begrenzt und zu *ausdrücklich* zu sein. [Herv. d. Verf.]"
KA IV, S. 704.

[45] Rilke hat sich immer wieder gegen fremde Rezitationen seiner eigenen Produktion
gewehrt. Wenn das Werk vorgetragen werden sollte, dann überhaupt nur von ihm. So
antwortet er auf eine Anfrage zu einer fremden Lesung seiner Werke ablehnend, aus
der sich aber gerade für den hier angeführten Kontext eine außerordentliche Übereinstimmung zwischen dem Dichter und dem Phonographen ergibt: „Laut gesprochen
im Entstehen, bleibt mir auch mein längst geschriebenes Wort immer noch ein in
meiner eigenen Stimme dargestelltes, gewissermaßen in ihr modelliertes." Zitiert
nach *Rilke. Schweizer Vortragsreise 1919*, a.a.O., S. 7 f.

[46] Wenn die Nadel des Phonographen als ‚Stift' bezeichnet wird und der Träger, auf
dem die Zeichen zurückgelassen werden, Wachs ist, dann evoziert dies auch den
sprachlich-stilistischen Hintergrund, wenn die Herkunft von ‚Stilistik' gerade auf den
Begriff ‚Stil' und dies wiederum auf den Stift und die Wachstafel zurückgeht: „Die
korrekte Aussprache des Wortes ‚Stil' soll nicht darüber hinwegtäuschen, daß am
Ursprung des Stil-Begriffes dennoch ein ‚Stiel' steht. Jener stilus nämlich, mit dem
die fleißigen Schüler der Rhetorik ein Wort nach dem anderen auf ihre Wachstafeln
kritzelten: der Schreibgriffel." Groddeck, Wolfram: *Reden über Rhetorik*, a.a.O., S.
102.

[47] Rilke spielt gerade auf die Doppelverwendung an, wenn er berichtet, wie sie als
Kinder in der Schule mittels selbst gebasteltem Phonographen *Aufzeichnungen* ihrer
Stimme machten und dann anmerkt: „Damals und durch die Jahre hin meinte ich, es
sollte mir gerade dieser selbständige […] Klang unvergeßlich bleiben. Daß es anders
kam, ist die Ursache dieser *Aufzeichnung*. [Herv. d. Verf.]" KA IV, S. 700.

Akt, wie das Niederschreiben der Zeichen mittels Stift und so sei hier nur angemerkt, daß es unter Hinzunahme weiterer Aussagen Rilkes sogar möglich ist, eine Ontologie des Gedichts zu eruieren, in der für ihn primär das Gedicht ist, was von ihm selbst vorgetragen wird, diesem am nächsten kommt seine Handschrift, anschließend folgt erst das abgedruckte Gedicht.[48] Während sich diese Analogie zwischen Dichter und Phonograph auf der Makroebene situiert, zeigt das Experiment eine weitere Analogie zu dem ästhetisch-poetologischen Thema, jetzt aber auf Mikroebene. Im Detail verweist das Experiment auf eine ganz spezifische Wortfigur und damit in den Bereich der poetischen Sprache. Funktional stellt der Phonograph eine Übertragung dar und zwar genau in der heute noch gängigen Verwendung des Wortes, wie es etwa im Kompositum ‚Rundfunkübertragung' gebraucht wird. Tastet die Nadel des Phonographen die Rillen ab, dann überträgt das Gerät die Musik. Diese Funktion bleibt sowohl beim Phonographen als auch in der Bildlichkeit des Experiments, bei der die Substitution des ‚Medienträgers' erfolgt, erhalten. Die Metapher, griechisch ‚metaphora', bedeutet ursprünglich Übersetzung, Transport, Übertragung. Diese Verwendung der Bedeutung zeigt sich deutlich in der allgemeinen Verwendung des Wortes ‚Metapher', wenn von einer Aussage gesagt wird, daß sie metaphorisch zu verstehen sei, womit gemeint ist, daß sie im übertragenen Sinn verstanden werden will. Wird das Experiment in dieser Lesart interpretiert, dann ergibt sich eine dominante Selbstbezüglichkeit. Zustande kommt das Experiment über die analoge Vorgehensweise des Tropus Metapher.[49] Das,

[48] Vgl. Rilke, Rainer M.: *Die Duineser Elegien. Wiedergabe der Handschrift des Dichters aus dem Besitz der Fürstin Marie von Thurn und Taxis-Hohenlohe*, Zürich 1948, S. 29. Daß es, obwohl es technisch möglich war, von Rilke keine Sprachaufnahme gibt, hat sicherlich mit Rilkes Verständnis des Gedichts zu tun. Vgl. hierzu etwa auch seine Ausführungen vom April 1926 an Dieter Bassermann.

[49] Die Struktur des Zustandekommens des Experiments weist nämlich selbst eine spezifische sprachliche Struktur auf. Jeweils drei Elemente sind bei der hier verwendeten Struktur von Belang. Beim Phonographen ist dies erstens der Trichter samt Nadel, zweitens der Medienträger Walze und drittens der daraus entstehende Ton. Das Zusammen der drei Elemente kann als Einheit gelesen werden. Trichter mit Nadel und Walze ergeben den Ton. Das Zustandekommen des Experiments besteht nun gerade darin, daß die Einheit aufrechterhalten wird, ein Element, der Medienträger, aber substituiert wird. Die Einheit bleibt als Ganze erhalten, die Walze wird durch den Schädel ersetzt und das Resultat muß folglich auch ein anderes akustisches Phänomen sein. In dieser ausdrücklich sprachlichen Lesart verweist die für das Zustandekommen des Experiments grundlegende Struktur in den Bereich der poetischen Sprache und die in ihr analysierbaren Formen des Einzelwortschmucks. Denn auch beim Zustandekommen des Einzelwortschmucks wird eine Einheit, etwa ein Satz als sprachliches Syntagma, beibehalten und ein Element daraus ausgetauscht. Stilistisch

was das Experiment funktional auf dieser Mikroebene darstellt, ist selbst wiederum eine Metapher, dies sowohl in der spezifischen stilistisch-poetischen Bedeutung als auch in der allgemeineren Verwendung des Begriffs. Das Experiment verweist einerseits unentwegt auf sich selbst: Phonograph und Medienträger Schädel stehen bildlich für seine Funktion, die Übertragung. Anderseits und zugleich wird diese Lesart komplementiert durch eine sie unterminierende, nämlich dadurch, daß das Experiment selbst für eine übertragene Lesart einsteht. Das, was es eigentlich darstellt, ist selbst der Verweis auf seine Uneigentlichkeit. Es verweist in seiner eigentlichen Übertragungsfunktion auch auf seine eigene Übertragung und damit auf seine Uneigentlichkeit. Das Experiment ist folglich sowohl tatsächlich als auch in der Tat eine Metapher. Die Übertragung wird somit selbst in ihrer übertragenen Bedeutung lesbar. In dieser Abstraktheit ist das Experiment nichts anderes als die spezifisch-inhaltslose Metapher, woraus die Selbstbezüglichkeit resultiert – das Experiment wird zur Metapher der Metapher. Wird berücksichtigt, daß die Bildlichkeit darüber hinaus auch noch die Struktur des Zustandekommens mitenthält, dann zeigt die ganze Ausbuchstabierung der im ersten Teil gemachten Ausführungen, daß es sich gleichzeitig um ein sich selbst übertragendes Sinnbild handeln könnte. Die Konsequenz wäre, daß das Experiment ebenso als Allegorie der Metapher gelesen werden kann. Diese Ausführungen zur Bildlichkeit des Experiments zeigen den offensichtlichen ästhetisch-poetologischen Hintergrund der Skizze sowohl auf Makro- als auch Mikroebene.

Das Postulat der Synästhesie zum vollendeten Gedicht in Verbindung mit dem Phonographen zu bringen scheint offensichtlich, leistet der Phonograph doch wesentliche Verbindungen der Einzelsinne untereinander und deren gleichzeitigere Verwendung. Dies sogar unabhängig davon, ob der Medienträger die Walze oder der Schädel ist. Übertragen wird bei dem Experiment ein Sinn in einen anderen Sinn: Die graphische Kronen-

---

betrachtet ist für die Bestimmung eines Tropus das Verhältnis zwischen ersetztem und ersetzendem Ausdruck konstitutiv. Vgl. Groddeck, Wolfram: *Reden über Rhetorik*, a.a.O., S. 208 f. Wendet man diese Vorgehensweise auf das Vorliegende an, dann führt es zu einer bemerkenswerten Feststellung. Da im Text die Walze durch den Schädel ersetzt wird, bedarf es folglich einer Bestimmung dieses Verhältnisses. Walze und Schädel stehen weder in einem Teil-Ganzen oder Art-Gattung Verhältnis (Synekdoche) und weder in einem erweiterten Realienbezug (Metonymie); vielmehr besteht die Substitution zwischen beiden Wörtern im Verhältnis der Ähnlichkeit, die die Grenze des Begriffsumfangs des ersetzten Wortes überspringt. Dieses Verhältnis ist gerade bestimmungskonstitutiv für die Metapher, der Sprung-Tropus (vgl. S. 205-283). Für das Experiment heißt dies in der hier vorgeschlagenen Interpretation, daß es selbst auf der Vorgehensweise der Metapher zustande kommt.

naht – welche visuell wahrnehmbar ist – wird im Experiment zum auditiv wahrnehmbaren Ur-Geräusch. Die Übertragung selbst kommt jedoch aufgrund des Tastsinnes zustande, da die Nadel die Spur abtastet. In dieser Lesart ‚verwandelt' der Phonograph den visuellen Sinn mittels Tastsinn in den auditiven Sinn, zwischen diesen besteht dann ein reziprokes Verhältnis. Die Nähe zu den Ausführungen zur Sinnzusammenführung der Einzelsinne im „gesamten Erfahrungsbereich der Welt" scheint evident. Dieser Übertragung eines Sinnes in einen anderen Sinn bzw. der gleichzeitigen Verwendung der Sinne kommt folglich ein synästhetisches Moment zu. Das vollendete Gedicht muß somit sicherlich die Verbindung der fünf Einzelsinne mittels synästhetischen Momenten zu realisieren suchen.[50] Sind alle Sinne ineinander verbunden, sind die schwarzen Sektoren ebenfalls überbrückt.[51] Womöglich ist die Synästhesie mit den Ausführungen zum „Sprung durch die fünf Gärten in einem Atem" intendiert. Die Thematisierung des Versuchs bezüglich des zweiten als notwendig ausgewiesenen Moments zum vollendeten Gedicht ist dagegen nicht so offenkundig. Die Frage drängt sich auf, worin denn die Steigerung der Sinne, die, als Hebel und als geistigeren Griff, die Welt auf die übernatürliche Ebene des Gedichts emporheben, bestehen kann. Anders formuliert lautet die Frage, wie die gesteigerte Wahrnehmung der Sinne ins Geistige anhand des ersten Teils festgemacht werden kann und worin dieser dann geistigere Griff bestehe. Vielleicht bedarf es zur Beantwortung dieser Frage nur noch eine sorgsame Zusammenführung des bisher Ausgeführten. Das synästhetische Moment ließ sich unabhängig vom Medienträger eruieren. Da jedoch gerade der skurrile Versuch als Mittel zum vollendeten Gedicht angeführt wird, muß dieser folglich abschließend mit dem geistigeren Griff in Verbindung gebracht werden. Das Experiment muß für die gesteigerte Wahrnehmung stehen. Die ge-

---

[50] Zum Problem der Synästhesie bei Rilke, der werkgeschichtlichen Entwicklung seiner Position zur Synästhesie und im *Ur-Geräusch* vergleiche Pasewalck, Silke: *„Die fünffingrige Hand"*, a.a.O., S. 30 ff. Laut der Differenzierung von Pasewalck gehe es im *Ur-Geräusch* nicht um Synästhesie, sondern um ein neues und anderes Verhältnis der Sinne untereinander. Dieses neue Verhältnis der sensuellen Sinne untereinander zu bestimmen ist gerade Gegenstand ihrer Untersuchung.

[51] Drei Auffälligkeiten müssen jedoch hervorgehoben werden: Die Sinne „Riechen" und „Schmecken" sind bei dem von Rilke vorgeschlagenen Versuch als „Mittel um, unter so seltsam abgetrennten Bereichen, die schließlich dringende Verbindung herzustellen", nicht involviert. Ebenso merkwürdig bleibt, daß es beim Phonographen die gerade im zweiten Teil so hervorgehobenen „schwarzen Sektoren" als Abgründe nicht gibt. Drittens ist es zumindest erstaunlich, wenn im zweiten Teil die technische Apparatur (Mikroskop und Fernrohr) als Möglichkeit der Sinnessteigerung verworfen wird, im ersten Teil jedoch gerade ein technisches Gerät angeführt wird.

steigerte Wahrnehmung wird von Rilke im Text im Modus des Sehens ausgeführt, da es gerade der Blick ist, der zum Experiment führt. Dieser Blick muß folgerichtig dann für das geistigere Sehen stehen. Grundlage für das Experiment ist, wie bereits ausgearbeitet, die Ähnlichkeit zwischen Schädel und Walze. Diese Ähnlichkeit hat jedoch gerade ein besonderes Sehen wahrgenommen und so kann davon ausgegangen werden, daß dieses Sehen hier exemplarisch für eine gesteigerte Wahrnehmung einsteht:

> Ein ‚solcher Blick' war es, den ich plötzlich in seinem Verlaufe anhielt und ‚genau und aufmerksam einstellte'. In dem oft so eigentümlich wachen und auffordernden Lichte der Kerze war mir soeben die Kronen-Naht ganz auffallend ‚sichtbar' geworden [...]. [Herv. d. Verf.][52]

Es ist dieser gesteigerte Sinn, der durch genaues und aufmerksames Einstellen entsteht, der die Kranz-Naht als Rille sichtbar macht und damit den Schädel als potentiellen Medienträger des Phonographen ausweist. Indem Rilke am Schluß des zweiten Teils auf den ersten Teil verweist, bestimmt er die Erzählung von diesem Blick als gesteigertes Wahrnehmen selbst und indem er von seinem Blick auf den Schädel berichtet, gibt er somit ein Beispiel für gesteigertes Sehen. Es ist genau das Resultat dieses Blickes das zum Experiment führt, welches wiederum als ein Beispiel für das vollendete Gedicht steht. Es ist dieses gesteigerte Wahrnehmen der Sinne (hier eben ausgeführt anhand des Sehens) das zum vollendeten Gedicht führt. Dieses Sehen sieht die Kranz-Naht in gewisser Weise geistiger, indem sie nämlich als Rille der Walze gesehen wird und so erst das Experiment ermöglicht. Damit erhebt es jedoch gleichzeitig das Gesehene in den anderen ‚Sinn-Bereich', da die Naht, jetzt als Rille im Experiment, so auf die Ebene des Gedichts gehoben wird.[53]

---

[52] KA IV, S. 701.

[53] Ein zweites Beispiel für gesteigerte bzw. geistigere Wahrnehmung scheint Rilke mit dem Beispiel der Frau zu intendieren, der die Überlegungen zum vollendeten Gedicht, dem gleichzeitigen Gebrauch der Sinne und der übernatürlichen Ebene vorgetragen werden. Diese Frau hat offenbar ‚gesteigerte Wahrnehmung': „Eine Frau, der solches in einem Gespräche vorgetragen wurde, rief aus, diese wunderbare, zugleich einsetzende Befähigung und Leistung aller Sinne sei doch nichts anderes als Geistesgegenwart und Gnade der Liebe, – und legte damit (nebenbei) ein eigenes Zeugnis ein für die sublime Wirklichkeit des Gedichts." (KA IV, S. 703). Nicht nur wird dies ausdrücklich als Zeugnis ausgewiesen, sondern die Verwendung der Formulierung „wunderbar" zielt genau auf das „Wunder" der Emporhebung vom „Sinnlichen" ins „Übersinnliche".

Nur wenn das Experiment als exemplarisch für diese geistigere Wahrnehmung interpretiert wird, wird ersichtlich, warum der Text dann am Schluß des ersten Teils dieses Exemplarische wiederum verallgemeinert:

> Dieses für einen Augenblick hingestellt: was für, irgendwo vorkommende Linien möchte man da nicht unterschieben und auf die Probe stellen? Welchen Kontur nicht gewissermaßen auf diese Weise zu Ende ziehen, um ihn dann, verwandelt, in einem anderen Sinn-Bereich herandringen zu fühlen?[54]

Durch die Transformation der Wahrnehmung wird potentiell alles zur Linie, die der Dichter – gewissermaßen als Phonograph – auf die Ebene des Gedichts heben kann und somit dort in der „sublimen Wirklichkeit des Gedichts" erscheinen vermag.

Literatur

Aristoteles: *Metaphysik*, hg. von Ursula Wolf, Reinbek [3]2002.

Ästhetische Grundbegriffe. Historisches Wörterbuch in sieben Bänden, hg. von Karlheinz Barck et al., Stuttgart/Weimar 2000 ff.

Deutsches Wörterbuch. Bedeutungsgeschichte und Aufbau unseres Wortschatzes, Tübingen [10]2003.

Die Religion in Geschichte und Gegenwart. Handwörterbuch für Theologie und Religionswissenschaft, hg. von Kurt Galling, 6 Bde., Tübingen [3]1957 ff.

Duden. Das große Wörterbuch der deutschen Sprache, 10 Bde., Mannheim [3]1999.

Etymologisches Wörterbuch der deutschen Sprache, hg. von Friedrich Kluge, Berlin/New York [24]2002.

Goethe, Johann W.: *Sämtliche Werke. Briefe, Tagebücher und Gespräche*, 40 Bde., Frankfurt a. M. 1994.

Groddeck, Wolfram: *Reden über Rhetorik. Zu einer Stilistik des Lesens*, Frankfurt a. M./Basel [2]2008.

Jüttemann, Herbert: *Phonographen und Grammophone*, Braunschweig 1979.

Kittler, Friedrich: *Grammophon, Film, Typewriter*, Berlin 1986.

Metzler Lexikon literarischer Symbole, hg. von Günter Butzer und Joachim Jacob, Stuttgart/Weimar 2008.

Paek, In-Oek: *Rilke Poetik des ‚neuen' Sehens in den Aufzeichnungen des Malte Laurids Brigge und in den Neuen Gedichten*, Konstanz 1996.

Pasewalck, Silke: *„Die fünffingrige Hand". Die Bedeutung der sinnlichen Wahrnehmung beim späten Rilke*, Berlin/New York 2002.

Rainer Maria Rilke – Katharina Kippenberg: Briefwechsel, hg. von Bettina von Bomhard, Wiesbaden 1954.

Rilke, Rainer M.: *Das Ur-Geräusch*, in: *Werke. Kommentierte Ausgabe in vier Bänden*, hg. von Manfred Engel, Ulrich Fülleborn, Horst Nalewski und August Stahl,

---

[54] KA IV, S. 702.

Bd. 4: Schriften zu Literatur und Kunst, Frankfurt a. M./Leipzig 1996, S. 699-704. (= KA)

Rilke, Rainer M.: *Briefe*, hg. vom Rilke-Archiv in Weimar, in Verbindung mit Ruth Sieber-Rilke, besorgt durch Karl Altheim, Wiesbaden 1950.

Rilke, Rainer M.: *Die Duineser Elegien. Wiedergabe der Handschrift des Dichters aus dem Besitz der Fürstin Marie von Thurn und Taxis-Hohenlohe*, mit einem Be-gleitwort von Ernst Zinn, Zürich 1948.

Rilke, Rainer M.: *Tagebuch Westerwede – Paris 1902*, Faksimile der Handschrift und Transkription, aus dem Nachlaß hg. von Hella Sieber-Rilke, Frankfurt a. M./Leipzig 2000.

Rilke, Rainer M.: *Chronik seines Lebens und seines Werkes*, hg. von Ingeborg Schnack, Frankfurt a. M. 1990.

Rilke. Schweizer Vortragsreise 1919, hg. von Rätus Luck, Frankfurt a. M. 1986.

Schnack, Ingeborg: *Rilkes Leben und Werk im Bild*, Frankfurt a. M. [3]1977.

Steiner, Jacob (Hg.): *Rilke und die Schweiz*, Zürich 1992.

Filipa Afonso (Lisbon)

Love and Life in Tarkovsky's Circle of *Sacrifice*

The year of 1986 marks the death of the cineaste Andreï Tarkovsky and also the making of his last film *The Sacrifice* which narrates Alexander's gesture to save his family (particularly his son), and the whole humankind (generally speaking), from the threat of a definite catastrophe, the outcome of the then announced Third World War.

The mere synopsis of this work involves, since the beginning, a positioning between what Emmanuel Carrère has designated as a "mystical reading" – observing in the main character's actions the real concretization of a redeeming act –, and a "clinical reading"[1] – observing the gradual insanity of a man tormented by the delirious vision of a desolating and hopeless end. However, if the verbal translation of Tarkovsky's film confronts itself with this dilemma, the accuracy of this translation requires that we do not choose one reading only. The wholeness of *The Sacrifice* draws itself within this same ambiguity, according to which we are unable to decide if the Third World War was not but Alexander's dream, or if the power of his prayer changed that event into a purely dreamlike reality.

The emergence of the supernatural is, within this context, always doubtful, because it can always be reduced to a natural law or to the own nature of dream. Thus, the opening of a door, which no one opens, can be explained by an air flow; and the seeming revocation of an already ongoing war can be explained by the perception that it has never, in fact, occurred. Now, the partial dissimulation of the wonderful beneath the veil of likelihood seems to be Tarkovky's way to retell a myth to – in his own words – the "objective", "scientific" and "materialistic" contemporaneity.[2] Without renouncing, in any sense, to an analogy with reality,

---

[1] Cf. Carrère, Emmanuel: *Le miracle secret*, in: Ciment, Gilles (Ed.): *Andreï Tarkovski*, Paris/Marseille 1988, p. 138. The raising up of these two readings culminates in the undecidability between them, leading to an intermediate position, that gathers the doubt and the uncertainty about what in fact did happen.

[2] Cf. Tarkovski, Andreï: *Esculpir o Tempo* [*Die versiegelte Zeit*], São Paulo 1998, pp. 276-289. In the conclusion of this book, Tarkovsky expresses a deeply pessi-

the storyline of *The Sacrifice* assumes the nature of a "displaced myth", making use of Northrop Frye's expression, which designates literature as the adequacy of myth (and this is what "displacement" means) to a demand for plausibility.[3] In fact, the stealthy presence of magical elements in Tarkovsky's work is not but one of the minor traces of the mythology-cal weight that lies beneath it, since we do not see myth as the mere "opposition to reality" which Jean-Pierre Vernant[4] withdraws from Greek thought, between the 8th and 4th centuries b. C., but we see it instead as Carlos João Correia sums up in his article about "Tristan and Isolde".

> As far as I am concerned, a myth should be understood as a traditional narrative in which it is possible to retrieve the recurring presence of archetypical representations of the human imagery, with the aim of offering an intelligibility's chart to the human action, in particular when fundamental dilemmas of our existence are at stake.[5]

It is in this sense that we discover in *The Sacrifice* a "mythopoiethic work", thus engaged in that effort to understand man and his relation to the world, through a constellation of characters who get together in a certain plot. Tarkovsky's movie proposes thus a "cinematographic way" of thinking love, faith, sacrifice and salvation, as crucial questions which concern all humankind. To achieve this, it summons up recurring images and symbols of cultural representations, which we'll try here to elucidate. Our intent is not, however, like Guy Gauthier's, to assert the existence of a "tarkovskian mythology"[6], but instead to grasp the mythology-cal roots of his work of which Andreï Tarkovsky is, not the author, but full debtor. And the meaning through which the director defines *The Sacrifice* as a parable is still synonymous of this story that embraces a decisive truth about the human being.

mistic vision of his time, devoted to an irremediable materialism, i. e., without spiritual co-ordinates. Art emerges in this context as a way of overcoming contemporary evil.

[3] "Displacement: The adaptation of myth and metaphor to canons of morality or plausibility." Frye, Northrop: *Anatomy of Criticism*, London et al. 1990, p. 365. Developing a "Theory of Modes", Northrop Frye reads the whole history of literature as ongoing release from the primordial form which is myth.

[4] Vernant, Jean-Pierre: *Myth and Society in Ancient Greece*, London 1982, pp. 186 f. The conception of myth that Vernant withdraws from the Greek thought is of an opposition, not only to reality, but to reason as well, underlining its illusive and fictitious feature.

[5] Correia, Carlos J.: *Tristão e Isolda*, in: Idem: *Mitos e Narrativas. Ensaios sobre a experiência do mal*, Lisboa 2003, p. 105.

[6] Gauthier, Guy: *Andreï Tarkovski*, Paris 1988, p. 139.

Thus engaged in the higher reflection on the fears and aspirations of the world, the story told acquires some nearly abstract features: the island where the action takes place, by its complete isolation, causes the dissolution of all geographical coordinates, carrying us to another space, detached from the daily reality. The same happens with time perception, dilacerated by the hypothesis of its own reversibility. It is clear that the whole tale takes place on Alexander's birthday. However, even that date does not supply a chronological determination, but rather the sense of a celebration and a reiteration of the character's birth, split from a profane temporality, in view of its submersion in "primordial times"[7]. In this return to ancestrality, we also unveil, under Mircea Eliade's standpoint, the mythical dimension which seethes underneath the tarkovskian work – a work that, in its returning (sending back) to the primal instant, acquires the profile of the myth as the story of an original revelation of being.[8] This transference of time to the creational moment is emphasized by the persistent presence of the four elements (water, earth, fire and air),[9] understood as the roots or principles from which the Universe is created.

On the other hand, even though only humans dwell in this film's dramatic space – Alexander, teacher and philosopher, his wife Adelaide, her daughter Martha, his son who is called "Little Man", the doctor Victor, the postman Otto, and the maids Julia and Maria (this last one was believed to be a witch) – the divine comes out exceptionally between their actions, their natures, and their enigmatic speeches. If Alexander, in his confessed fear and suffering, seems to distance himself from the hero's archetypical figure, strengthened by the divine inspiration, his "frailty", however, is an expression of his closer connection to God, once it is a signal of man's inadequacy to the material aspect of existence, and the confirmation of his divine ascendancy.[10] This experience of frailty is not

---

[7] We even wonder whether "1392", the year which Otto ascribes to that day, isn't an anagram for Tarkovsky's own birth year – 1932.

[8] "Myth tells a sacred story, [...] it tells how, thanks to the deeds of Supernatural Beings, a reality came to being, whether it is a total reality, Cosmos, whether it is just a fragment, an island, [...] an human behaviour, an institution." Eliade, Mircea: *Aspectos do Mito* [*Myth and Reality*], Lisboa 1989, p. 12.

[9] Earth is an omnipresent element and offers the ground where all the characters wander. Water is represented, not only in the sea that circles the island, where the action takes place, but also in the several marshes that inhabit the land of *The Sacrifice*, and in the water Maria pours from the jar over Alexander's hands. The tree branches and Julia's shawl, in their fluttering movements, allow the clear perception of the course of the wind. Fire is an impressive presence, displaying its destructive power, when Alexander commits sacrifice.

[10] "L'homme m'intéresse dans sa disposition à servir quelque chose de supérieur, dans son refus, voire son incapacité à se plier à la 'morale' ordinaire, étroite, mes-

but the act by which Alexander renounces all worldly ties, in order to willingly submit himself to the supreme law of love, decreed by God. Love, which means here self-abdication and gift to another, transfigures itself in sacrifice and converts the outward protagonist's dementia into actual theophany.

Also Otto, the mysterious postman, Nietzsche's reader and "collector of inexplicable events" opens a space for the manifestation of the divine. In fact, he recovers the Greek mythological character – Hermes – the messenger between gods and men. His closeness to God is pronounced in his fainting, as the result, so he says, of being "touched by an angel". Besides, he is the one who utters the messianic exclamation – "It's to-day!" – prior to any news of cataclysm or any decision of sacrifice. It is also Otto who says – "This is a very important day! You'll be buried in telegrams!" – when just a few moments earlier Otto had informed that the post station was already closed and that, by such reason, no more telegrams could be delivered that day. And, on that same day, Alexander would, indeed, receive an important message, no longer made of ink and paper, but as a spiritual call to a redeeming action, able to save human-kind from the threat of complete destruction by the outbreak of the Great War. In this context, it is once more Otto who points out the path to sal-vation, advising Alexander to find Maria, the witch, whose love could re-vivify the wasted land. In the most humble character, Maria, the house maid, the divine gleams in its greatest brightness, under the figure of sal-vific love, to whom Alexander repeats the plea for redemption.

If Maria, as personification of love, is the deciphering key of the whole plot of *The Sacrifice*, Otto however does not play a minor role in this act, proclaiming the sacrificial nature of every gift[11] and presenting the mythological paradigm, from which the whole film unfolds:

---

quine. […] Le héros du *Sacrifice* aussi est un homme faible au sens courant du terme. Il n'est pas un héros […]. Il n'est pas le maître de sa destinée, mais son serviteur." Tarkovski, Andreï: *Éloge de l'homme faible*, in: *Cahiers du cinéma* 392 (1987), p. 40. Under the category of "faiblesse", Tarkovsky would subsume the main charac-ters of his works: Andreï Rubliov, whose experience of evil converts him into the mystic silence of the union with God; Kelvin, who threatens to abandon reason to embrace the chimera of his deceased wife; Alexei, surrendered to the death anguish as the only redemption from a selfish past; Stalker, who defies the worldly laws in order to venture himself in the sacred space of "Zone"; and Domenico, whose faith assumes in his days the face of madness. His films, therefore, depict us lives disso-nant from the world, which only reaffirm themselves in another sphere.

[11] When Otto offers Alexander an original map of Europe from the 17th century, he asserts: "Every gift involves a sacrifice. If not, what kind of gift would it be?"

We live, we have our troubles. We hope. We have expectations. We hope, we lose hope, we move closer to death. Finally, we die [...] and are born again.

The recovery of the myth of the "Eternal Return" through its development in nietzschean philosophy, imposes itself, certainly, as a positing (?) of an ethical imperative. This imperative, in the conceptual possibility of an infinite recurrence of all events, concedes each action a deep weight. Nevertheless, what we need above all to highlight from the recited myth is the fertility paradigm which burst therefrom, as Laurence Coupe has well noticed, regarding to formulation by the German philosopher.[12] Now, the British author, who dedicates many pages of his book *Myth* to James Frazer's "mythographic work"[13], discerns in the "eternal return" myth that same circular pattern of death and regeneration, analogous to the cycles of vegetation in its crossing through the four seasons, which echoes in all mythology. *The Sacrifice*, as the tale about a father who gives himself up to save his son, mirrors the myths of Adonis and Aphrodite, Ishtar and Tammuz, Persephone and Demeter, where a divinity descends to the deepness of death to resuscitate his son or lover, and which in turn, reflects the autumnal fall of yellow leaves crucial to the bursting of the new spring leaves. Hence, Otto's words offer Tarkovky's film its epigraphy, allowing it to see through Alexander's sacrificial gesture, in his vow of silence, in the immolation of his own house, and in the dissolution of all his familiar ties, no longer the sterile and simply absurd destruction, but the prospect of revivification of the whole humankind.[14]

A sign of the paradigmatic character of fertility's myth is also its presence in the cultural expressions to which *The Sacrifice* alludes, like Leonardo da Vinci's picture, *Adoration of the Magi*, and Pamve's legend.

It is at the *offer* of one of Three King to a new-born Christ, that Tarkovsky's camera first stares, outlining, since then, the meaning ascribed to sacrifice. The picture, a portrait of Jesus' birth celebration, which significantly "terrifies" postman Otto, hides in itself the representation of

[12] "What we have here, then, is the fertility paradigm [...]. The fertility paradigm gives us the idea of human life as cyclical." Coupe, Laurence: *Myth*, London/New York 1997, p. 54.

[13] James Frazer is the author of *The Golden Bough*, work initially published in twelve volumes between 1890 and 1915, and later compiled in a single volume in 1922.

[14] Further, the film maker's own hesitation to entitle this work *The Eternal Return*, as he himself recognizes in the notes written on the 29th November 1983, in his diary, proves the centrality of this concept in *The Sacrifice*'s weft.

his own *death*, foreshadowed in that present which Gino Moliterno[15] –
Tarkovsky's critic – identifies as myrrh, an unguent used in embalming
of the bodies. The aria, added to this image, "Erbarme dich" from Bach's
Passion according to Saint Matthew, intensifies this preannouncement of
his fate, as a musical translation of the stirring moan of Christ on the
Cross.[16] On the other hand, this synchrony of life and death occurs picto-
rially at the roots of a leafy tree, contrasting with the ruined churches and
knight's struggles that we glimpse in the background, symbol of the re-
generating power of the sacrifice of crucifixion. When, in fact, Alexander's face is reflected on the mirrored surface protecting Leonardo da
Vinci's reproduction, and we see the interweaving of the two artistic
forms (cinema and painting), we then understand that the main character
will share an identical fate of that god who has sacrificed himself for the
sake of humankind.

The Legend of Pamve and Kolov is recited in the subsequent scene of
The Sacrifice by Alexander who is planting, with his son, a dry tree. The
story tells that one day Pamve himself, an orthodox monk, planted a
dead tree on the top of a hill, with his disciple Kolov, charging him of
watering it every single day. And so he did for three whole months, until
one morning Kolov saw the tree had finally flourished. Once more, we
unveil in this narrative the fertility's circle, a passage from death to life
which, still, does not arise without the sacrifice of the young disciple
who, early every morning, climbs to the top of the mountain, waters the
lifeless tree, to return to the monastery after sunset: an absurd ritual in its
appearance which is, nonetheless, the fertilizer of a withered nature.

This same ternary compass of desolation / sacrifice / regeneration,
perceived in the work of the Italian painter, and in Kolov's legend, im-
prints the rhythm of Tarkovsky's movie, granting it the structure that we
will follow up from now on.

The Sacrifice composes itself, at first, as a visible manifestation of a
long lament. The fading of colour in the tarkovskian screen discloses a
feeble landscape, a space made opaque to light's exuberance, caught,
consequently, in its waning and decay. The protagonist will state that it
is a nature violated by men through an unmeasured "technological progress", and, indeed, it is the vision of a world that has lost the power to
regenerate itself and which succumbs before an exacerbated material-

---

[15] Cf. Moliterno, Gino: *Zarathustra's Gift in Tarkovsky's* The Sacrifice, in: *Screening
the Past*. (retrieved March 2001, from www.latrobe.edu.Au/screening the past/first-
release/fr0301/gmfr12a.htm)

[16] Cf. in Johann S. Bach's *Matthäuspassion*: "Erbarme dich, / mein Gott, um meiner
Zähren willen; / Schaue hier, / Herz und Auge weint vor dir / bitterlich".

ism, without any spiritual reference.[17] Thus, the plains where the characters of *Sacrifice* walk do nothing more than reminding that leafless tree which Alexander and his son sought to raise.

The movements of the camera which obsessively exclude the sky from its field, as Antoine de Baecque has noticed,[18] play also a role in the shaping of a fallen state, in which the cosmic order and the aspiration to the absolute are missing, where chaos, therefore, reigns and the disbelief confines men to their own worldly appetites; where, at last, words are hollowed of meaning, and plunged into mere babbling, forgetting their ability to reveal the divine. "Words, words, words!" – declaiming Shakespeare's *Hamlet*, Alexander recognizes the anguish before a sterile word, which is, not a creative verb, but the constant delay of a demiurgic action. "Little Man"'s muteness, imposed by a throat surgery, is comprehensible, in this context, beyond the mere clinical constraint. When the father tells his son – "In the beginning was the Word. But you are mute, mute as a fish" – he stresses precisely the distance between that exact moment in relation to the creational instant, and in this way the presence of a degraded time, claiming a recreation that insists not to come. A child's silence evokes his embryonic character, previous to a birth that would concede him his own voice. He is, in fact, the "Little Man" or the one who is not yet, but awaits to become.

The telegram that Alexander receives, for his birthday, is itself a witness of the wasted land of *The Sacrifice*. Written by his former theatre colleagues, the message is signed by "Richardians and Idiotists", in allusion to Shakespeare's play and Dostoyevsky's book, which Alexander had once performed. The two mentioned characters seem, then, to designate the exact categories in which the world has been divided, none of them, however, possessing a salvific dimension. Richard III is, on one side, the personification of an ambition which carries the weight of an unredeeming malevolence. On the other side, prince Mychkin is the image of an immense goodness whose love cannot prevent the ruin of Nastássia Filíppovna, who, in the end, falls into the arms of her own executioner, Rogójin. Mychkin merges with Alexander's personality, as far as the telegram's text allows us to interpret.[19] He is also the subject of a

---

[17] The nature of *The Sacrifice* gives, then, a voice to a critic which is Tarkovsky's. Cf. footnote 2.

[18] "Tarkovsky, quant à lui, a presque totalement évacué le ciel de son ésthetique". Baecque, Antoine: *Andreï Tarkovski*, Paris 1989, p. 24.

[19] "Happy birthday dear friend stop. Mighty Richard greets good prince Myschkin stop. God grants you joy, health and peace stop. From your loyal and loving, Richardians and idiotists stop."

love that, despite all, does not rescue Adelaide from her futility and frustration for an unhappy marriage.

So the report of the imminent catastrophe only brings with itself the precise and physical feeling of a desolation since long foretold. It comes as a premonition of an ultimate end, death with no perspective of life and, in this sense, a final disruption of the fertility's cycle. We then understand that the noise and the tremble, which so symptomatically had cause the spilling of the milk on Alexander's home floor, had been produced by airplanes coming from that war which would result in the mortification of all life forms, and of all sprouting processes, as the character cries out:

> Because this war is the ultimate war, a horrible thing. And after it, there will
> be no victors and no vanquished [...] no cities or towns, grass or trees, water
> in the wells, or birds in the sky.

If television announces to all the outbreak of the Great War, the images of calamity itself, though, arrive only as black and white deliria, which portray the destruction, and the wandering of a runaway crowd.

We would not declare, as Peter Green,[20] that the prophecy of the end of the world is the epicentre of Tarkovsky's narrative, but rather what provokes it, as an event that will demand a sacrifice from Alexander. His suffering no longer falls in wordy prostration but ascends, in that moment and through prayer, to the authentic quest for redemption. The sacrificial rite promised in such prayer comes to light as the single possibility to regenerate the world, and to save all humankind, and his son in particular.

In this respect, Michel Chion refers to a pact celebrated between God and Alexander, making thus obvious the God-Law of Christian doctrine.[21] Nevertheless, if beneath the idea of a pact lays the declaration of symmetry between donation and reception (what is given being compensated by what is received), what can someone earn, having given himself up, not remaining there to collect the benefit of his action? In this precise direction, Vladimir Jankélévitch – who shares with Tarkovsky the same

---

[20] Cf. Green, Peter: *Andreï Tarkovsky. The Winding Quest*, London 1993, p. 120.
[21] "[...] celui-ci [Alexander] adresse à Dieu le Père une prière en forme de contrat (c'est le Dieu-Loi, invoqué dans les termes chrétiens) [...]". Chion, Michel: *Andreï Tarkovski*, in: *Cahiers du cinéma* 392 (1987), p. 37.

soviet ancestry – reflects the nature of sacrifice as "non-compensable gift"[22].

The vow of silence, the home, the family and friends' abnegation are, as a last resort, acts of a coincident renunciation of *oneself* and gift to *another*, reviewing Otto's sentence that all gift is, somehow, a sacrifice. The immolation of the house by fire, which we observe in one of the final sequences of the film, as the fulfilment of sacrifice, is singularly expressive of this dispossession of the self by the destruction of the nerve centre of all memories and experiences. Following the conception of sacrifice as the deepest generosity, every notion of a gains and losses calculus vanishes, since the loss of oneself for another is unreserved.

As a result, in Alexander's action echoes the passion of Christ, nailed to the cross for humankind's salvation. But on this soil of Christian religiousness, grows, in parallel, a pagan scenery, in such way that critics, like Michel Chion, Johnson and Petrie,[23] stress the duplicity of sacrifice, which, in Tarkovsky's work, is carried out not only through that vow to the Divine, but simultaneously in the sexual act perpetrated by Alexander and Maria, under the auspices of Otto.

This second sacrificial gesture is not, however, secondary. For many years, the argument of *The Sacrifice* had ripened under the title *The Witch*, telling the story of a man healed from a fatal disease after his relation with a strange woman with magical powers. And if such designation has fallen, Maria's significance, as witch, within the plot of this film, has not faded away. Russian mythology relates the word *ved'ma* (witch) to wisdom, since it derives from the verb *vedat'* (to know). In her humbleness, Maria seems to hold the secrets of the world, listening to its suffering, through Alexander's lament, and knowing the exact word which will redeem it: love. Perhaps for that reason, the main character readdresses her the plea for salvation.

---

[22] Cf. Jankélévitch, Vladimir: *L'amour*, in: Idem: *Le traité des vertus*, vol. 2, Paris 1986, p. 338. We shall develop ahead the Jankélévitch's concept of Sacrifice through Tarkovsky's work.

[23] "Unfortunately, the merging of the original and new story lines produces disharmony and confusion on the level of plot: an unexplained double sacrifice is created when Alexander *both* sleeps with the witch, as encouraged by the new soothsayer, the postman Otto, *and* burns down his house and becomes mute thus fulfilling his vow with God". Johnson, Vida/Petrie, Graham: *The Sacrifice*, in: Idem: *The films of Andreï Tarkovsky. A Visual Fugue*, Indianapolis 1994, p. 172. Cf. also Chion, Michel: *Andreï Tarkovski*, loc. cit., p. 37.

The union between Maria and Alexander rises as a ritual[24] that repeats the Sumerian celebration of the *hieros-gamos*, in which the sexual act between a priest and an hierodule, incarnating divine proprieties, assured the revival of Spring, as time for the restarting of the cycle of life.[25] Only love, praised by those two bodies, could successfully regenerate earth and save men. The levitation's motion in which culminates the love relation of Maria and Alexander shows the miraculous power of the most human feeling, which literally defies the physical laws of gravity, and which, symbolically, transcends the human condition.

In this manner, the film of the Russian director seems to produce the unlikely fusion of Christian and pagan spiritualities. The ambiguity created, in the meanwhile, does not convert itself into an insuperable dichotomy, but, instead, reduces itself to a single affirmation of salvific love. Maria, tarkovskian figure of pagan love, retains the name of Jesus' mother.[26] As a character who knows the fertilizing power of love, we rediscover her, then, on the interception of the two worldviews. And, indeed, what the bond between the birthday man and the enigmatic Icelandic house maid corporally displays is the same principle that leads to the self-renouncement vow. We refuse to distinguish two irreducible sacrifices in Tarkovsky's work, given that both accomplish one single rule of love for one's neighbour, for his own salvation.

It is suggestive that Jankélévitch devotes the last paragraph of the chapter about "Love" to the subject of sacrifice in his book *Traité des Vertus*. In here, the philosopher discloses the maximum fulguration of love, as an irretrievable loss of oneself for the affirmation of the loved one.[27] Unlike the *eros*-love, as desire of the other to oneself, Alexander's sacrifice sublimes the *agapè*-love, as outlined by Comte-Sponville in his *Petit Traité des Grandes Vertus*:

---

[24] It should be observed, in particular, the purification gesture and which precedes the sexual act, when Maria washes Alexander's hands.

[25] Cf. Lamas, Maria: *Mitologia Suméria*, in: Idem: *Mitologia Geral. O mundo dos deuses e dos heróis*, vol. 1, Lisboa 1972, p. 20.

[26] At her home, in fact, we come across some Christian symbols, such as the crucifix.

[27] "[…] Il n'y a de sacrifice véritable que la mort consentie *par amour pour quelqu'un*. […] son but n'est donc pas d'annexer la personne de l'autre à son obsédant égo, et de doubler ainsi sa propre vie, puisque à l'inverse il est devenu extatiquement cet autre, s'est perdu et abîmé en lui, vit en l'autre la vie même de l'autre". Jankélévitch, Vladimir: *L'amour*, loc. cit., p. 346 and 248.

No longer need, passion or greed (*eros*), [...] but withdrawal, gentleness, the kindness of being less, [...] the sacrifice of his pleasure, his well-being or his interests; [...] love which gives [...], but which gives in pure loss [...].[28]

Love shaped by sacrifice is no longer the need avid for suppression, but the disinterested affection which overcomes the selfishness of the one who loves, and which finally erases him to acclaim the life of the one who is loved. This same love, which Christianity has glorified, under the name of "charity", as the most important of all theologal virtues,[29] it is the divine effusion and sole commandment which provides the salvation of humanity.

In Alexander's prayer, we grasp the transfiguration of love, that constantly seeks satisfaction, into the Christian *agapè* through which one hands over oneself to his close one. And if this close one is, firstly, the tangible face of his son, it becomes, lastly, the whole humankind. Through sacrifice, Alexander releases himself painfully from the desire for his son, since it is truly him who he renounces, converting it in genuine benevolence which is positive will on behalf of the entire world. The sacrifice unfolds itself, then, in line with two aspects: the sore dimension of self-resigning, and the salvific dimension of the other's regeneration, because, as Jankélévitch recalls, sacrifice is always "*by the love for someone*"[30] and, it is, we would say, the feat that changes that love into an act of redemption.

This is the truth enclosed in Tarkovsky's parable. It is the humanized translation of the sacrifice of Christ, who, by love and for men's deliverance, offers himself to the martyrdom of the cross, but it is, at the same time, the filmic recreation of Auszrine's Slave myth. Auszrine, daughter of the Sun goddess, Saule, inspires the love of Meness, moon god, his father. The jealousy of Saule takes Perkons, god of thunder to tear Meness apart, turning night perpetually dark. Auszrine herself will cure him, through her love, bringing together all the pieces of his body, restoring in this way his nightly splendour.[31] This tale which imagetically explains the lunar cycle finds, in its turn, strong resonances in Egyptian mythology, where Isis reunifies Osiris body and gives birth to a child, Horus; and in Babylonian mythology, where Ishtar, love goddess, descends to the depths of hell to rescue Tammuz, fertility god who, once returned to

---

[28] Comte-Sponville, André: *Pequeno Tratado das Grandes Virtudes* [*Petit Traité dés Grandes Vertus*], Lisboa 1999, p. 291.

[29] 1 Cor 13.

[30] Cf. footnote 27.

[31] Cf. Andrews, Tamra: *Auszrine*, in: *Legends of the Earth, Sea and Sky. An Encyclopedia of Nature Myths*, Santa Barbara 1998, p. 20.

earth, fructifies it again. Beneath all these expressions, as beneath *The Sacrifice*, lies the founding archetype of a love that defeats death and renews life. A similar intuition is drawn from the *Song of Songs*, "for love is strong as death"[32]. The silence, the destruction of the house and of all family bonds are signs of Alexander's mortification, images of a "descent to hell" to save his son and, revivify the inert and spiritually deprived earth, reawakening the cycle of life, once threatened by the outbreak of war.

The emancipation of love from its desirability feature brings with itself, indeed, the experience of suffering inherent to the gesture of abdication. The house set on fire by Alexander gives weight to the proper immolating and deadly nature of sacrifice. Though in it still remains above all the hope for redemption, for the return of a harmony, which, according to Tarkovsky, "is born only out of sacrifice"[33]. Under the aegis of sacrifice the dusk of Alexander's life and the dawn of humanity's new life are reconciled. Without this spur of faith in the recreation of the world, his gesture would become absurd, i. e., the expression of a sterile and groundless devastation, of an intimate insanity.

Actually, the film director did not refuse the interpretation of those who, surrendered to a "clinical reading", as Emanuelle Carrère called it, decode in his work a man's dementia account, enhancing his falling movement with no redeeming finality. They only see the flowing of destruction signs from his hands, and no definite creative action. When Alexander awakens, after visiting Maria, the nuclear menace seems gone. The colour, which had been absent, providing room to pale or black-and-white images, floods back. The telephone, which stopped working, rings again. Nonetheless, the war which was over could in fact have never occurred, and the restored colour of Tarkovskian frames does not glow as in the works of art reproduced in the book offered to Alexander by Victor. And finally the tree planted in the beginning has not flourished yet. The redemption is unsure, its traces are dubious. It comes to light, then, the same question which the Portuguese poet, Fernando Pessoa, has put forward, concerning the epic of the Portuguese Discoveries: "Was it worth?" – a question about the meaning of sacrifice, but the answer to which – "Everything is worth, If the soul is not small"[34] – refers not to a counterbalancing of benefits, but to the nobleness of the feeling which presides that gesture. That sacrifice is measured and justified in the name of its principle – love – and not of its consequences.

---

[32] Ct 8, 6.

[33] Tarkovski, Andreï: *Esculpir o Tempo*, loc. cit., p. 260.

[34] Pessoa, Fernando: *Mensagem – Poemas Esotéricos*, Madrid 1993, pp. 7 f.

Within the time of the film *The Sacrifice*, the moment of regeneration does not settle unequivocally. Its uncertainty is what prevents the mathematical calculus of gains and losses. Alexander's striking renouncement is not rewarded by a single clear evidence of men's salvation. His feat is not worth, accordingly, for its effects, which remain concealed, but only for the love which causes it. The redemption, summoned up by sacrifice, throws itself in the doubt of its own completion – doubt that requires faith to be surmounted. Rediscovering the room for faith in the heart of Tarkovsky's film, the "clinical reading", according to which *The Sacrifice* is a work about madness, gives in to a "mystical reading", according to which *The Sacrifice* is a work about the redeeming strength of love. While regeneration does not make itself clear to the senses, avoiding its own representation, it stands as an object of faith and only through faith can regeneration take place, as the routine of Kolov, who daily waters the dead tree, remind us, and as the gesture of "Little Man", who himself, in the end, waters the lifeless tree replanted with his father, confirms.

In that moment, this work closes its circle. Tarkovsy's camera's movement, which had risen from the pictorial figure of Christ, from the tree root where he stood, across the rugosity of the trunk, until the top of its frond, repeats itself, focusing "Little Man"'s character, and ascending from the tree root, which he just watered, up to its still naked branches. This movement which Antoine Baecque designated as "life movement" as it follows the route of the vivifying sap,[35] outlines the same journey of *The Sacrifice* as the quest of life, portraying the world from its end (imposed by the Great War) till its birth. When then, "Little Man" pronounces his first words (the last in the film), we hear his astonishment: "In the beginning was the Word. Why is that, Papa?" The mystery of creation, here declared, does not receive enlightenment, but the resurgence of that voice, quiet up to then, testifies the reiteration of the beginning. Even though the sky will not stumble across the cinematographic images, we see it resplendent, reflected upon the sea which surrounds the island, behind the enfeebled tree. The rebirth of a new life, thus, becomes the outcome of Alexander's love, in such a way that in "Little Man"'s questioning, we may conclude that the creative Word is not absolutely first but at all times second or even ultimate end of a supreme act of love.

The destiny of this work tangles itself in the weft of the told parable. During the film shots, the cineast discovers he is the victim of a fatal disease. Like Alexander's gift, *The Sacrifice* is offered, as the final will, to

[35] Cf. Baecque, Antoine: *Andreï Tarkovski*, loc. cit., p. 23.

his spectators, and particularly to his son Andriosha, to whom he dedicates his movie "with hope and trust". In the premonition of the end, Andreï Tarkovsky's legacy is, then, an essential opening to the future, under the intuition that death is not but the inexorable episode of the circle of life.

Literature

Andrews, Tamra: *Auszrine*, in: *Legends of the Earth, Sea and Sky. An Encyclopedia of Nature Myths*, Santa Barbara 1998, p. 20.

Baecque, Antoine: *Andreï Tarkovski*, Paris 1989.

Carrère, Emmanuel: *Le miracle secret*, in: Ciment, Gilles (Ed.): *Andreï Tarkovski*, Paris/Marseille 1988, pp. 138-139.

Chion, Michel: *Andreï Tarkovski*, in: *Cahiers du cinéma* 392 (1987), pp. 34-35.

Comte-Sponville, André: *Pequeno Tratado das Grandes Virtudes [Petit Traité dés Grandes Vertus]*, transl. by Maria Bragança, Lisboa 1999.

Correia, Carlos J.: *Tristão e Isolda*, in: Idem: *Mitos e Narrativas. Ensaios sobre a experiência do mal*, Lisboa 2003, pp. 97-122.

Coupe, Laurence: *Myth*, London/New York 1997.

Eliade, Mircea: *Aspectos do Mito [Myth and Reality]*, transl. by Manuela Torres, Lisboa 1989.

Frye, Northrop: *Anatomy of Criticism*, London et al. 1990.

Gauthier, Guy: *Andreï Tarkovski*, Paris 1988.

Green, Peter: *Andreï Tarkovsky. The Winding Quest*, London 1993.

Jankélévitch, Vladimir: *L'amour*, in: Idem: *Le traité des vertus*, vol. 2, Paris 1986, pp. 147-354.

Johnson, Vida/Petrie, Graham: *The Sacrifice*, in: Idem: *The films of Andreï Tarkovsky. A Visual Fugue*, Indianapolis 1994, pp. 172-186.

Lamas, Maria: *Mitologia Suméria*, in: Idem: *Mitologia Geral. O mundo dos deuses e dos heróis*, vol. 3, Lisboa 1972, pp. 13-20.

Moliterno, Gino: *Zarathustra's Gift in Tarkovsky's* The Sacrifice, in: *Screening the Past*. (retrieved March 2001, from www.latrobe.edu.Au/screening the past/first-release/fr0301/gmfr12a.htm)

Pessoa, Fernando: *Mensagem – Poemas Esotéricos*, ed. by José A. Seabra, Madrid 1993.

Tarkovski, Andreï: *Esculpir o Tempo [Die versiegelte Zeit]*, transl. by Jefferson Luiz Camargo, São Paulo 1998.

Tarkovski, Andreï: *Éloge de l'homme faible*, in: *Cahiers du cinéma* 392 (1987), p. 40.

Vernant, Jean-Pierre: *Myth and Society in Ancient Greece*, London 1982.

Hans Stauffacher (Berlin)

Dichtungsvermögen.
Schellings Poetik des transzendentalen Philosophierens

„Was ist denn nun jenes wunderbare Vermögen, durch welches nach der Behauptung des Philosophen in der produktiven Anschauung ein unendlicher Gegensatz sich aufhebt", fragt Schelling im Schlußabschnitt seines *Systems des transscendentalen Idealismus* und beantwortet diese Frage, die das Ganze seines Systems – und, dessen Selbstverständnis als „System des gesammten Wissens"[1] gemäß, das Ganze der Philosophie – umgreift, folgendermaßen:

> Es ist das Dichtungsvermögen, was in der ersten Potenz die ursprüngliche Anschauung ist, und umgekehrt, es ist nur die in der höchsten Potenz sich wiederholende produktive Anschauung, was wir Dichtungsvermögen nennen. Es ist ein und dasselbe, was in beiden thätig ist, das einzige, wodurch wir fähig sind, auch das Widersprechende zu denken und zusammenzufassen, – die Einbildungskraft.[2]

Der unendliche Gegensatz, der aufzulösen ist, ist derjenige von Natur und Freiheit; das Widersprechende, das es zu denken gilt, die Identität von Objektivem und Subjektivem, die Identität der Sätze „es gibt Dinge außer mir" und „ich bin"[3], die, da wahres Wissen der traditionellen Formel gemäß in der Übereinstimmung des gewußten Objekts mit dem wissenden Subjekt bestehe, erwiesen werden muß, um die Grundfrage des *Systems* beantworten zu können; die Frage danach, wie Wissen zu erklären sei. Und diese grundlegendste Frage der Transzendentalphilosophie kann in Schellings *System* von 1800 nur durch den Rekurs auf das Dichtungsvermögen beantwortet, das Wesen des Denkens nur durch die Fähigkeit zum Dichten erklärt werden.

---

[1] SW III, S. 330. Das *System des transscendentalen Idealismus* wird abgekürzt als *System* bezeichnet.
[2] Ebd., S. 626.
[3] Ebd., S. 344.

Wenn in der Philosophie von der Dichtung die Rede ist, dann ist es im Vergleich dessen, was seit jeher der Modus des Philosophierens ist, dem Denken, mit einem anderen Modus des menschlichen Geistes, dem Dichten, die Philosophie selbst, die zur Debatte steht. Sei es, daß durch die Abgrenzung vom Dichten als etwas ganz anderem, das Wesen des Denkens und damit das Wesen der Philosophie erst bestimmt wird, sei es daß das Wesen der Philosophie durch das Überschreiten der Grenze zwischen Denken und Dichten verändert werden soll – wenn die Philosophie sich dem Dichten zuwendet, dann deshalb, weil das Denken nicht bloß ihr Modus, sondern auch ihr Gegenstand und sie selbst sich damit zum Problem geworden ist. Die philosophische Auseinandersetzung mit dem Dichten ist in diesem Sinne immer als Krisenphänomen zu lesen, wobei das Potential für die selbstreflexive Bestimmung der Philosophie, das im Nachdenken über das Dichten liegt, von Platons Abwertung bis zu Heideggers Aufwertung der Dichtung gerade darin zu liegen scheint, daß Dichten etwas ganz anderes ist als Denken. Doch worin unterscheiden sich diese beiden Tätigkeiten eigentlich? Dichten, soviel scheint klar, ist eine produktive, eine poietische Tätigkeit. Beim Dichten bringt der Mensch aus sich selbst heraus etwas hervor, was zuvor noch nicht da war. Denken hingegen, scheint eine Tätigkeit zu sein, die sich auf Gegenstände bezieht, die sie nicht selbst hervorgebracht hat, sondern die sie vorfindet und verarbeitet. So schreibt etwa David Hume in seiner *Enquiry Concerning Human Understanding*:

> [T]hough our thought seems to posess this unbounded liberty, we shall find, upon a nearer examination, that it is really confined within very narrow limits, and that all this creative power of the mind amounts to no more than the faculty of compounding, transposing, augmenting, or diminishing the materials afforded us by the senses and experience.[4]

Denken, so könnte man mit einem modernen Begriff zusammenfassen, ist trotz seiner scheinbaren Freiheit nichts anderes als Datenverarbeitung und als solche etwas völlig anderes als die kreative Tätigkeit des Dichtens. Doch Hume, der einer irrationalistischen Annäherung der Philosophie an die Poesie ja nun wirklich unverdächtig ist, fährt fort:

> When we think of a golden mountain, we only join two consistant ideas, *gold*, and *mountain*, with which we were formerly acquainted. A virtuous horse we can concieve; because, from our own feeling, we can concieve virtue; and

---

[4] Hume, David: *An Enquiry Concerning Human Understanding*, in: *The Philosophical Works*, Bd. IV, London 1857, S. 14.

this we may unite to the figure and shape of a horse, which is an animal familiar to us.[5]

Ist es aber nicht gerade dies, was wir gemeinhin als Dichtung bezeichnen? Das freie und kreative Kombinieren vorgefundener Elemente zu etwas neuem, das Zusammenfügen von Gold und Berg zur in der Realität nicht vorfindbaren Vorstellung eines goldenen Berges etwa? Selbst wenn man mit Hume Denken als Datenverarbeitung und nichts als Datenverarbeitung definiert, kann man sich diese nicht allein nach dem Modell eines Syllogismus vorstellen, in dessen Konklusion nichts stehen kann, was in den Prämissen nicht schon enthalten war. Zum Denken gehört offenbar bei aller Bindung an durch die Sinne und die Erfahrung gegebene Daten notwendig auch eine kreative, eine produktive Dimension, die die scharfe Grenzlinie zwischen Denken und Dichten verschwimmen läßt.

Die Feststellung, daß im Denken auch Daten verarbeitet werden, die nicht direkt durch die Sinne gegeben sind und nicht durch diese gegeben sein können, da sie – wie der goldene Berg – in der Realität nicht vorzufinden sind, ist, wie etwa die ausführliche Diskussion der *phantasia* in Aristoteles' *De anima* belegt, eben so alt wie die philosophische Beschäftigung mit dem Denken als dem grundlegenden Modus des Philosophierens selbst. Und solange die Sinne als Datenlieferant für das Denken nicht in Frage gestellt werden, muß der Einbezug der Phantasie oder Einbildungskraft in das Denken auch nicht bedeuten, daß das Denken nicht als reine Datenverarbeitung verstanden werden könnte. Wenn durch die Phantasie produzierte Vorstellungen dem Denken als zu verarbeitende Daten dienen, dann handelt es sich dabei, darin stimmt Aristoteles, der die *phantasia* als Bewegung definiert, die auf Grund wirklich erfolgter Wahrnehmung entstanden und dieser ähnlich ist,[6] mit Hume überein, einfach um Datenverarbeitung zweiter Stufe, da die Phantasievorstellung letztlich ja doch aus den Sinnen stammt. In diesem Sinne ist das Dichtungsvermögen wie es als *facultas fingendi* in der deutschen Schulmetaphysik bei Wolff[7] und bei Baumgarten konzeptualisiert wird,[8] und wie es in der Folge in der Vermögenspsychologie des 18. Jahrhunderts[9] und

---

[5] Ebd.

[6] Vgl. Aristoteles: De an. 427b f.

[7] Vgl. Wolff, Christian: *Psychologia empirica* (1738), in: *Gesammelte Werke*, II. Abteilung: Lateinische Schriften, Bd. 5, Hildesheim/Zürich 1968, S. 90 ff.

[8] Vgl. Baumgarten, Alexander G.: *Metaphysica*, in: Schweizer, Hans R. (Hg.): *Texte zur Grundlegung der Ästhetik*, Hamburg 1983, S. 45 ff.

[9] Vgl. z. B. Tetens, Johann N.: *Philosophische Versuche über die menschliche Natur und ihre Entwickelung*, Bd. 1, Leipzig 1777, S. 140.

noch in Kants *Anthropologie in pragmatischer Hinsicht* erscheint,[10] als ein kreatives Vermögen zu verstehen, das sowohl für das Denken als auch für das Dichten zentral ist und somit nicht zur Unterscheidung der beiden dienen kann. Wenn Kant davon spricht, daß die Einbildungskraft „entweder dichtend (produktiv), oder bloß zurückrufend (reproduktiv)" sei, so geht es dabei keineswegs um den Unterschied zwischen Denken und Dichten, sondern um zwei unterschiedliche Vermögen, die für beides vonnöten sind. Und ganz im Sinne von Hume schreibt auch Kant:

> Die produktive [Einbildungskraft] ist [...] nicht schöpferisch, nämlich nicht vermögend, eine Sinnenvorstellung, die vorher unserem Sinnesvermögen nie gegeben war, hervorzubringen, sondern man kann den Stoff zu derselben immer nachweisen.[11]

Wichtiger als die Unterscheidung von Dichten und Denken ist für Kant wie vor ihm für die gesamte Tradition der philosophischen Auseinandersetzung mit der Einbildungskraft diejenige zwischen willkürlichem und somit rational legitimiertem Dichtungsvermögen (*facultas fingendi*) und unwillkürlicher und deshalb irrationaler und potentiell gefährlicher Phantasie (*imaginatio*).[12]

Daß aber das Dichtungsvermögen, die produktive Einbildungskraft, kreative und produktive Züge auch dem Denken zugeschrieben werden müssen, bedeutet natürlich nicht, daß damit der Unterschied zwischen Denken und Dichten wegfallen würde. Vielmehr wird in der Geschichte der Philosophie deshalb kaum je in Frage gestellt, daß zwischen beiden ein deutlicher Unterschied besteht, weil dieser in der unterschiedlichen Beziehung der beiden Tätigkeiten zur Wahrheit gesehen wird: Das philosophische Denken ist der Wahrheit verpflichtet, die traditionell als Übereinstimmung des Denkens bzw. das Gedachten mit dem Seienden gefaßt wird. Deshalb ist es etwa für Hume so wichtig, den in der Realität nichtseienden goldenen Berg auf in der Realität Seiendes zurückführen zu können. Die Dichtung hingegen – darin liegt schon der Kern ihrer Ab-

---

[10] Vgl. AA VII, S. 174 ff. Kant wird hier und im folgenden zitiert nach *Gesammelte Schriften,* hg. von der Königl. Preuß. Akademie der Wissenschaften, Berlin 1902 ff.; die *Kritik der reinen Vernunft* mit der Sigle KrV B nach der Paginierung der 2. Aufl. von 1787, alle anderen Schriften mit der Sigle AA, Band und Seitenzahl.

[11] Ebd., S. 167 f.

[12] Vgl. dazu Küster, Bernd: *Transzendentale Einbildungskraft und ästhetische Phantasie. Zum Verhältnis von philosophischem Idealismus und Romantik,* Königstein 1979, S. I-XVI sowie allgemein Trede, Johann Heinrich/Homann, Karl: *Einbildung, Einbildungskraft,* in: *Historisches Wörterbuch der Philosophie,* Bd. 2, Basel 1972, S. 346-358 und in Bezug auf Kant Homann, Karl: *Zum Begriff der Einbildungskraft nach Kant,* in: *Archiv für Begriffsgeschichte* 14 (1970), S. 266-302.

wertung durch Platon – ist nicht in diesem starken Sinn der Wahrheit als Übereinstimmung mit der Wirklichkeit verpflichtet. Während das Denken an objektive Daten gebunden und durch diese wesentlich bestimmt ist, ist das Dichten frei von einer solchen Bindung oder – je nachdem, wie man die Dichtung und ihre Aufgaben definiert – jedenfalls weniger direkt an die Übereinstimmungswahrheit gebunden. Dichtung produziert, so läßt sich ihre jahrhundertealte Zurückweisung durch die Philosophie zusammenfassen, auch wenn sie als *mimesis* die Wirklichkeit nachahmt, nur schönen Schein, der im besten Fall in einem Ähnlichkeitsverhältnis zur Wahrheit steht, die nur das Denken hervorbringen kann.

Wenn aber die direkte Bindung des Denkens an die Wirklichkeit problematisch wird, wenn die Vertrauenswürdigkeit der vermittelnden Sinne oder überhaupt die Möglichkeit in Frage gestellt wird, über diese Zugriff auf die Wirklichkeit zu haben, dann wird nicht nur die Möglichkeit wahrer Erkenntnis fraglich, sondern dann rückt auch die dichtende Komponente des Denkens stärker ins Blickfeld. Wenn wie bei Descartes überhaupt nichts mehr gewiß ist, außer das Faktum des *cogito,* und aus diesem allein wahre Aussagen sich ableiten lassen, dann kann das Denken deshalb nicht mehr einfach Datenverarbeitung sein, weil sich zwischen ihm und seinen potentiellen Daten, zwischen *res cogitans* und *res extensa* ein tiefer Graben aufgetan hat. Und als Vermögen, das diesen Graben potentiell zu überbrücken in der Lage ist, gewinnt die produktive Einbildungskraft in der Philosophie des 18. Jahrhunderts zunehmend an Gewicht für die Theorie menschlicher Erkenntnis, bis sie schließlich in Kants *Kritik der reinen Vernunft* im „transscendentalen Schematismus" zur Möglichkeitsbedingung von Erkenntnis überhaupt wird und in Fichtes *Grundlage der gesamten Wissenschaftslehre* aus ihr „der ganze Mechanismus des menschlichen Geistes"[13] erklärt werden kann. Für Kant ist nach der Kopernikanischen Wende, die auf der Einsicht beruht, „daß die Vernunft nur das einsieht, was sie selbst nach ihrem Entwurfe hervorbringt"[14], Denken nicht mehr Reproduktion, sondern Produktion von Wirklichkeit. Und darin liegt auch das, was Kant als „Skandal der Philosophie und allgemeinen Menschenvernunft" bezeichnet; „das Dasein der Dinge außer uns […] bloß auf Glauben annehmen zu müssen und, wenn es jemand einfällt es zu bezweifeln, ihm keinen genugthuenden Beweis entgegenstellen zu können"[15].

Schelling erscheint dieser selbe Sachverhalt 1797 in der Einleitung zu den *Ideen zu einer Philosophie der Natur* nicht mehr bloß als Skandal,

---

[13] *Johann Gottlieb Fichtes sämmtliche Werke,* Bd. 1, Berlin 1842, S. 208.
[14] KrV B XIII.
[15] KrV B XL Anm.

sondern als „eine Geisteskrankheit des Menschen", die darin besteht, daß die

> bloße Spekulation […] jene Trennung zwischen dem Menschen und der Welt permanent [macht], indem sie die letzte als ein Ding an sich betrachtet, das weder Anschauung noch Einbildungskraft, weder Verstand noch Vernunft zu erreichen vermag[16].

Indem sie einen unüberbrückbaren Graben zwischen Ding an sich und Erscheinung aufgerissen hat, hat die Transzendentalphilosophie Kants, als deren Anhänger und Fortführer sich Schelling versteht, die Möglichkeit wahren Wissens insofern grundlegend in Frage gestellt, als es nicht mehr möglich ist, die Übereinstimmung von wissendem Subjekt und gewußtem Objekt letztgültig zu erweisen. Doch der Graben zwischen Ding an sich und Erscheinung ist für Schelling nicht nur eine „Geisteskrankheit", sondern als solche gleichzeitig auch Ursprung der Philosophie, denn ohne „jene ursprüngliche Trennung […] hätten wir kein Bedürfniß, zu philosophiren".

> Sobald der Mensch sich selbst mit der äußeren Welt in Widerspruch setzt […], ist der erste Schritt zur Philosophie geschehen. Mit jener Trennung zuerst beginnt Spekulation; von nun an trennt er, was die Natur auf immer vereinigt hatte, trennt den Gegenstand von der Anschauung, den Begriff vom Bilde, endlich (indem er sein eigenes Objekt wird) sich selbst von sich selbst.[17]

Die transzendentalphilosophische Einschränkung der Reichweite der Vernunft zwingt dazu, nicht nur nach der Gewißheit einzelner Wissensgegenstände oder -inhalte zu fragen, sondern „das Wissen selbst" zum Gegenstand der Philosophie zu machen, um zu „erklären, wie das Wissen überhaupt möglich sei"[18]. Und der Versuch, diese Aufgabe zu lösen, führt Schelling im *System* von 1800 zu der berühmten These, die Kunst sei „das einzige wahre und ewige Organon zugleich und Document der Philosophie"[19], die „nur durch einen ästhetischen Akt der Einbildungskraft möglich"[20] sei, oder eben durch deren „höchste Potenz" – das Dichtungsvermögen.

Schon die Ausgangslage des *Systems* erscheint aporetisch, denn wie soll die Aufgabe das Wissen zu erklären gelöst werden, ohne auf die ob-

---

[16] SW II, S. 13 f.
[17] Ebd.
[18] SW III, S. 346.
[19] Ebd., S. 627.
[20] Ebd., S. 351.

jektive Seite des Wissens zugreifen zu können, wenn Wissen doch gerade in deren Übereinstimmung mit der subjektiven bestehen soll? Das Wissen, um das es Schelling geht, ist das Wissen des menschlichen Subjekts über die Welt, d. h. über die Natur (die Gesamtheit aller Dinge ausserhalb des Ich) und die Geschichte (die Gesamtheit aller menschlichen Handlungen), also die kognitive Grundlage unseres Weltverhältnisses.[21] Aber wie ist die Übereinstimmung des wissenden Subjekts mit dem gewußten Objekt zu gewährleisten, von der wir ausgehen müssen, wenn die Rede von Wissen über die Welt überhaupt sinnvoll sein soll? Wie wollen wir wissen, daß wir etwas wissen? Woher können wir wissen, daß die Übereinstimmung, von der wir ausgehen, wenn wir etwas über die Welt zu wissen glauben, auch tatsächlich vorliegt? Das Wissen allein aus dem Subjekt, dem empirischen Ich, erklären zu wollen, würde insofern bedeuten, sich der „Geisteskrankheit" der unüberbrückbaren Trennung von Ding an sich und Erscheinung zu überlassen, als die Frage nach der Möglichkeit von Wissen überhaupt ewig unbeantwortet bliebe. Nimmt man aber an, „daß in unserem Wissen überhaupt Realität sey", dann muß man fragen „was die Bedingungen dieser Realität seyen" und stößt, so macht Schelling zu Beginn des *Systems* deutlich, auf die „Nothwendigkeit eines höchsten Princips des Wissens"[22], das zu finden in der Auseinandersetzung mit Kants Transzendentalphilosophie schon seit seinen frühesten Schriften zentrales Anliegen von Schellings Denken war:[23]

Die Philosophie ist noch nicht am Ende. Kant hat die Resultate gegeben: die Prämissen fehlen noch. Und wer kann Resultate verstehen ohne Prämissen? Wir müssen noch weiter mit der Philosophie.[24]

Die Prämisse, die es ermöglichen soll, mit der Philosophie weiterzukommen, das höchste Prinzip, aus dem sich die Übereinstimmung von Subjekt- und Objektseite des Wissens ableiten läßt, muß ein absolutes Prinzip sein und als solches ein sich selbst hervorbringendes. In Frage kommen kann dafür wie bei Fichte und in Schellings Frühschriften nur das im Satz „Ich bin" bzw. „Ich=Ich" ausgedrückte Selbstbewußtsein,[25] das

---

[21] Vgl. Dodd, James: *Philosophy and Art in Schelling's System des Transzendentalen Idealismus*, in: *The Review of Metaphysics* 52 (1998), S. 55 ff.

[22] SW III, S. 353.

[23] Vgl. Sandkaulen-Bock, Birgit: *Ausgang vom Unbedingten. Über den Anfang in der Philosophie Schellings*, Göttingen 1990, S. 19-65.

[24] Brief an Hegel vom 6. Januar 1795. Hofmeister, Johannes (Hg.): *Briefe von und an Hegel*, Bd. 1, Hamburg ³1969, S. 14.

[25] Vgl. SW III, S. 355 ff.

die Eigenschaften identischer und synthetischer Sätze in sich vereint.[26] Doch wenn aus dem Selbstbewußtsein als höchstem Prinzip das Wissen überhaupt abgeleitet werden soll, dann muß von diesem, da Wissen ja nur zustande kommen kann, wenn zum Subjekt ein Objekt tritt, auch das gewußte Objekt hergeleitet werden können. – Zumal dann, wenn es sich um das höchste Prinzip handeln soll, und daher nicht ein noch höheres Prinzip die Übereinstimmung beider Seiten des Wissens garantieren kann. Es muß, und darin besteht die Aufgabe, die sich Schelling mit dem *System* stellt, erklärt werden können, daß und wie der Satz „ich bin" mit dem Satz „es gibt Dinge außer mir"[27] im Selbstbewußtsein identisch sei.

Um dies zu ermöglichen, kann das Selbstbewußtsein, von dem die Rede ist, aber nicht mehr dasjenige eines empirischen Ich, eines menschlichen Subjekts sein, denn die „Dinge außer mir", die Gegenstände des Wissens, erscheinen uns ja gerade nicht als Teil unseres eigenen Ich, sondern eben als Nicht-Ich. Das Ich, das in seinem Selbstbewußtsein Subjekt und Objekt vereinigt und so zum höchsten Prinzip des Wissens wird, kann also kein empirisches, sondern muß ein absolutes sein, aus dem das empirische, das sich der Objektwelt gegenübersieht, erst hervorgeht.[28] Subjekt des Wissens aber kann deshalb wiederum nur das empirische Ich sein, weil im absoluten Ich Subjekt und Objekt ja ungetrennt und identisch sind und es also überhaupt nichts zu wissen gibt; das absolute Ich kann nur sich selbst wissen und somit keine Erkenntnis produzieren. Wie aber ist ein absolutes Ich als Prinzip des Wissens zu denken?

> Es ist gar nicht die Rede von einem absoluten Princip des Seyns [...] sondern von einem absoluten Princip des Wissens. [...] Der Transscendental-Philosoph fragt nicht: welcher letzte Grund unseres Wissens mag außer demselben liegen? sondern: was ist das Letzte in unserem Wissen selbst, über das wir nicht hinauskönnen? – Er sucht das Princip des Wissens innerhalb des Wissens (es ist also selbst etwas, das gewußt werden kann).[29]

Die Identität von Subjektivem und Objektivem im absoluten Ich als höchstem Prinzip des Wissens soll Schellings Verständnis von transzen-

---

[26] Vgl. ebd., S. 363 f.
[27] Ebd., S. 344.
[28] Die Unterscheidung zwischen absolutem und empirischem Ich wird von Schelling im *System* – darin liegt eine der zentralen Schwierigkeiten von dessen Interpretation – terminologisch nicht deutlich gezogen, der Sache nach hängt aber dessen Gedankengang notwendig von ihr ab. Vgl. Jähnig, Dieter: *Schelling. Die Kunst in der Philosophie*, Bd. 1, Pfullingen 1966, S. 139 ff.
[29] SW III, S. 354 f.

dentaler Philosophie entsprechend gerade nicht ontotheologisch als Grund gesetzt werden, von dem alles Seiende sich herleitet. Über das Seiende als solches will und kann die Transzendentalphilosophie keine Aussagen treffen, da von „etwas, was, wie zum Voraus einzusehen ist, niemals in die Sphäre meines Wissens fallen kann"[30] nicht zu erwarten ist, daß es das Wissen zu erklären vermöge. Stattdessen soll das höchste Prinzip der ursprünglichen Identität als Hypothese angenommen werden, die dann gewissermaßen experimentell zu belegen wäre.[31] Denn wenn man davon ausgeht, daß „in unserem Wissen überhaupt Realität sey" und daß es ein System bilde, also „ein Ganzes [sei], was sich selbst trägt und in sich selbst zusammenstimmt", dann drängt sich der Gedanke eines Prinzips, auf dem dieses System ruht, geradezu auf. Bewiesen werden kann dieses hypothetisch angenommene Prinzip aber nur, indem man

> den transscendentalen Idealismus zu dem [erweitert], was er wirklich seyn soll, nämlich zu einem System des gesammten Wissens, also den Beweis jenes Systems nicht bloß im Allgemeinen, sondern durch die That selbst [führt].[32]

Der Beweis des Systems, daß auf dem hypothetisch angenommenen Prinzip ruht, soll performativ geführt werden, indem gezeigt wird, daß und wie sich aus diesem ableiten läßt, daß die „Dinge außer mir" mit dem „ich bin" identisch sind. Und um dies zu zeigen zergliedert Schelling das Wissen des empirischen Ich in einzelne Elemente, die er dann in die Kontinuität einer „Geschichte des Selbstbewußtseyns" bringt, die anschaulich machen soll, wie aus dem hypothetisch angenommenen absoluten Ich das empirische Ich als Subjekt des Wissens hervorgeht, und aus deren Verlauf sich alle Grundfragen der theoretischen und der praktischen Philosophie erläutern lassen sollen.[33]

Diese „Geschichte des Selbstbewußtseyns" nimmt ihren Anfang damit, daß das absolute Ich, damit überhaupt so etwas wie Wissen entstehen kann, sich seiner selbst bewußt werden, sich selbst denken muß. Wenn es sich aber selbst denkt, dann teilt es sich logisch gesehen in zwei Teile – einen wissenden und einen gewußten – auf. Das als absolutes un-

---

[30] Ebd., S. 358.
[31] Vgl. ebd., S. 359.
[32] Ebd., S. 330.
[33] Eine ausführliche Darstellung und Analyse der „Geschichte des Selbstbewußtseyns", deren Verlauf hier nur angedeutet werden kann, findet sich in Jähnig, Dieter: *Schelling*, a.a.O, Bd. 1. Eine kurze und prägnante Zusammenfassung in der Einleitung von Walter Schulz in Schelling, Friedrich W. J.: *System des transzendentalen Idealismus*, Hamburg ²1962, S. IX-XLIV.

endliche Ich begrenzt sich, um sich selbst zum Objekt machen zu
können, es teilt sich in einen subjektiven und einen objektiven Teil,
damit jener diesen wissen kann, und läßt so das endliche, begrenzte empirische Ich entstehen, das als Subjekt des Wissens der eigentliche Un-
tersuchungsgegenstand des *Systems* ist. Diese Selbstbegrenzung des absoluten Ich versteht Schelling als „absoluten Akt, durch welchen für das
Ich alles gesetzt ist", und der, „weil er Bedingung allen [...] Bewußtseyns ist, selbst nicht zum Bewußtseyn"[34] kommen kann.

In der mit dem „absoluten Akt" einsetzenden „Geschichte des Selbstbewußtseyns" empfindet das empirische Ich zunächst nur seine Begrenzung, beginnt dann aufgrund seines Strebens nach Selbsterkenntnis zwischen sich als Empfindendem und dem Empfundenen zu unterscheiden
und produziert so das bewußte Ich und die es umgebende Natur. Diese
Produktion bleibt aber als Produktion unbewußt, die Welt erscheint dem
empirischen Ich als Nicht-Ich, auch wenn es in einem weiteren Schritt
dieses Nicht-Ich als strukturanalog zu sich selbst, als Organismus reflektieren kann. Und dieser letzte Schritt der theoretischen Philosophie ist
zugleich schon der erste der praktischen, denn die Reflexion über die
Natur als dem Ich strukturanaloger Organismus ist als Reflexion schon
eine Abstraktion, die nur als Akt der Freiheit zu denken ist. Diese Freiheit bleibt als Freiheit zunächst aber auch noch unbewußt. Bewußt werden kann sie dem empirischen Ich erst dann, wenn ihm ein Sollen gegen-
übertritt, durch das es sich als Wollendes erfaßt, d. h. die Vorstellung
eines zu realisierenden Objekts. Das Sollen aber kann ihm nur in der Gestalt eines anderen individuellen empirischen Ich gegenübertreten, die
Bedingung für das Erfassen der Freiheit ist also Intersubjektivität. Die
einzelnen Subjekte bedingen sich so gegenseitig, daß jedes von ihnen
seine Freiheit – und d. h. seine Subjektivität – nur in Bezug auf ein anderes erfassen kann. Und die so deduzierte prästabilierte Harmonie der
Einzelsubjekte ist nichts anderes als die Geschichte, die dem empirischen Ich zunächst als ihm fremde, als Schicksal, Vorsehung, etc. erscheint. In einem weiteren, der Unterscheidung von Empfindendem und
Empfundenem in der theoretischen Philosophie analogen Abstraktionsschritt, gelangt das empirische Ich, das jetzt Subjekt im vollen Sinne ist,
schließlich dazu, sich selbst als Wollendes vom Gewollten zu unterscheiden und sich selbst als Urheber von Veränderungen in der Objektwelt zu begreifen, die allerdings als solche weiterhin nicht als eigenes
Produkt bewußt wird. Das Subjekt macht sich so zum Akteur der Geschichte. Und wenn man die Geschichte als Ganze betrachtet, ist man bei
der Identität von Freiheit und Notwendigkeit angelangt, die von Beginn

---

[34] SW III, S. 395.

an gesucht war, denn die Geschichte als Ganze besteht in der Gesamtheit aller freien Handlungen, die zusammen ein System prästabilierter Harmonie ergeben, d. h. einen Organismus, ein notwendiges System.

Aus dieser hier grob skizzierten „Geschichte des Selbstbewußtseyns", die im unendlichen Streben des empirischen Ich nach der Wiedererlangung der im „absoluten Akt" getrennten Identität von Subjekt und Objekt besteht, kann Schelling also tatsächlich Natur und Geschichte als Produkte des Ich deduzieren und somit die unlösbar erscheinende Aufgabe, das Wissen zu erklären, in gewisser Weise lösen. Doch bleibt der postulierte letzte Schritt der „Geschichte des Selbstbewußtseyns", die Wiederherstellung der absoluten Identität im Ich, dem empirischen Ich insofern unmöglich, als diese Identität nur in der Geschichte als ganzer, nicht aber für das einzelne empirische Ich wiederhergestellt werden kann, das in Subjekt (Freiheit) und Objekt (Notwendigkeit) gespalten bleibt. Denn die Geschichte als *per definitionem* unendliches Geschehen, kann als abgeschlossenes Ganzes für das Ich deshalb nie anschaulich werden, weil dies ihre Vollendung voraussetzen würde, die mit der Trennung von Subjektivem und Objektivem auch das empirische Ich aufheben würde, das ja nur im „ewigen Streit" derselben besteht. Den letzten Schritt des Systems, das Anschaulichmachen der ursprünglichen Identität *für* das Ich, kann also auch die praktische Philosophie der Freiheit nicht leisten. Sie kann diesen lediglich als notwendige Konsequenz aus der „Geschichte des Selbstbewußtseyns" postulieren. Die ursprüngliche Identität für das Ich anschaulich zu machen aber, so versichert Schelling schon ganz zu Beginn des *Systems*, wird allein der Philosophie der Kunst möglich sein.

Daß für das als „Geschichte des Selbstbewußtseyns" dargestellte „System des gesammten Wissens" die produktive Einbildungskraft eine herausragende Rolle spielt, ist aber auch abgesehen vom Schlußabschnitt über die Philosophie der Kunst schon mehr als deutlich. Insbesondere an zwei Stellen fungiert sie als zwischen Subjektivem und Objektivem vermittelndes Vermögen, zuerst im Rahmen der theoretischen Philosophie, wo die Vermittlung zwischen der Bewußtheit der Subjektivität und der Bewußtlosigkeit der Natur durch den „transscendentalen Schematismus" erklärt wird, und dann in der praktischen Philosophie, wo das „Ideal" zur Vermittlung zwischen Freiheit und Notwendigkeit herangezogen wird.[35]

Was er unter Schematismus versteht, erläutert Schelling in enger Anlehnung an Kant am Beispiel des „mechanischen Künstlers", der, um einen Gegenstand herzustellen, einerseits einen Begriff, eine Vorstellung

---

[35] Zur Bedeutung des transzendentalen Schematismus für das *System* vgl. *Schelling. Die Kunst in der Philosophie*, Bd. 2, Pfullingen 1969, S. 287-300.

von dem Hervorzubringenden braucht und andererseits eine „Anschauung der Regel, nach welcher der Gegenstand hervorgebracht werden kann". Dieses „Schema"

> ist nicht Begriff, denn es ist das was den Gegenstand mit dem Begriff vermittelt. Es ist aber auch nicht Anschauung des Gegenstandes selbst, sondern nur Anschauung der Regel, nach welcher ein solcher hervorgebracht werden kann.[36]

Im Unterschied zu diesem „empirischen Schematismus" des bewußten Produzierens von Gegenständen, ist das Problem, das der Schematismus in transzendentalphilosophischer Hinsicht zu lösen hat, nicht das Vermögen, einen bestimmten Gegenstand künstlich hervorzubringen, sondern „die Handlungsweise, wodurch ein Objekt überhaupt entsteht"[37], d. h. die bewußtlose Hervorbringung der Natur durch das Ich. Die Frage, die der „transzendentale Schematismus" in der theoretischen Philosophie des Transzendentalsystems zu klären hat, ist also die Frage nach den Voraussetzungen des Wissens überhaupt. Um zu wissen, d. h. um etwas als etwas beurteilen zu können, muß, ohne daß mir dies bewußt wäre, eine Reihe von Bedingungen erfüllt sein: Ich muß einen Begriff von Sein haben, d. h. in der Folge wechselnder Vorstellungen das festhalten können, was in jedem Moment der Anschauung dasselbe ist – ich muß etwas als Substanz begreifen können. Weiter setzt das Vorstellen eines Gegenstandes den Entwurf von Raum voraus, d. h. die Anschauung von Ausdehnung, die Tätigkeit eines „äußeren Sinns", der mich dazu befähigt, etwas als Äußeres wahrzunehmen, der aber selbst wiederum nur in Bezug auf mich, in der Entgegenstellung zu meinem „inneren Sinn" denkbar ist. Die Erfahrung von etwas als etwas, ist die Begrenzung des „äusseren Sinns", der als tätiger der unendlichen Ausdehnung des Raums entspricht, durch den „inneren Sinn". Und in dieser Erfahrung entsteht durch das Gefühl, im Objekt etwas vor sich zu haben, was nicht vom Ich hervorgebracht ist auch das „Selbstgefühl" des Ich. Daß „das Ich als innerer Sinn zum Objekt" werden, daß das „Selbstgefühl" entstehen kann, geschieht laut Schelling aber „einzig und allein dadurch, daß ihm die Zeit […] entsteht", denn „[d]ie gemeinschaftliche Grenze des Ichs und des Objekts […] macht die Grenze des gegenwärtigen und eines vergangenen Moments."[38] Die Zeit ist so als „Vermittlung" von „äußerem" und „innerem Sinn" nicht als Gegenstück zum Raum als dem „äußeren

---

[36] SW III, S. 508 f.
[37] Ebd., S. 511.
[38] Ebd., S. 464 f.

Sinn" einfach nur der „innere", sondern vielmehr der Bezug zwischen
beiden. Da nun das ausdrückliche Wissen, das Erkennen von etwas als
etwas, die in der Entstehung des Objekts zusammenwirkenden Anschauungsformen und Seinsweisen in Beziehung zueinander setzt, bedarf es
eines Vermögens, das Begriff und Anschauung voneinander zu trennen
in der Lage ist, um sie dann vergleichen und die Anschauung unter dem
Begriff subsumieren zu können. Und diese „Vermittlung" findet für
Schelling wie für Kant im „transscendentalen Schematismus" statt, der
sinnlichen Anschauung einer als solcher nicht-sinnlichen Regel, die im
Unterschied zum „empirischen Schematismus" nicht die Herstellungsre-
gel eines gegebenen, empirischen Objekts ist, sondern Regel der Hervorbringung von Objektivität überhaupt.

> Das Schema ist überhaupt ein Vermittelndes des inneren und äußeren Sinns.
> Man wird also das transscendentale Schema als dasjenige erklären müssen,
> was am ursprünglichsten inneren und äußeren Sinn vermittelt.[39]

Es ist die produktive Einbildungskraft, die wie bei Kant auch bei Schelling durch die Anschauungsformen Raum und Zeit Erkenntnis von Objekten überhaupt ermöglicht. Daß die produktive Einbildungskraft es damit aber auch ist, die Objektivität als Objektivität ursprünglich überhaupt
hervorbringt, kann dem das Ich auf der Ebene der theoretischen Philosophie nicht mehr bewußt werden, denn aus dem hier verkürzend Darge-
stellten folgt zwar einerseits,

> daß aus [dem] Verhältniß der Zeit zu den reinen Begriffen auf der einen und
> der reinen Anschauung oder dem Raum auf der anderen Seite der ganze Me-
> chanismus der Kategorien sich ableiten lassen muß,

andererseits aber auch,

> daß, wenn durch die transscendentale Abstraktion der ursprüngliche Sche-
> matismus aufgehoben ist, auch von der ursprünglichen Construktion des Ob-
> jekts eine völlig veränderte Ansicht entstehen muß, welche, da eben jene Ab-
> straktion Bedingung allen Bewußtseyns ist, auch diejenige seyn wird, welche
> allein ins Bewußtseyn kommen kann. Also verliert die produktive Anschau-
> ung durch das Medium selbst, durch welches sie hindurchgehen muß, um
> zum Bewußtseyn zu gelangen, ihren Charakter.[40]

Daß das Objekt die Hervorbringung seiner eigenen Einbildungskraft ist,
kann das Subjekt in dem Moment, in dem es sich das Objekt als Objekt

---

[39] Ebd., S. 516.
[40] Ebd., S. 517 f.

vorstellt, nicht mehr erkennen. Es erscheint ihm als Natur, als Ding. –
Und dies ist der Zustand, in dem das menschliche Subjekt sich vorfindet,
dies ist die *conditio humana*, die Erfahrung eines Grabens zwischen *res
cogitans* und *res extensa*. Die theoretische Philosophie kann erklären,
wie es zur Vorstellung einer Außenwelt kommt und daß diese ein notwendiges „Grundvorurtheil" ist.[41] Was sie nicht leisten kann, ist diesen
Vorgang dem Ich, das eine Außenwelt erfährt, bewußt zu machen. Dies
bleibt der praktischen Philosophie vorbehalten, die im Wollen, dem In-
begriff der Freiheit, eine produktive Tätigkeit zum Objekt hat. Der
„transscendentale Schematismus" als Hervorbringung des Objektiven
kann selbst nur objektiv werden durch das Wollen, das als „Formen oder
Bilden des Objekts"[42] zu verstehen ist, denn Wollen ist willentliche Ein-
wirkung auf ein Objekt, dessen willentliche Veränderung, und kann daher seinen Zweck nicht im Objekt haben, sondern muß als „Idee" aus
dem handelnden Subjekt selbst kommen. Als Notwendigkeit erscheint
gegenüber der Freiheit dieser „Idee" das Bewußtsein einer unabhängigen
Außenwelt, also das Resultat der „transscendentalen Abstraktion".

> Wie nun aber das Ich im Wollen den Uebergang von der Idee zum bestimm-
> ten Objekt auch nur in Gedanken mache […], ist nicht zu begreifen, wenn es
> nicht abermals etwas Vermittelndes gibt, was für das Handeln eben das ist,
> […] was bei Begriffen das Schema ist. Dieses Vermittelnde ist das Ideal.[43]

So wie im Schematismus die Zeit als Vermittlung von „äußerem" und
„innerem Sinn" der Bezug zwischen beiden war, so ist sie insofern auch
als „Ideal" das, was zwischen Idee und Objekt „in der Mitte schwebt"[44],
als das was dort der Unterschied zwischen dem Vergangenen und dem
Gegenwärtigen war, nun der Unterschied zwischen dem Gegenwärtigen,
dem Zustand des Vorstellens der „Dinge außer mir", und dem Zukünf-
tigen, deren durch das Wollen verändertem Zustand, ist. So wie das
Schema Subjekt und Objekt vermittelt, so vermittelt das Ideal Freiheit
und Notwendigkeit. Dem handelnden Ich bewußt zu machen, daß das
„Schematisieren" des Erkennens dem „Idealisieren" des Handelns insofern der Form nach gleich, dem Inhalt nach aber entgegengesetzt ist, als
das „Idealisieren" darauf zielt, die Objektivität, die das „Schematisieren"
produziert hatte, wieder aufzuheben, und daß die Vorstellung der Aus-
senwelt ebenso ein Entwurf des Ich ist wie das „Ideal", ist aber auch die
praktische Philosophie allein nicht in der Lage.

---

[41] Vgl. ebd., S. 343 ff.
[42] Ebd., S. 558.
[43] Ebd., S. 559.
[44] Ebd., S. 558.

Die vermittelnde Rolle, die im *System* der produktiven Einbildungskraft im Rahmen der theoretischen und der praktischen Philosophie zugeschrieben wird, ist also im Wesentlichen die Selbe wie schon bei Kant und Fichte.[45] Daß sich Schelling aber des merkwürdigen Begriffs des Dichtungsvermögens bedient und dieses an der eingangs zitierten Stelle sogar als „höchste Potenz" der Einbildungskraft bezeichnet, macht deutlich, daß hier der eigentümlichen Zwischenstellung der Einbildungskraft zwischen Dichten und Denken eine weit größere Bedeutung zukommt. Der Begriff des Dichtungsvermögens, den Schelling selbst außer an der eingangs zitierten Stelle nur ein einziges Mal verwendet, in unspezifischer Weise in der frühen Schrift über Mythen,[46] ist im Unterschied zu demjenigen der Einbildungskraft philosophiegeschichtlich sowohl quantitativ als auch qualitativ von völlig marginaler Bedeutung. Abgesehen von Schelling kommt er, nachdem er als Übersetzung der *facultas fingendi* von Baumgarten und Wolff Eingang in die deutsche Sprache gefunden und in der Vermögenspsychologie der 1780er und 90er Jahre eine gewisse Rolle gespielt hatte, in im engeren Sinn philosophischen Texten überhaupt nur noch an zwei Stellen vor, in Schillers *Über naive und sentimentalische Dichtung*[47] und in Kants *Anthropologie in pragmatischer Hinsicht*,[48] und überdies ist ihm auch auf dem Feld der Dichtung nur eine im Wesentlichen auf die Zeit des Sturm und Drang begrenzte Konjunktur beschieden. Im *System* aber erhält er gerade aufgrund seines Changierens zwischen Kunst und Philosophie, zwischen Dichten und Denken eine besondere Bedeutung.

Den Begriff des Dichtungsvermögens verwendet Schelling aber erst im Schlußabschnitt über die Philosophie Kunst, die, wie schon ganz zu Beginn des *Systems* angekündigt, als „Schlußstein [des] ganzen Gewölbes"[49] der Philosophie dieses zur Vollendung bringen soll. Während von der produktiven Einbildungskraft in Bezug auf die produktiven Dimensionen des Ich überhaupt die Rede ist, benennt das Dichtungsvermögen demnach nur deren spezielle Ausprägung im Bereich der Kunst. Als Einbildungskraft des Künstlers stellt es aber aufgrund der herausgehobenen Stellung der Kunst im *System* gleichzeitig die „höchste Potenz" der produktiven Einbildungskraft dar. Die besondere und in der Geschichte

---

[45] Vgl. Findler, Richard: *A Sketch of Schelling's Appropriation of the Kantian Imagination in the System of Transcendental Idealism: Schelling's Divergence from Fichte*, in: Asmuth, Christoph/Denker, Alfred/Vater, Michael G. (Hg.): *Schelling. Zwischen Fichte und Hegel*, Amsterdam/Philadelphia 2000, S. 41-54.

[46] Vgl. SW I, S. 68.

[47] Vgl. Schiller, Friedrich: *Sämtliche Werke*, Bd. 5, München 1960, S. 716 und 746.

[48] Vgl. AA VII, S. 174 ff.

[49] SW III, S. 349.

der Philosophie absolut einzigartige Stellung der Kunst bzw. der Philosophie der Kunst innerhalb des *Systems* erwächst daraus, daß durch die Darstellung des Wesens des empirischen Ich als „Geschichte des Selbstbewußtseyns" zwar die Erscheinungen von Natur und Freiheit deduziert werden konnten, das ihr eingeschriebene *telos* aber, die Identität von Subjektivem und Objektivem dem empirischen Ich anschaulich zu machen, im Verlauf dieser „Geschichte des Selbstbewußtseyns" nicht gelingen konnte. Da das empirische Ich – ebenso wie das philosophische Denken – insofern es notwendig an die Differenz von Subjekt und Objekt gebunden ist, deren Identität im Begriff nicht darzustellen vermag, da also eine „intellektuelle Anschauung" dieser Identität nicht möglich ist, gelangt Schelling zum Postulat einer Anschauung, welche diese absolute Einheit zu vergegenwärtigen in der Lage wäre. Da das grundlegende Verhältnis des Ich zur Objektivität als dessen spontane und bewußtlose Produktivität aufgefaßt wurde, auf deren Resultat, die Natur in ihrem Verhältnis zum erkennenden Subjekt, sich wiederum das philosophische Denken bezieht, muß diese postulierte Anschauung sowohl den Aspekt der Produktion als auch den der Reflexion enthalten und deren wesentliche Identität erweisen.

> Es muß also in der Intelligenz selbst eine Anschauung sich aufzeigen lassen, durch welche in einer und derselben Erscheinung das Ich für sich selbst bewußt und bewußtlos zugleich ist, und erst durch eine solche Anschauung bringen wir die Intelligenz gleichsam ganz aus sich selbst heraus, erst durch eine solche ist also auch das ganze (das höchste) Problem der Transscendental-Philosophie (die Übereinstimmung des Subjektiven und Objektiven zu erklären) gelöst.[50]

Während „der Transscendental-Philosoph" die Identität von Subjektivität und Objektivität als intellektuelle Anschauung in der systematischen Philosophie nur ihrer Notwendigkeit nach demonstrieren, nur postulieren,[51] nicht aber reflexiv einholen kann, soll sie in dieser geforderten Anschauung selbst als Objekt für das Ich repräsentiert werden.

> Die postulirte Anschauung soll zusammenfassen, was in der Erscheinung der Freiheit und was in der Anschauung des Naturprodukts getrennt existirt, nämlich Identität des Bewußten und Bewußtlosen im Ich und Bewußtseyn dieser Identität. Das Produkt dieser Anschauung wird also einerseits an das Naturprodukt, andererseits an

---

[50] Ebd., S. 610 f.
[51] Vgl. ebd., S. 376.

das Freiheitsprodukt grenzen, und die Charaktere beider in sich vereinigen müssen.[52]

Diese postulierte Anschauung findet Schelling in der ästhetischen, die er als objektiv gewordene intellektuelle Anschauung definiert. Sie ermöglicht ihm schließlich zu konstatieren, daß sein *System* vollendet sei, da „es in seinen Anfangspunkt zurückgeführt ist."[53] Damit aber in der ästhetischen Anschauung die Postulate der theoretischen und die der praktischen Philosophie aufgehoben sein sollen, muß diese sowohl die Identität von Bewußtlosigkeit und Bewußtsein des Ich als auch die von Freiheit und Notwendigkeit umfassen und so die grundsätzliche Dialektik der theoretischen und der praktischen Philosophie vermitteln. Und als Einbildungskraft „in der höchsten Potenz" kann es allein das Dichtungsvermögen sein, das dies leistet:

[j]enes produktive Vermögen ist dasselbe, durch welches auch der Kunst das Unmögliche gelingt, nämlich einen unendlichen Gegensatz in einem endlichen Produkt aufzuheben. Es ist das Dichtungsvermögen, was in der ersten Potenz die ursprüngliche Anschauung ist, und umgekehrt, es ist nur die in der höchsten Potenz sich wiederholende produktive Anschauung, was wir Dichtungsvermögen nennen. Es ist ein und dasselbe, was in beiden thätig ist, das Einzige wodurch wir fähig sind auch das Widersprechende zu denken und zusammenzufassen, – die Einbildungskraft.[54]

Schon die Verwendung des Beispiels des „mechanischen Künstlers", der im „empirischen Schematismus" nach Begriffen ein Objekt erschafft, hatte deutlich gemacht, daß die Rolle der Einbildungskraft für die künstlerische Produktion in Analogie zu derjenigen für den „transscendentalen Schematismus" gedacht werden muß. Dies gilt nun für den „ästhetischen Künstler", also denjenigen, der Kunstwerke produziert, in verstärktem Sinne, denn da dieser

nach Ideen arbeitet, und doch auf der anderen Seite, um das Kunstwerk unter empirischen Bedingungen darzustellen, wieder einer mechanischen Kunst bedarf, so ist offenbar, daß für ihn die Stufenfolge von der Idee bis zum Gegenstand die doppelte von der des mechanischen ist.[55]

Die Doppelstufigkeit der ästhetischen Produktion liegt darin, daß die Ideen als Gegenstände der Kunst zunächst im Schema, welches die Re-

---

[52] Ebd., S. 612.
[53] Vgl. ebd., S. 627.
[54] Ebd., S. 626.
[55] Ebd.

geln der Anschauung enthält, in abstrakte Gegenstände transformiert werden müssen, um dann in der ästhetischen Darstellung in sinnliche Anschauungen verwandelt zu werden. Die ästhetische Anschauung der Kunst ist nicht als Nachahmung von Objekten, sondern als Darstellung des Entstehens von Objektivität überhaupt zu verstehen, wie es sich vor aller bewußten, subjektiven Erfahrung vollzieht. Die Kunst wiederholt somit auf höherer Ebene denselben Vorgang, der im Zusammenhang des „transscendentalen Schematismus" als bewußtlose Produktion analysiert worden war.

Um die Aufgabe zu erfüllen, die ihr im *System* zugedacht ist, muß die durch das Dichtungsvermögen ermöglichte Kunstproduktion aber vor allem eine gegenüber der Produktion der Natur umgekehrte Bewußtseinsstruktur aufweisen:

> [D]ie Natur fängt bewußtlos an und endet bewußt, die Produktion ist nicht zweckmäßig, wohl aber das Produkt. Das Ich in der Thätigkeit, von der hier die Rede ist, muß mit Bewußtseyn (subjektiv) anfangen, und im Bewußtlosen oder objektiv enden, das Ich ist bewußt der Produktion nach, bewußtlos in Ansehung des Produkts.[56]

Eine solche Produktion, die bewußt und subjektiv beginnt und objektiv und unbewußt endet, sei nur dem Geniekünstler möglich, der sich vom „mechanischen Künstler", vom Handwerker dadurch unterscheidet, daß er „unwillkürlich [...] zur Produktion getrieben wird" und daß „das Objektive zu seiner Produktion gleichsam ohne sein Zuthun, d. h. selbst bloß objektiv" hinzukommt; dadurch, daß er durch „freiwillige Gunst seiner Natur" gezwungen wird, „Dinge auszusprechen oder darzustellen [...], die er selbst nicht vollständig durchsieht"[57], wodurch die von ihm produzierte Anschauung zu einer wird, „in welcher die bewußtlose Tätigkeit durch die bewußte bis zur vollkommenen Identität mit ihr gleichsam hindurchwirkt"[58]. Indem er den Geniekünstler als eine Figur konzipiert, die zwischen Natur und Freiheit steht, schließt sich Schelling der Genieästhetik seiner Zeit und insbesondere der Bestimmung des Genies in Kants *Kritik der Urteilskraft* an.[59] Indem er aber zudem gezielt auf In-

[56] Ebd., S. 613.
[57] Ebd., S. 617.
[58] Ebd., S. 613.
[59] Vgl. zum Geniebegriff und seiner Geschichte allgemein Peters, Günter: *Genie*, in: Ueding, Gerd (Hg.): *Historisches Wörterbuch der Rhetorik*, Bd. 3, Tübingen 1996, S. 737-750 sowie zur deutschen Tradition Schmidt, Jochen: *Die Geschichte des Genie-Gedankens in der deutschen Literatur, Philosophie und Politik 1750-1945*, 2 Bde., Darmstadt 1985.

spirations- und Enthusiasmus-Topoi und insbesondere auf die *ars-inge-nium*-Dialektik der antiken Poetik anspielt, radikalisiert er die Zwischen-stellung des Geniekünstlers zu einem Ineinandergreifen von Bewußtheit und Bewußtlosigkeit, von freier Verfügungsgewalt und willenlosem Ge-triebenwerden.[60] Indem die Kunst des Genies aber zum einen Bewußtes und Un-be-wußtes, Freiheit und Notwendigkeit in sich vereint und zum anderen de-ren Identität in einem Produkt – dem Kunstwerk – sinnlich anschaulich macht, vermag sie das zu leisten, was der Philosophie nicht gelingen kann: Das Kunstwerk macht den „transscendentalen Schematismus" an-schaulich, dem seine Produktion durch das Genie in höherer Potenz ent-spricht. Als Objektivierung des „transscendentalen Schematismus" wird das Produkt des Dichtungsvermögens für die Philosophie zum Schema ihres eigenen Mechanismus. Wie bei Kant bringt auch im *System* der Ge-niekünstler nicht nur, wie der „mechanische Künstler" nach gegebenen Regeln Gegenstände hervor, sondern schafft im Hervorbringen selbst die Regeln des Hervorbringens. Schelling universalisiert und radikalisiert diese Bestimmung aber so, daß die mehrfach zitierte Aussage, das Dich-tungsvermögen sei „die in der höchsten Potenz sich wiederholende pro-duktive Anschauung" besagt, daß der „ästhetische Künstler" – insofern er gleichzeitig nach Ideen arbeitet und „unter empirischen Bedingungen darstellt"[61] – durch das Erkennbarmachen der Regeln, nicht nur wie bei Kant diejenige der Kunst, sondern überhaupt die Regel gibt, die Erkennt-nis und Handeln ermöglicht, indem sie zwischen empirischem und abso-luten Ich vermittelt. „Das Kunstwerk nur reflektirt mir, was sonst durch nichts reflektirt wird"[62], denn das „Kunstwerk reflektirt uns die Identität der bewußtlosen und der bewußten Thätigkeit"[63]. Und in diesem Sinne ist die Kunst in Schellings *System* „das einzige wahre und ewige Orga-non zugleich und Document der Philosophie"[64].

Der Dokumentcharakter der Kunst besteht darin, daß im Kunstwerk, dem Resultat der Produktivität des Künstlergenies, die als der bewußt-losen Produktivität des Ich strukturanalog gedacht wird, die unendliche

[60] Vgl. zu Schellings Geniekonzept Hofmann, Karl: *Die Umbildung der Kantischen Lehre vom Genie in Schellings System des transzendentalen Idealismus*, Bern 1907; Düsing, Klaus: *Schellings Genieästhetik*, in: Gethmann-Siefert, Annemarie (Hg.): *Philosophie und Poesie*, Bd. 1, Stuttgart-Bad Cannstadt 1988, S. 193-213; Gellhaus, Axel: *Ekstasis. Schellings Theorie der dichterischen Produktion*, in: *Zeitschrift für Germanistik* 3 (1992), S. 499-525.
[61] SW III, S. 626.
[62] Ebd., S. 625.
[63] Ebd., S. 619.
[64] Ebd., S. 627.

Produktivität in einem endlichen Produkt stillgestellt und so für das
empirische Ich anschaulich gemacht wird, daß es also gerade das leistet,
was im Rahmen der theoretischen und praktischen Philosophien nicht
gelingen konnte. Anders als die Identität von Notwendigkeit und Freiheit
in der Geschichte als Ganzer, die *per definitionem* als unendliche, nie
anschaulich werden kann, ist das Kunstwerk als endliches für das Ich
anschaulich. Wenn Schelling mit einem der gewollt enigmatischen Sätze, die den Schlußabschnitt des *Systems* prägen, behauptet, was „wir Natur nennen ist ein Gedicht, das in geheimer wunderbarer Schrift verschlossen liegt"[65], dann ist eben dies gemeint: Die Kunst macht es möglich, den verborgenen Zusammenhang der Erscheinung der Objektivität
mit dem Subjekt, dessen Produkt sie ist, zu durchschauen, und darin liegt
ihre Funktion für die Philosophie. Die sinnliche Erscheinung der Kunst
offenbart den Prozeß der Entstehung der Natur aus dem Ich, und ist daher allein in der Lage, der Philosophie die richtige Perspektive auf die
Natur, die Objektivität vorzuführen.

> [D]urch die Sinnenwelt blickt nur wie durch Worte der Sinn, nur wie durch
> halbdurchsichtigen Nebel das Land der Phantasie, nach dem wir trachten. Je-
> des herrliche Gemälde entsteht dadurch gleichsam, daß die unsichtbare Schei-
> dewand aufgehoben wird, welche die wirkliche und idealische Welt trennt,
> und ist nur die Öffnung, durch welche jene Gestalten und Gegenden der
> Phantasiewelt, welche durch die wirkliche nur unvollkommen hindurch-
> schimmert, völlig hervortreten. Die Natur ist dem Künstler nicht mehr, als sie
> dem Philosophen ist, nämlich nur die unter beständigen Einschränkungen
> erscheinende idealische Welt, oder nur der unvollkommene Widerschein ei-
> ner Welt, die nicht außer ihm, sondern in ihm existiert.[66]

Die in der Kunst durch die freie produktive Einbildungskraft, die Phantasie, dargestellte Welt der Ideen ist gleichzeitig Darstellung der Regeln,
nach welchen das bewußtlose Ich die Natur hervorgebracht hat. Die Behauptung, das Dichtungsvermögen repräsentiere die produktive Einbildungskraft auf höherer Ebene erweist sich insofern als zutreffend, als
beides sich in seiner wesentlichen Identität zeigt. Die produktive Einbildungskraft als Produktion der Natur und die ästhetische Einbildungskraft, das Dichtungsvermögen, als Darstellung der Prinzipien dieser Produktion unterscheiden sich nur durch den Grad der Bewußtheit, welcher
ihren Produkten zukommt – und gerade darin liegt die Bedeutung der
Kunst, deren Werke dem Bewußtsein zugänglich sind, für die Philosophie. Die ästhetische Anschauung ermöglicht es, die Identität zwischen

---

[65] Ebd., S. 628.
[66] Ebd.

Ich und Natur zu erkennen; sie überwindet die „Scheidewand", die das
reflexive Bewußtsein in seiner Bindung an die Differenz von Subjekt
und Objekt aufbaut. Durch die Anschauung der Kunst gelingt es also gewissermaßen deshalb, „jene geheimnisvolle wunderbare Schrift" der Natur zu entschlüsseln, weil die Kunst vorführt, wie – und vor allem *daß* –
diese geschrieben wird. Die Phantasie ist im System in diesem Sinne als
Dichtungsvermögen, als *facultas fingendi*, von noch weit größerer Bedeutung als die produktive Einbildungskraft bei Kant und Fichte, dennoch kann sie aber in der Dialektik von Freiheit und Notwendigkeit auch
nicht einfach freie Erfindung, *imaginatio*, in dem von der philosophischen Tradition abgewerteten Sinne sein.[67]
    Die These, daß die Kunst insofern als Dokument der Philosophie fun-
gieren kann als sie – markiert durch den Begriff des Dichtungsvermögens – die Grenzen des Denkens sprengt und im Dichten das findet, wonach die Philosophie vergeblich strebt, ist im Rahmen des *Systems* also
durchaus Resultat einer stringenten Argumentation. Doch drängt sich in
dieser Lösung des Grundproblems der Philosophie durch die Kunst die
Einschätzung geradezu auf, es handle sich dabei letztlich dich nur um
eine „geniale Verlegenheitslösung"[68]. Denn die Kunst, die als Dokument
der Philosophie fungieren soll, scheint zu dieser doch lediglich in einem
Analogieverhältnis zu stehen und mit ihr letztlich unverbunden zu
bleiben.
    Und was kann mit der These gemeint sein, die Kunst fungiere über-
dies auch noch als Organon der Philosophie, übernehme im Rahmen von
Schellings Transzendentalphilosophie also gewissermaßen diejenige
Rolle, die im Corpus der Aristotelischen Schriften der Logik und der To-
pik zugeteilt wird, die Rolle des Instrumentariums, dessen sich das philosophische Denken bedient, um etwa auf dem Gebiet der Metaphysik
operieren und zu Schlüssen kommen zu können? Zur Beantwortung dieser Frage kann offenbar nicht allein der Schlußabschnitt des Systems
über die Philosophie der Kunst herangezogen werden, sondern muß vor
allem nach dem grundlegenden Philosophieverständnis gefragt werden,
auf dem das *System* beruht.
    Der Text des *Systems* ist in einem so hohem Maße von metaphiloso-
phischen Reflexionen durchzogen, daß dies wohl die These rechtfertigt,

---

[67] Vgl. Barth, Bernhard: *Schellings Philosophie der Kunst. Göttliche Imagination
und ästhetische Einbildungskraft*, Freiburg/München 1991, S. 96 ff. und 128 ff.;
Küster, Bernd: *Transzendentale Einbildungskraft und ästhetische Phantasie*, a.a.O.,
S. 76-121.
[68] Schulz, Walter: *Die Vollendung des Deutschen Idealismus in der Spätphilosophie
Schellings*, Pfullingen 1975, S. 132.

die Philosophie selbst sei dessen eigentliches Thema und dieses demnach als „Philosophie der Philosophie" zu lesen.[69] Immer wieder unterbricht Schelling die Darstellung der „Geschichte des Selbstbewußtseyns" um darüber zu reflektieren, was „der Transscendental-Philosoph" eigentlich tut, wenn er diese Geschichte erzählt. Und sprechenderweise bedient er sich bei diesen metaphilosophischen Reflexionen häufig des Verbums „Philosophiren", das, obwohl es als verbalisierte Form des Namens, mit dem die Philosophie sich selbst bezeichnet, eigentlich die naheliegendste Bezeichnung für das Tun des Philosophen wäre, in der Geschichte der Philosophie stets nur von marginaler Bedeutung war. Die einschränkende Bemerkung „nur für uns, die wir philosophiren, nicht an sich selbst" zieht sich geradezu leitmotivisch durch den Text des *Systems*. Doch diese metaphilosophischen Reflexionen sind nicht nur als zwischenzeitliches Heraustreten aus dem Argumentationsfluß des *Systems*, als in diesen eingeflochtene Metaebene zu verstehen, sondern bilden selbst einen integralen Bestandteil der „Geschichte des Selbstbewußtseyns". Das Philosophieren muß als weitere Form des Produzierens – gewissermaßen als philosophierendes Ich – in diese Geschichte miteingeschrieben werden, damit sie als Geschichte überhaupt funktionieren und verständlich werden kann. Denn wer klärt das empirische Ich über sein Wesen als Produktivität auf, das ihm doch notwendig unbewußt bleiben muß? Was bringt das empirische Ich überhaupt dazu, nach der Anschauung der ursprünglichen Identität zu streben, wenn es von dieser doch gar nichts wissen kann? Nur weil die Philosophie die ursprüngliche Identität von Subjekt und Objekt postuliert, kann das empirische Ich nach dieser Anschauung streben und – falls es diese erreichen sollte – seinerseits die Wahrheit des Postulats der Philosophie erweisen.

> Der Begriff, von dem wir ausgehen, ist der des Ichs, d. h. des Subjekt-Objekts, zu dem wir uns durch absolute Freiheit erheben. Durch jenen Akt nun ist für uns, die wir philosophiren, etwas in das Ich als Objekt, deswegen aber noch nicht in das Ich als Subjekt gesetzt […] unsere Untersuchung wird also so lange fortgehen müssen, bis dasselbe, was für uns in das Ich als Objekt gesetzt ist, auch in das Ich als Subjekt für uns gesetzt ist, d. h. so lange bis für uns das Bewußtseyn unseres Objekts mit dem unsrigen zusammentrifft, also bis das Ich selbst für uns zu dem Punkt gekommen ist, von dem wir ausgegangen sind.[70]

[69] Vgl. Sandkühler, Hans-Jörg: *Natur als geschichtlicher Prozeß. Von Schellings Philosophie der Natur und der Zweiten Natur zur Wissenschaft der Geschichte*, in: Ders. (Hg.): *Natur als geschichtlicher Prozeß. Studien zur Naturphilosophie F. W. J. Schellings*, Frankfurt a. M. 1984, S. 14-20, der dies schon für Schellings naturphilosophische Schriften konstatiert.
[70] SW III, S. 389.

Der transzendentale Abstraktionsschritt des Philosophierens, der sich das empirische Ich zum Objekt macht, um aufzuzeigen, daß dieses ohne es zu wissen die Natur und die Geschichte und somit auch sich selbst als wissendes Subjekt selbst hervorbringt, ist seinerseits eine freie Handlung des empirischen Ich. Wenn die Transzendentalphilosophie dem empirischen Ich in der „Geschichte des Selbstbewußtseyns" insofern immer einen Schritt voraus ist, als sie jeweils erkennt, was dem empirischen Ich noch nicht bewußt sein kann, und dieses so über sein ihm verborgen bleibendes Wesen aufklären kann, so erwächst diese Kompetenz der Philosophie nicht aus einer ihr vorbehaltenen ontologischen Einsicht, nicht aus einem anders gearteten, tieferen Bewußtsein, sondern aus einem zusätzlichen Akt der Abstraktion des empirischen Ich von sich selbst. Das Philosophieren stellt keine von der bewußtlosen Produktivität kategorisch zu unterscheidende Produktivitätsform dar, sondern ist mit dieser wesentlich identisch. Dadurch aber, daß das Philosophieren, das als solches „nur durch einen ästhetischen Akt der Einbildungskraft möglich ist" auf einer willkürlichen Entscheidung beruht – der Abstraktion des Ich von sich selbst, die es ermöglicht das Ich als solches zum Objekt der Reflexion zu machen – ist es im Unterschied zum bewußtlosen Produzieren des empirischen Ich vollständig frei und bewußt.[71] An die Stelle der unmöglichen Einsicht in das Wesen des Ich, in die „Geschichte des Selbstbewußtseyns", die sich als solche jenseits des Bewußtseins vollziehen muß, tritt gewissermaßen experimentell die freie „Construktion" dieser Geschichte ausgehend von einer Hypothese, die sich aufgrund des korrespondenztheoretischen Wahrheitsbegriffs aufgedrängt hatte. Und diese bewußt konstruierte Geschichte kann dann im Erfolgsfall dem empirischen Ich als mit der ihm zunächst nicht bewußten eigenen Geschichte identisch anschaulich werden. Aufgrund ihrer Unerklärbarkeit wird die „Geschichte des Selbstbewußtseyns" durch den Transzendentalphilosophen verdoppelt, um von der so entstandenen Kopie auf das Original schließen zu können.[72]

Daß aber die Kopie lesbarer ist als das Original, über das sie gelegt wird, liegt daran, daß erst in der freien Konstruktion der „Geschichte des Selbstbewußtseyns" diese eigentlich zu einer Geschichte wird. Denn die bewußtlose Produktion der Natur durch das Ich findet in unauflöslicher Simultaneität bzw. im Grunde genommen, da sie jenseits des Bewußtseins stattfindet, eigentlich auch jenseits der Zeit statt. Erst die philosophische Konstruktion überführt sie, indem sie aus der Anfangshypothese eines „absoluten Akts" distinkte Zwischenschritte deduziert, in die Kon-

---

[71] Ebd., S. 351.
[72] Vgl. ebd., S. 350 ff.

tinuität einer Geschichte und macht sie dadurch erfaßbar.[73] Und nur indem sich der Autor der „Geschichte des Selbstbewußtseyns" als konstruierendes philosophierendes Ich selbst in diese einschreibt kann diese als Geschichte insofern schlüssig werden, als sie sich zu einer Kreisbewegung schließt: Die spontane Produktivität des absoluten Ich erzeugt das empirische Ich, das seinerseits Natur und Geschichte produziert. Weil diese Produktion aber nicht bewußt werden kann muß das empirische Ich in einem Abstraktionsschritt das philosophierende Ich hervorbringen, das aus der Rekonstruktion der Produktion des empirischen Ich das absolute Ich konstruiert aus dessen Produktivität das empirische Ich erst entsteht. Durch den willkürlichen philosophischen Akt, die Produktivität des Ich als „Geschichte des Selbstbewußtseyns" zu konstruieren, entsteht ein sich selbst tragendes, sich selbst unablässig autopoietisch hervorbringendes und erhaltendes geschlossenes System, d. h. nach der Definition von Schellings Naturphilosophie ein durch Selbstorganisation gekennzeichneter Organismus.[74]

Nicht nur als Dokument der Philosophie, sondern auch als durchaus im aristotelischen Sinne verstandenes Organon fungiert die Kunst im *System* also insofern, als die ihr zugrundliegende auf dem Dichtungsvermögen beruhende Produktionsweise wesentlich dieselbe ist, wie diejenige der Philosophie, die ebenfalls auf einem „ästhetischen Akt der Einbildungskraft" beruht.

> Die Philosophie beruht […] eben so gut, wie die Kunst, auf dem produktiven Vermögen, und der Unterschied beider bloß auf der verschiedenen Richtung der produktiven Kraft. Denn anstatt daß die Produktion in der Kunst nach außen sich richtet, um das Unbewußte durch Produkte zu reflektieren, richtet sich die philosophische Produktion unmittelbar nach innen, um es in intellektueller Anschauung zu reflektiren. – Der eigentliche Sinn, mit dem die Philosophie aufgefaßt werden muß, ist also der ästhetische, und eben darum die Philosophie der Kunst das Organon der Philosophie.[75]

Und weil das Verhältnis von Philosophie und Kunst, von Denken und Dichten, nicht bloß ein analogisches ist, sondern eines der Wesensgleichheit, bieten sich für die Reflexion über die Philosophie die Begriffe der klassischen Poetik – neben dem bereits erwähnten Begriffspaar *ars* und *ingenium* insbesondere die Begriffe *poiesis*, *techne* und *mimesis* – in gewisser Weise eher an, als die überkommenen der Philosophie.

---

[73] Vgl. ebd., S. 331.
[74] Vgl. z. B. SW II, S. 349 ff. (*Von der Weltseele*) oder SW III, S. 67 ff. (*Erster Entwurf eines Systems der Naturphilosophie*).
[75] SW III, S. 351.

Für die Produktion von Kunstwerken ist gemäß der dominanten Auffassung der abendländischen Tradition einerseits die produktive, entwerfende Fähigkeit entscheidend, Bilder, Handlungen, Inhalte etc. zu erfinden – die *poiesis* –, andererseits ist aber auch Kunstfertigkeit – *techne* – vonnöten, um ein Kunstwerk zu erschaffen. Und auch für Schelling bringen diese beiden Aspekte der Kunstproduktion,[76] die er als „Poesie" und „Kunst" im engeren Sinn benennt, „nur [...] zusammen das Höchste hervor"[77]. Die beiden Tätigkeiten wirken so zusammen, daß die *techne*, die Kunst als bewußte Tätigkeit des Künstlers, die bewußtlose Tätigkeit der Natur zum Bewußtsein bringt. Der Geniekünstler produziert wie die Natur, ist dabei aber gerade nicht Natur sondern menschliches Subjekt und dieser Unterschied des Menschen zur Natur, des Bewußten zum Unbewußten, wird durch die konstitutive Rolle der handwerklichen Dimension der Kunst so gewahrt, daß das Hervorbringen des Künstlers Nachahmung, *mimesis* der Ursprünglichen Produktivität der Wirklichkeit sein kann. Weil die künstlerische Produktion so als *poiesis mimesis* ist, kann die ursprüngliche Produktivität zu Bewußtsein kommen. Das Kunstwerk als reflektierbares endliches Objekt ermöglicht die Erkenntnis der Produktivität, die in der Objektivität sonst verborgen bleiben muß. D. h., es offenbart die Wahrheit über das Seiende, über die „Dinge außer mir", weil es nicht diese, sondern deren Entstehen, deren Hervorbringung mimetisch abbildet.[78]

Wie die künstlerische Produktion oszilliert die auch das Philosophieren zwischen den Polen der *mimesis* und der *poiesis*. Es ist seinem Anspruch nach mimetisch, da es die Funktionsweise des Seienden im Ganzen zu rekonstruieren trachtet, diese Rekonstruktion gelingt aber nur als freier poietischer Akt. Indem das Wesen des Ich philosophierend als „Geschichte des Selbstbewußtseyns" dargestellt wird, wird ein autopoietisch sich selbst hervorbringendes System geschaffen, das, insofern das philosophierende Ich sich selbst in diese Geschichte mit einschreibt, letztlich auch automimetisch ist. Die Kunst erweist sich so als Organon der Philosophie, weil das Dichtungsvermögen des Künstlers und die produktive Einbildungskraft des Philosophen wesentlich identisch und nur dadurch unterschieden sind, daß das Dichtungsvermögen als vollständig bewußte „höchste Potenz" der Einbildungskraft deren Funktionsweise anschaulich machen kann. Organon der Philosophie ist deshalb nicht nur die Kunst, sondern – wie es in einer alternativen Formulierung schon in

---

[76] Vgl. ebd., S. 618.
[77] Ebd., S. 618.
[78] Vgl. Jähnig, Dieter: *Schelling*, Bd. 2, a.a.O., S. 302 ff.

der Einleitung des *Systems* heißt – auch „die Philosophie der Kunst"[79], die gewissermaßen zur Poetik des transzendentalen Philosophierens wird, zur Poetik des Philosophierens als freier Konstruktion des Seienden im Ganzen, die sich mimetisch an die Produktivität desselben anlehnt.[80]

Durch den Einbezug der Philosophie der Kunst kann Schelling nun also konstatieren, daß sein *System* vollendet und „in seinen Anfangspunkt zurückgeführt"[81] sei, da es sich gewissermaßen autopoietisch selbst hervorbringt und erklärt. Doch drängt sich unweigerlich die Frage auf, was damit denn nun eigentlich erklärt sei. Das große „Gewölbe" der Philosophie, das zum Zweck der Erklärung des Wissens überhaupt errichtet und mit der Philosophie der Kunst als „Schlußstein" zur Vollendung gebracht wurde, gründet auf der Annahme eines ursprünglich absoluten Ich, das sich im „absoluten Akt" in Subjektives und Objektives getrennt hat, um sich dann im Verlauf der „Geschichte des Selbstbewußtseyns" wiederzuvereinigen. Doch hat sich Schelling, indem er das Wissen des empirischen Ich mit Hilfe einer These über dessen Entstehung aus dem absoluten Ich erklärt, nicht genau jenes ontologisch-metaphysische Prinzip eingehandelt, das er zu Beginn für das *System* kategorisch zurückgewiesen hatte? Dies zumindest besagt verkürzend zusammengefaßt die auch heute noch gängige Kritik am *System*, die Schelling vorhält, er halte seine eigenen Vorgaben nicht ein, sein *System* sei nicht konsequent zu Ende geführt, weil er unter der Hand die ontologische Prämisse einführe, die er selbst ausgeschlossen hatte, ohne diese aber ausreichend als solche zu kennzeichnen. Er bekenne sich gewissermaßen noch nicht zu dem Absoluten, ohne das er in seinem Denken nicht auskomme, sondern kaschiere es. Erst in der Identitätsphilosophie werde dieses dann explizit und offensiv gedacht und deshalb sei das *System* im besten Fall als eine Vorstufe derselben zu lesen, wofür ja letztlich auch die „Verlegenheitslösung" des Abschlußteils spreche, mit dem Schelling deshalb die Grenzen des Philosophischen überschreite, weil eine philosophische Auflösung seines *Systems* nicht möglich sei.[82] Wenn aber die

---

[79] SW III, S. 349.

[80] Vgl. Freier, Hans: *Die Rückkehr der Götter. Von der ästhetischen Überschreitung der Wissensgrenze zur Mythologie der Moderne. Eine Untersuchung zur systematischen Rolle der Kunst in der Philosophie Kants und Schellings*, Stuttgart 1976, S. 136-149.

[81] Vgl. SW III, S. 627.

[82] Vgl. z. B. Sandkaulen-Bock, Birgit: *Ausgang vom Unbedingten*, a.a.O., S. 131-145; Iber, Christian: *Das Andere der Vernunft als ihr Prinzip. Grundzüge der philosophische Entwicklung Schellings mit einem Ausblick auf die nachidealistischen Philosophiekonzeptionen Heideggers und Adornos*, Berlin/New York 1994, S. 122-131;

Annahme, von der Schellings *System* ausgeht, die Annahme, „daß in unserem Wissen überhaupt Realität sey"[83] und d. h., daß dieses auf eine
ursprüngliche Identität von Subjekt und Objekt, auf ein absolutes Ich zu-
rückgehe, nicht zur ontologischen Prämisse hypostasiert wird, sondern
Hypothese bleibt, dann bleibt auch der Beweis der Wahrheit des aufgrund dieser Hypothese errichteten *Systems* insofern unmöglich, als es
keine Möglichkeit gibt, dessen Übereinstimmung mit der Wirklichkeit zu
belegen. Die willkürliche Setzung des Prinzips, als die die Annahme einer ursprünglichen Identität von Schelling eingeführt wurde, erlaubt keinen Durchgriff auf die Realität; bewiesen werden kann allein, daß das
von ihr ausgehend konstruierte *System* in sich schlüssig ist, daß es als
System funktioniert, daß es also möglich ist, ein „System des gesammten
Wissens" zu konstruieren, das tatsächlich alle Inhalte der theoretischen
und der praktischen Philosophie in sich enthält. Bewiesen wird die Möglichkeit der Konstruktion eines allgemeinen Systems der Philosophie,
nicht dessen Wahrheit.

Und auch dieser hypothetische Beweis kann nicht einfach diskursiv
erfolgen, weil ihm das ihm äußerliche Wahrheitskriterium fehlt. Er kann,
wie Schelling schon in der Vorrede angekündigt hatte, „nicht bloß im
Allgemeinen, sondern [nur] durch die That selbst"[84] geführt werden,
muß also gewissermaßen ein performativer Beweis sein, der darin besteht, daß und wie das *System* konstruiert wird. Der Beweis der Wahrheit
des als „System der ganzen Philosophie" sich verstehenden *Systems* liegt
so in der Inszenierung der Möglichkeit einer Erklärung des Seienden im
Ganzen durch Konstruktion. Und das Wahrheitskriterium, das auf das
System angewendet werden muß, ist demnach nicht mehr die Korrespon-
denz, von der die Erklärung des Wissens ausgegangen war, sondern die
Kohärenz des *Systems* selbst. Wenn aber die Wahrheit des *Systems* und
sein Status als das eine wahre System der Philosophie, den Schelling
durchaus noch betont, an der Art und Weise seines Konstruiertseins,
seines Produziertwerdens gemessen wird, dann kann die Wahrheit des
Systems keine Wahrheit im epistemischen oder logischen Sinne mehr
sein – sondern nur noch in einem ästhetischen oder eben transzendental-
poetologischen.[85] Und so bewahrheitet sich dann auch Schellings An-

---

sowie als mittlerweile klassischen Ausdruck einer teleologischen Lesart des Deutschen Idealismus Kroner, Richard: *Von Kant bis Hegel*, Bd. 2, Tübingen ³1977, S.
104-111.

[83] SW III, S. 353.

[84] Ebd., S. 330.

[85] Vgl. Jähnig, Dieter: *Schelling*, Bd. 2, a.a.O., S. 305: „Die Rechtmäßigkeit der Zuwendung der Philosophie zur Kunst gründet in dem Dichtungscharakter des Erkennens und dem Wahrheitscharakter der Dichtung."

kündigung, daß „der eigentliche Sinn, mit dem die Philosophie aufgefaßt werden muß, [...] der ästhetische"[86] sei.

Daß das aus dem *System* rekonstruierbare Philosophieverständnis Schellings, das sich durch ein ästhetisch-poetologisches Wahrheitskriterium legitimiert, damit nicht nur radikal vom Philosophieverständnis seiner Zeit abweicht, sondern, indem es die Grenze zwischen Denken und Dichten verschiebt bzw. aufhebt, im Grunde auch von jeder bis heute gängigen Auffassung der Philosophie als Wissenschaft, ist deutlich. Das Philosophieverständnis des *Systems* ist geprägt von der Gleichzeitigkeit der größtmöglichen Selbstermächtigung des Philosophierens, das zum freien poetischen Erschaffen des Seienden im Ganzen wird, mit der größtmöglichen Selbstbeschränkung von dessen Erkenntnismöglichkeiten auf eine in sich hermetisch verschlossene Konstruktion, die keinerlei Wahrheitsanspruch jenseits ihrer inneren Kohärenz mehr geltend machen kann. Das System, das das Wissen überhaupt und d. h. das Seiende im Ganzen erklären will, erklärt, indem es sich selbst erschafft, letztlich immer nur sich selbst. – Die Philosophie wird dadurch aber gewissermaßen zur selbstreferentiellen Kunst, das *System* zum Kunstwerk im Sinne des *l'art pour l'art*, das man negativ als völlig nutzloses Tun, oder aber mit Cousin, Gautier oder Baudelaire affirmativ als ästhetische Maxime verstehen kann.

Das Projekt der Transzendentalphilosophie als Erklärung des Wissens überhaupt ist dadurch aber an ein Ende gelangt. Der Graben zwischen *res cogitans* und *res extensa*, der Kant als „Skandal der Philosophie" erschienen war, konnte nicht nur letztlich nicht überbrückt werden, seine Unüberbrückbarkeit erscheint aus der Perspektive des *Systems* noch deutlicher und unveränderbarer als zuvor; die „Geisteskrankheit" konnte nicht geheilt werden, sondern hat sich eher noch verschlimmert – es sei denn man betrachtet das Akzeptieren der Krankheit, das Sich-Abfinden mit ihr, als entscheidenden ersten einer Therapie. Daß die Transzendentalphilosophie im *System* insofern in eine Aporie führt, als das transzendentale Denken in sich verschlossen bleibt und keinen Durchgriff auf die Realität erlaubt, liegt dabei aber nicht an der Entgrenzung des Denkens zum Dichten, die in der Organonthese kulminiert. Vielmehr ist diese Überschreitung des Bereichs des Philosophischen im herkömmlichen Sinn als Reaktion auf die Erkenntnis zu verstehen, daß der Transzendentalphilosophie die grundlegende Aporie immer schon eingeschrieben ist.[87] In diesem Sinne ist das Ende, an das die Transzendentalphilosophie

---

[86] SW III, S. 351.
[87] Vgl. dazu Sandkaulen-Bock, Birgit: *Ausgang vom Unbedingten*, a.a.O., S. 131-145.

im *System* gelangt, durchaus als eine konsequente, wenn auch in gewisser Weise vorzeitige und unzeitgemäße „Vollendung des Deutschen Idealismus" zu lesen, die über die gemeinhin wahlweise für Hegel oder für Schellings Spätwerk konstatierte[88] hinausweist auf die Amalgamierungen von Dichten und Denken in der postsystematischen Philosophie des 20. Jahrhunderts. Und es erstaunt daher kaum, daß Schellings Versuch, die Probleme des Denkens mit Hilfe des Dichtungsvermögens aufzulösen nicht nur im philosophiehistorischen Rückblick als zu vernachlässigender Seitentrieb des als stringente Bewegung „von Kant bis Hegel"[89] gedachten Deutschen Idealismus erscheint, sondern nicht einmal in Schellings eigenem Werk eine Weiterführung erfahren hat. Zwar knüpft Schelling dann – ohne dabei noch einmal auf den Begriff des Dichtungsvermögens zurückzugreifen – in den *Vorlesungen über die Philosophie der Kunst* an die hier gegebene Bestimmung der Einbildungskraft an, die auch im Rahmen der Identitätsphilosophie als „Einbildung des Unendlichen ins Endliche" eine zentrale Rolle für das Verständnis der Kunst spielt,[90] doch dem im *System* eingeschlagenen Weg, Dichtungsvermögen und produktive Einbildungskraft gerade aufgrund ihres zwischen Denken und Dichten changierenden Charakters zu den grundlegenden Modi der Philosophie zu machen, folgt auch Schelling nicht weiter. – Und wenn er später im Rückblick auf sein eigenes Werk über das *System* spricht, erscheint Schelling die philosophiegeschichtlich einzigartige Stellung die in diesem der Kunst zugeschrieben wird, offenbar nicht einmal mehr erwähnenswert.[91]

Wenn man sich aber vor Augen führt, daß Philosophie doch eigentlich seit jeher nicht anderes war, nichts anderes ist und nichts anderes sein wird, als eben diese Bewegung des unmöglichen Überstiegs vom Empirischen zum Absoluten, vom in seiner Mannigfaltigkeit nicht zu fassenden Besonderen zum in seiner Allgemeinheit nicht zu denkenden

---

[88] Vgl. z. B. Volkmann-Schluck, Karl-Heinz: *Hegel. Die Vollendung der abendländischen Metaphysik*, Würzburg 2001; Guzzoni, Ute: *Hegels Denken als Vollendung der Metaphysik. Eine Vorlesung*, Freiburg 2005; Schulz, Walter: *Die Vollendung des Deutschen Idealismus*, a.a.O.; Janke, Wolfgang: *Die Dreifache Vollendung des Deutschen Idealismus. Schelling, Hegel und Fichtes ungeschriebene Lehre*, Amsterdam/ New York 2009.

[89] Der Titel des bis heute einflußreichen und erst kürzlich wiederaufgelegten Werks von Richard Kroner (a.a.O.) sei hier exemplarisch genannt für ein bis heute weithin vorherrschendes Bild des Deutschen Idealismus als einer teleologisch auf Hegel zulaufenden Entwicklung.

[90] Vgl. z. B. SW V, S. 461.

[91] Vgl. z. B. SW X, S. 93-98 (*Zur Geschichte der neueren Philosophie. Münchener Vorlesungen*) oder SW XI, S. 370 f. (*Einleitung in die Philosophie der Mythologie*).

Allgemeinen, die Schelling im *System* darstellt, indem er nicht nur die „Geschichte des Selbstbewußtseyns" erzählt, sondern auch über die dichtende Tätigkeit des Philosophen reflektiert, der diese Geschichte erzählt und eine transzendentalphilosophische Poetik dieses Erzählens zumindest andeutet, dann wird deutlich, daß das *System* in seiner Gesamtheit auch abgesehen von den für den philosophischen Diskurs des frühen Deutschen Idealismus spezifischen Problemstellungen als große Parabel über das Wesen der Philosophie überhaupt zu lesen ist – als Parabel über die Philosophie als freie Kunst, über das Denken als Dichten.[*]

Literatur

Aristoteles: *De anima. Über die Seele*, hg. von Horst Seidl, Hamburg 1995.

Barth, Bernhard: *Schellings Philosophie der Kunst. Göttliche Imagination und ästhetische Einbildungskraft*, Freiburg/München 1991.

Baumgarten, Alexander G.: *Metaphysica*, in: Schweizer, Hans R. (Hg.): *Texte zur Grundlegung der Ästhetik*, Hamburg 1983.

Dodd, James: *Philosophy and Art in Schelling's System des Transzendentalen Idealismus*, in: *The Review of Metaphysics* 52 (1998), S. 51-85.

Düsing, Klaus: *Schellings Genieästhetik*, in: Gethmann-Siefert, Annemarie (Hg.): *Philosophie und Poesie*, Bd. 1, Stuttgart-Bad Cannstadt 1988, S. 193-213.

Johann Gottlieb Fichtes sämmtliche Werke, hg. von Immanuel H. Fichte, Bd. 1, Berlin 1842, S. 83-328.

Findler, Richard: *A Sketch of Schelling's Appropriation of the Kantian Imagination in the System of Transcendental Idealism: Schelling's Divergence from Fichte*, in: Asmuth, Christoph/Denker, Alfred/Vater, Michael G. (Hg.): *Schelling. Zwischen Fichte und Hegel*, Amsterdam/Philadelphia 2000, S. 41-54.

Freier, Hans: *Die Rückkehr der Götter. Von der ästhetischen Überschreitung der Wissensgrenze zur Mythologie der Moderne. Eine Untersuchung zur systematischen Rolle der Kunst in der Philosophie Kants und Schellings*, Stuttgart 1976.

Gellhaus, Axel: *Ekstasis. Schellings Theorie der dichterischen Produktion*, in: *Zeitschrift für Germanistik* 3 (1992), S. 499-525.

Guzzoni, Ute: *Hegels Denken als Vollendung der Metaphysik. Eine Vorlesung*, Freiburg 2005.

Hofmeister, Johannes (Hg.): *Briefe von und an Hegel*, Bd. 1, Hamburg [3]1969.

Hofmann, Karl: *Die Umbildung der Kantischen Lehre vom Genie in Schellings System des transzendentalen Idealismus*, Bern 1907.

Homann, Karl: *Zum Begriff der Einbildungskraft nach Kant*, in: *Archiv für Begriffsgeschichte* 14 (1970), S. 266-302.

[*] Dieser Beitrag ist im Rahmen des von der DFG geförderten Sonderforschungsbereichs ‚Ästhetische Erfahrung im Zeichen der Entgrenzung der Künste' an der Freien Universität Berlin entstanden.

Hume, David: *An Enquiry Concerning Human Understanding*, in: *The Philosophical Works*, hg. von Thomas H. Green und Thomas H. Grose, Bd. IV, London 1857, S. 1-135.

Iber, Christian: *Das Andere der Vernunft als ihr Prinzip. Grundzüge der philosophische Entwicklung Schellings mit einem Ausblick auf die nachidealistischen Philosophiekonzeptionen Heideggers und Adornos*, Berlin/New York 1994.

Jähnig, Dieter: *Schelling. Die Kunst in der Philosophie*, 2 Bde., Pfullingen 1966/ 1969.

Janke, Wolfgang: *Die Dreifache Vollendung des Deutschen Idealismus. Schelling, Hegel und Fichtes ungeschriebene Lehre*, Amsterdam/New York 2009.

Kants gesammelte Schriften, hg. von der Königl. Preuß. Akademie der Wissenschaften, Berlin 1902 ff.

Kroner, Richard: *Von Kant bis Hegel*, 2 Bde., Tübingen ³1977.

Küster, Bernd: *Transzendentale Einbildungskraft und ästhetische Phantasie. Zum Verhältnis von philosophischem Idealismus und Romantik*, Königstein 1979.

Peters, Günter: *Genie*, in: Ueding, Gerd (Hg.): *Historisches Wörterbuch der Rhetorik*, Bd. 3, Tübingen 1996, S. 737-750.

Sandkaulen-Bock, Birgit: *Ausgang vom Unbedingten. Über den Anfang in der Philosophie Schellings*, Göttingen 1990.

Sandkühler, Hans-Jörg: *Natur als geschichtlicher Prozeß. Von Schellings Philosophie der Natur und der Zweiten Natur zur Wissenschaft der Geschichte*, in: Ders. (Hg.): *Natur als geschichtlicher Prozeß. Studien zur Naturphilosophie F. W. J. Schellings*, Frankfurt a. M. 1984, S. 13-80.

Schelling, Friedrich W. J.: *Sämtliche Werke*, hg. von Karl F. A. Schelling, 14 Bde., Stuttgart 1856-1861. (= SW)

Schiller, Friedrich: *Sämtliche Werke*, Bd. 5, hg. von Gerhard Fricke und Heinrich G. Göpfert, München 1960.

Schmidt, Jochen: *Die Geschichte des Genie-Gedankens in der deutschen Literatur, Philosophie und Politik 1750-1945*, 2 Bde., Darmstadt 1985.

Schulz, Walter: *Die Vollendung des Deutschen Idealismus in der Spätphilosophie Schellings*, Pfullingen 1975

Schulz, Walter: *Einleitung*, in: Schelling, Friedrich W. J.: *System des transzendentalen Idealismus*, Hamburg ²1962, S. IX-XLIV.

Tetens, Johann N.: *Philosophische Versuche über die menschliche Natur und ihre Entwickelung*, Bd. 1, Leipzig 1777.

Trede, Johann Heinrich/Homann, Karl: *Einbildung, Einbildungskraft*, in: *Historisches Wörterbuch der Philosophie*, Bd. 2, Basel 1972, S. 346-358.

Volkmann-Schluck, Karl-Heinz: *Hegel. Die Vollendung der abendländischen Metaphysik*, Würzburg 2001.

Wolff, Christian: *Psychologia empirica* (1738), in: *Gesammelte Werke*, II. Abteilung: Lateinische Schriften, Bd. 5, Hildesheim/Zürich 1968.